海洋生态文明译丛

刘 纯 周永模 主编

本书为上海高水平地方高校（上海海洋大学）建设专项资助项目

渔业与震灾

漁業と震災

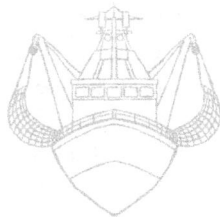

滨田武士 [日] 著

赵宏杰 译

外语教学与研究出版社
FOREIGN LANGUAGE TEACHING AND RESEARCH PRESS
北京 BEIJING

京权图字：01-2023-4966

图书在版编目（CIP）数据

渔业与震灾 ／（日）滨田武士著；赵宏杰译. -- 北京 ：外语教学与研究
出版社，2023.12
 （海洋生态文明译丛 ／ 刘纯，周永模主编）
 ISBN 978-7-5213-4979-5

 I. ①渔… II. ①滨… ②赵… III. ①渔业经济－研究－日本 IV. ①F331.364

中国国家版本馆 CIP 数据核字 (2023) 第 241593 号

出 版 人 王　芳
责任编辑 付分钗
责任校对 闫　璟
封面设计 高　蕾
出版发行 外语教学与研究出版社
社　　址 北京市西三环北路 19 号（100089）
网　　址 https://www.fltrp.com
印　　刷 河北虎彩印刷有限公司
开　　本 710×1000 1/16
印　　张 16
版　　次 2023 年 12 月第 1 版 2023 年 12 月第 1 次印刷
书　　号 ISBN 978-7-5213-4979-5
定　　价 89.90 元

如有图书采购需求，图书内容或印刷装订等问题，侵权、盗版书籍等线索，请拨打以下电话或关注官方服务号：
客服电话: 400 898 7008
官方服务号: 微信搜索并关注公众号"外研社官方服务号"
外研社购书网址: https://fltrp.tmall.com

物料号: 349790001

记载人类文明
沟通世界文化
www.fltrp.com

总　序

　　海洋慷慨地为人类提供了丰富资源和航行便利。人类生存得益于海洋，人类联通离不开海洋。浩瀚之海承载着人类共同的命运，人类社会与海洋环境的互动密切而广泛：从史前时代的沿海贝冢，到现代社会的蓝色都市；从古希腊地中海商人的庞大船队，到中国海上丝绸之路的繁华盛景；从格劳秀斯《海洋自由论》的发表，到《联合国海洋法公约》的签署和实施，无不体现出海洋在人类文明进程中演绎的重要角色。海洋文明史是构成人类文明史的一个重要维度，充满着不同文明之间的交流融合。中国在拥抱海洋文明的进程中，始终秉持海纳百川、兼收并蓄、和平崛起的精神。历史上郑和下西洋，推行经贸和文化交流，通过调解纠纷、打击海盗等方式，结交了诸多隔海相望的友邻，促进了文明的相互沟通和彼此借鉴。而今，以"和谐海洋"为愿景、保护海洋生态环境、坚持和平走向海洋、建设"强而不霸"的新型海洋大国，已成为中华民族走向海洋文明进而实现伟大复兴的重要步骤。

　　随着生产力的飞速发展和人类对海洋价值认识的不断更新，海洋蕴藏的巨大红利逐步释放。当人类的索取超过了海洋能够负载的限度时，海洋生态系统成为资源过度开发的牺牲品。无节制的捕捞作业使一些渔业资源濒临灭绝，来自陆海的双重污染和开发压力使海洋水体不堪重负，海洋成为当今全球生态环境问题最为集中、历史欠账最为严重的区域之一。为了让海洋能够永续人类福祉，联合国于 2016 年 1 月 1 日启动《联合国 2030 可持续发展议程》，该议程在目标 14 中强调"保护和可持续利用海洋和海洋资源以促进可持续发展"。海洋渔业选择性捕捞、海洋生物多样性保护、海洋污染防控、气候变化对海洋影响的探究等成为全球关注的重要焦点。

海洋生态文明建设是我国生态文明总体建设的重要组成部分，积极推动海洋生态文明建设有利于促进人与海洋的长期和谐共处、推动海洋经济的协调和可持续发展。"我们人类居住的这个蓝色星球，不是被海洋分割成了各个孤岛，而是被海洋联结成了命运共同体，各国人民安危与共。"习总书记高屋建瓴地提出了中国建设海洋生态文明的构想，从构建海洋命运共同体的高度阐述了海洋对于人类社会生存和发展的重要意义。世界范围内海洋生态文明议题在文学、哲学及科技等领域的多层面多角度的研究成果为我们提供了良好的经验借鉴，重视、吸取和研究域外有关海洋生态文明的研究成果，有助于汇聚全球智慧，形成共促海洋生态文明建设的合力。

基于上述认识，上海海洋大学和外语教学与研究出版社精选了国外有关海洋生态文明的著作，并组织精兵强将进行翻译，推出了"海洋生态文明译丛"。本译丛系统介绍了国外有关海洋生态文明研究的部分成果，旨在打破海洋生态文明演进的时空界限，从人类学、历史学、环境学、生态学、渔业科学等多学科视角出发，探讨海洋环境和人类文明之间的互动关系，揭开海洋生物的历史伤痕，探究海洋环境的今日面貌，思考海洋经济的未来发展。丛书主要包含以下 7 部译著：

《人类的海岸：一部历史》是讲述过去 10 万年来海洋文明发展的权威著作。海岸深刻影响着沿岸居民的生活态度、生活方式和生存空间。约翰·R.吉利斯再现了人类海岸的历史，从最早的非洲海岸开始讲起，一直谈到如今大城市和海滩度假胜地的繁华与喧嚣。作者揭示了海岸就是人类的伊甸园，阐释了海岸在人类历史上所起的关键作用，讲述了人类不断向海岸迁徙的故事。在此意义上，该著作既是一部时间的历史，也是一部空间的历史。

《沙丁鱼与气候变动：关于渔业未来的思考》阐述了"稳态变换"现象，即伴随着地球大气和海洋的变化，鱼类的可捕获量间隔数十年会以一定规模变动。并以沙丁鱼为例，介绍了该鱼类种群的稳态变换现象，讨论了海洋和海洋生物资源可持续利用的方向，强调了解"大气－海洋－海洋生态系"构成的地球环境系统的重要性，为我们带来一种崭新的地球环境观。

《海生而有涯：航海时代的大西洋捕捞》一书中，作者博尔斯特以史学家的视角叙述了近千年来人类对大西洋的蚕食侵害，又以航海家的身份对日益衰减的海洋资源扼腕叹息。先进捕捞工具使渔获量上升，人类可持续发展观念不足则导致了渔业资源储藏量骤降，海洋鱼类的自我恢复能力也受到威胁。作者用翔实的数据和真实的案例论证了生态基线的逐渐降低和海洋资源的加速匮乏，振聋发聩，引人深思。该书引经据典，语言风趣，是海洋生态领域不可多得的一部力作。

《蓝色城市主义：探索城市与海洋的联系》聚焦"蓝色城市主义"的概念，诠释了城市与海洋之间的联系，从多个视角阐述如何将海洋保护融入城市规划和城市生活。蓝色城市主义这一新兴概念的诞生，意味着城市将重新审视其对海洋环境的影响。该书为我们描绘了一幅蓝色愿景，强调城市与海洋之间的认同，引发了读者对"如何在蓝色城市主义的引领下履行海洋保护的应尽之责？"这一问题的思考。

《学在海边：海洋环境教育与社会学习》重点介绍了日本"利用海洋资源"和"与海洋和谐共处"的经验，以环境教育和社会学习为主题，从日本的沿岸区域、千年生态系统评价与生态服务、海边环境的管理与对话、地域协作、环境教育的实践、渔业相关人员的交流对话、经验与学习、人类共同面临的海洋课题、海洋绿色食品链等多方面多角度进行了介绍和思考，是一本集专业性与易读性、基础性与前沿性为一体的海洋生态类专著。

《渔业与震灾》讲述了 2011 年东日本大地震发生后，日本东北、常磐一带的渔业村落面临的窘境：基于原有的从业人口老龄化、鱼类资源减少、进口水产品竞争等问题，渔业发展不得不面对核辐射的海洋污染、媒体不当评论等次生灾害的威胁。作者滨田武士认为，要解决这一系列的海洋生态问题，应当重新重视传承了渔民"自治、参加、责任"精神的渔业协同合作组织的"协同"力量，只有从业人员的劳动"人格"得以复兴，地域的再生才能得以实现。

《美国海洋荒野：二十世纪探索的文化历史》是一部海洋生态批评著作，作者以传记写作方式介绍了 7 位海洋生态保护主义者的生平与理论。通过将美国荒野的陆上概念推进到海洋，架起了陆地史学与海洋史学之间的桥梁，将生态研究向前推进了一大步，对海洋环境和历史研究是一个巨大贡献，对中国海洋生态保护和蓝色粮仓研究是一个重要启示。

上海海洋大学是一所以"海洋、水产、食品三大主干学科"为优势，农、理、工、经、管、文、法等多学科协调发展的应用研究型大学。百余年来，学校秉承"渔界所至海权所在"的创校使命，奋力开创践行"从海洋走向世界，从海洋走向未来"新时代历史使命的新局面。上海海洋大学外国语学院与上海译文出版社、外语教学与研究出版社合作，先后推出"海洋经济文献译丛""海洋文化译丛"和"海洋生态文明译丛"系列译著。这些译丛的出版，既是我校贯彻落实国家海洋强国战略的举措之一，也是我校外国语言文学学科主动对接国家战略、融入学校总体发展、致力于推动中外海洋文化交流与文明互鉴的有益尝试。

本套丛书"海洋生态文明译丛"是上海海洋大学、外语教学与研究出版社以及从事海洋文化研究的学者和译者共同努力的成果。迈进新时代的中国正迎来重要战略机遇期，对内发展蓝色经济、对外开展蓝色对话是我国和平利用海洋的现实选择。探索搭建海洋生态文明研究的国际交流平台，更好地服务于国家海洋事业的发展是我们应当承担的历史使命。相信我们能在拥抱蓝色、体悟海洋生态之美的同时，进一步"关心海洋、认识海洋、经略海洋"，共同推动实现生态繁荣、人海和谐的新局面。

李家乐

2020 年 5 月 20 日于上海

译者序

　　日本人民自古靠海而生，形成了成熟的渔业社会，渔业社会的祖先们在与自然的世代共处中创造出精湛的捕鱼文化和食鱼文化。以生鱼片和寿司为代表，日本料理早已从日本民众的餐桌飞往世界各个角落。然而在 2011 年的东日本大地震发生后，随之引发的海啸和核辐射，一时让人们闻"日本料理"而变色，特别是对震源地东北地区、核电站所在地福岛地区出产的食材更是唯恐避之不及。

　　谈及日本东北地区，特别是东日本大地震的受灾地，译者其实与之渊源颇深。因为译者曾在震源地宫城县内的东北大学留学，而留学期间译者申请的访问家庭正是一户位于石卷的渔民，同时译者在留学期间长期兼职中文教师，曾连续两年往返于仙台和福岛，到位于福岛郊区的松下工厂教学。东北大学所在的仙台市作为日本本岛东北地区首屈一指的经济文化中心，其宜居程度不必赘述。访问家庭所在的海边小城石卷的安逸、捕鱼归来的爷爷满面的笑容、餐桌上新鲜美味的生鱼片带给我的触动至今让我记忆犹新。而每一次坐在往返于仙台和福岛的巴士上看过的春樱冬雪更是我留学生活中一道靓丽的风景。曾经有多美好，震灾后的惨状就有多触目惊心。2011 年 5 月，笔者曾再次拜访石卷的访问家庭，全家平安已是万幸，房屋和维系生计的渔船已不知影踪，曾经满面笑容的爷爷脸上虽勉强带着笑意，对于未来的展望却无从谈起。

　　震灾、海啸、核污染，这一系列的灾害重创了在海边世代繁衍的渔民与渔业。此外，在日本这一成熟的渔业社会，制造、流通、销售等各行各业都与渔业有着千丝万缕的联系。所以在东日本大震灾后的复兴讨论中，恐怕没有比渔业更纷繁复杂的了，需要更多实地的调研考察、更为综合的考量。

　　本书作者滨田武士正是这样一位脚踏实地的学者，滨田武士教授常年从事水产政策和渔业方面的研究，并长期奔波于日本各地的渔村、渔协和批发市场进行现场调研，对日本的渔业历史和渔业文化有着深厚的了解。在《渔业与震灾》一书中，作者更是通过震灾前后大量的实地调查和访问，通过真实可靠的数据，细致剖析了日本渔业的现状以及面临的真正危机，即如何恢复生活在自然中的人与渔业社会之间的联系。作者同时尖锐地批判了政府和媒体层面提出的诸多灾后复兴论，指出这些复兴论大多是自上而下、无视实地情况的一刀切改革论。依据这样的改革论，不仅日本渔业难以实现真正的复兴，甚至会危及日本悠久的捕鱼文化与食鱼文化。本书作者滨田武士虽然是一位研究学者，可该书却是面向普通读者所著。寄希望于读者能够通过该书的阅读真实地了解并关注到维系了日本渔业社会的渔民、渔村与渔协，共同探讨一条真正的渔业复兴之路。

　　在经济效率至上的现代社会，作者的批判其实可以折射到诸多方面。快速发展的当下，在分析社会问题时，改革论常会倾向于将复杂问题简单化，追求能够快刀斩乱麻的理想决策，欠缺了对问题复杂性的认识能力以及不断摸索解决复杂问题的思考能力。真诚地将本书推荐给对渔业以及社会政策制定感兴趣的读者，相信如译者一样，通过阅读该书，不仅能够了解到日本渔业的历史与现状，更能对震灾前后日本的渔业和渔民所面临的困境有进一步的解读和把握，更能理解日本渔业社会中渔民及其相关组织存在的意义。

　　本书虽是面向一般读者所著，但滨田老师的论述非常严谨，同时涉及诸多专业用语，对译者而言，翻译的过程也是一个深入学习的过程，在此感谢各位曾为我提供专业解答的同仁。作为译者，本人造诣尚浅，欢迎大家批评指正。

目　录

序
天灾与人祸

1 认识危机

渔业是一个濒临危机的产业。因行业收入水平低而缺少继任者，现任渔民老龄化加速，资源又不断减少。而这些状况都没有好转的迹象。

然而更大的危机并不在此。更大的危机是什么呢？更大的危机在于围绕渔业的"认识危机"。当下有一种言论十分盛行，人们认为日本能够像北欧的渔业国家一样通过制度改革推进产业构造重组，只要彻底管理资源就能够跨越当前困扰渔业的种种危机。

这种言论不仅是在逃避危机，甚至有让危机扩大的风险。然而，对这一"认识危机"敲响警钟的言论几乎没有。

原本日本的渔业，特别是沿岸渔业，是与自然融为一体长期经营发展起来的历史性产业。并且渔业、渔村的经营活动成果，会通过日本固有的流通机构送至消费者手中。在这样的背景下，渔民们虽然承担着残酷的海上工作，却对自己的职业满怀自豪之情。

然而，经济高速发展之后，随着第三产业的扩大以及人口不断向城市聚集，居住在城市的居民世代更迭，为城市解决粮食问题的山区和渔村的人锐减，山区和渔村与城市的地域关系逐渐弱化。换句话说，也就是生产者与消费者之间的关联减弱。

与这种状况相对应的是随着经济全球化的深入，"新自由主义"变强。人们开始提倡对那些以保驾护航方式被庇护起来的老态依旧的所有产业进行手术式改革。在贸易以及流通方面被保护起来的农业毋庸置疑，日本的渔业自近代以来未曾变更过制度，也成为与发达国家不相匹配的落后产业，被贴上了是由倚靠补助金或是既得权益的一群人在经营的标签。诸如此类的批判近年来急剧增加。

在这些批判声音的背后存在着媒体的影响，媒体往往不去分辨性地考察各个固有事物，而落入非黑即白、非善即恶的二分法视角，喜欢固定的套路式言论。由这样的媒体发出的言论渗透到与山区渔村隔离开来的城市居民之中，城市与渔村的切断已成必然。

然而媒体宣传中说明的渔业问题与实际情况相脱离，甚至有不少是对现实的歪曲。但因为这些宣传的组织逻辑极为简单明了，容易让大众接受，对渔村的状况毫不知情的城市居民消费者，对这样的说明没有任何质疑和抵触。并且，正因为这样的说明容易被大众理解接受，它又会通过现有的媒体以及一般社会媒体急速扩散。

同时，比起分析现状型的讨论，整个社会倾向于推崇优先解决问题、进言型的讨论风潮，急于得出结论。于是诸多现象被简单地以因果关系连接到了一起。由此产生的进言因为根本没有什么思想内涵，所以大多是一些现学现卖的片段式内容。

例如，因为水产品的贩卖经过数个物流业主，消费者的购买价格很高，而生产者的出售价格却很低，所以就有一种言论认为解决之策在于跳过中间的物流步骤，采取直接贩卖的方式。乍一听貌似非常合理，但如果是对情况有所了解的人士来看其实并非如此。这只是一个陷入了认为所有的事情只要简单化高效化就能变好的"模型"式思考的言论。水产品的流通正是因为多个物流业者网络式地结合起来，随机应变地调整供给需求和分散现金流风险，才得以顺利进行，鱼贝类产品才能够送到需要它们的地方去。去物流化即使在某一环节上是可能的，但交易价格的制定却不得不依存于既有的物流市场行情，无法独立形成。

如上，在未对某一社会产业形态进行深入了解的情况下就探讨如何解决问题，并任由由此生成的一些认知蔓延至社会之中，渔业的危机只会越来越大。

这种认识倾向在2011年3月11日发生的东日本大地震灾害之后越发明显。人们认为只有解体前近代式的渔业产业构造，才能复兴遭遇了毁灭式重创的渔业，这种言论愈发盛行。去渔民化的改革论被坦然而正式地说来说去。

全球化以及"新自由主义"作为社会思潮一经强势推出，渔业的危机就开始以一种错误的方式被看待了。在这一过程中开出的处方又进一步深化了渔业的问题，形成了一种恶性循环。只要这种恶性循环不被切断，恐怕就连对真正的渔业再生前景进行展望都是困难的。

基于此，本书将聚焦考察渔业与渔村今后应该依靠怎样的政策、沿着怎样的道路去发展？可以说，这也是在聚焦考察在大地震灾害这一国难之后，日本将要沿着怎样的道路发展。

2 "次生人祸"

众所周知，在东日本大地震中，沿海区域遭受了前所未有的重创。在渔村平原地区的设备、水产品加工厂、渔协等建筑物和房屋都被巨大的海啸摧毁，整个渔村惨不忍睹，死亡人数也不断攀升。与其他产业相比，渔业及其相关产业的受灾情况尤为严重。此外，还有因东京电力福岛第一核电站核事故流出的放射性物质导致的海洋污染这一灾害。

地震灾害之后不久，与灾后复兴相关的政策讨论愈发热烈，特别是水产业的复兴备受关注。但是由媒体报道出来的水产复兴论，如渔港集中化或是渔业制度改革论等，大多不是出自渔业现场，而是一些空降的创造性复兴之类的政策，即所谓的休克主义（Shock Doctrine）型的改革论。

大部分改革论出自宫城县知事和作为财界政策提案机构的日本经济调查协会组成的水产业改革高木紧急委员会[1]，以及长久以来倡导渔业改革的主张者。这些改革论的要点就是"水产业的衰退极其显著，即使恢复至灾前的情形也无济于事""应该开放渔业权，动员包括外资在内的民间资本"等。这些言论基本上被一些大的新闻媒体、商业杂志以及其他多媒体等积极善意地解读并加以传播。

另一方面，针对这些改革的言论，受灾地区和全国的渔协、渔民等进行了激烈的反驳，提出异议。但是他们的言论并没有像改革论一样被平等对待。甚至是越反驳、反抗，媒体的报道越是让渔协、渔民以及水产行政的形象恶化，就差明说应该借此机会与农地法、农协一起对渔业加以改革。

学术界（日本学术会议[2]）以及部分个人主张者的言论[345]也牵制着上述改革论，但大概是影响力比较小的缘故，媒体并没有对这些提案或是言论加以报道。

在这些改革论中，主张分割混乱的地域社区或团体的提议发言和构想并不少。然而在笔者多次前往受灾地时，深刻感受到的是：如果真的希望让失去了所有、失去了许多宝贵生命、想从悲惨之中挣脱出来的受灾地复兴的话，言论中难道首先不应该是"道理""人道"或者"品格"这些词吗？

一直以来，大家都认为，东日本大地震是"天灾"，而由地震引发的东京电力福岛第一核电站核事故则是因为对海啸毫无防备的"人祸"。并且核事故中的核辐射污染的扩散及其影响使日本东北各地的农林水产作物陷入销售不畅的境地，遭遇了前所未有的劫难。这种社会风评影响以及"休克主义"的改革论的出现，不正是"社会灾害"，即"次生人祸"吗？

3 何为真正必要的"减灾"

渔民们每天面向自然，身处危机四伏的大海之中，怀抱着对自然的敬畏之心，在渔村劳作、生活。渔村以及围绕着渔村的地域社区真的能够复兴吗？复兴的道路会不会误入歧途呢？原本利害关系错综复杂、以微妙的平衡感在维持着的渔民社会又会不会出现裂痕呢？在地震灾害发生两年后的今天，这种危机感仍然未曾消失。

在经由内阁会议决定而设置的东日本大震灾复兴构想会议上，"联系""地域团体"等社会关联的重要性被强调，同时作为灾害对策，相对于"防灾"更强调"减灾"。"减灾"是指对自然灾害，即所谓的"天灾"的"减灾"。也可能包括对核能灾害这样的"人祸"的"减灾"。但是，在这里却丝毫未提及要对"次生人祸"敲响警钟。

笔者认为，如果对于"次生人祸"没有防灾或是减灾的举措，那么渔业的复兴无从谈起。追求可持续的再生产体制，找回在大海中工作的骄傲，复兴相关的社会关系资本，即在渔村工作生活的人们之间的关系、渔村与自然的关系、渔村与城市地区的关系，笔者认为这些事情是十分必要的。

面对复兴，全体国民、特别是生活在城市地区的居民对渔业以及渔村的理解是不可或缺的。因为全体国民的理解不够深入的话，复兴就会以城市视线、城市标准被推进。那样的话，就只是重复扩大了以未来为导向的再开发，并未结合现状和实际情况。甚至立足于该地区自然之上的传统以及历史也有被抛弃的可能。

这一点不仅仅影响到渔村和渔业的地域再生以及产业复兴问题，还可能会因此而失去日本特有的国土形成。因此，不光是渔业，我们应该以更开放的视角来探讨这一问题。

也因此，找到合适的渔业再生的道路是极其重要的，针对在任何意见书中都未被提及的"次生人祸"，有必要开始"减灾"实践。

4 仅有渔民的渔业难以为继

提到渔业，人们往往把焦点投射到渔民身上。但是，渔业的再生光靠渔民能够实现吗？应该是不可能的。在渔民生产活动的背后，有两个不可或缺的社会分工。一个是渔业内部的社会分工，还有一个是基于渔业外部关系而形成的社会分工。谈渔业再生，站在上述两个社会分工立场上的认知是不可欠缺的。

把前者的渔业内部分工社会比喻成舞台的话，那舞台上的主角当然是渔民。同时舞台上还有配角，舞台后面还有后方工作人员。配角指承担着渔捞作业或渔具制造工作的渔家的家庭成员或临时雇工（帮忙的亲戚或渔家附近的居民），后方工作人员指渔协等渔业从业者团体以及在水产行政和水产实验机构工作的职员。其中沿岸水域渔业，处于后方的渔协发挥作用较大。如上，作为渔业核心的渔民活动就是被这样的配角和后方工作人员的工作所支撑着。

然而今天，这种社会关系岌岌可危。尤其是在地震灾害之后，这一倾向越发严重。原因在于配角减少[6]、渔捞难以成立。关于这一点在之后的第五章和第七章会详细讲述，必须互尊互重的主角和后方关系恶化，并且支持后方作用的制度在改革论的立场上被加以批判。毫无理由的渔协抨击至今仍在持续。

将以渔业为中心的第二个社会分工视作产业连锁的话，在渔业前面的产业就是水产流通加工业，其后的产业就是渔业生产物资供给产业。前者包括产地市场内的批发商、鲜鱼发货商、水产加工业者、料理从业者等多种多样的角色。这些各色从业者都在深深影响着鱼的价格行情。

但是，日本的水产品市场，不仅对于海外处于一种近乎全开放的状态，同时由于通货紧缩商品变得过剩，即便在零售行业出现一时的供给不足，也无法轻易地实现价格转嫁。食鱼文化衰退，在不可能出现超额需求的环境下，处于末端的水产品正在被压价购买。因此，在一部分地区，比渔业更甚的流通加工业的缩小重组越发显著。在这样的地区，也为了渔业的再生，有必要采取一些对策来恢复产地的流通加工业的活力。

然而在近来的有关渔业改革的讨论中，对于上述渔业内外分工社会的问题束之高阁，认为应该推进渔民自身集生产、加工、独自贩卖的第六产业化的论调却很多[7]。

当然，实践着生产、加工、贩卖一贯制的渔民或渔业从业者集团虽然极少但确实存在。但是，水产品行业是一个"术业有专攻"的世界，大多数的渔民不可能拥有超越流通从业者的贩卖能力，并且回顾以往的历史会发现，许多涉足流通业的生产者都因遭受流通从业者的报复，最后陷入艰难的经营窘境[8]。

此外，渔业与其他行业携手成立新的物流，这样的情况在全国也零星可见。这是一种将各自不足的经营资源进行整合的举措，虽然比生产者的第六产业化现实，但其实现的可能性却不得不说是个未知数[9]。目前几乎只有零星的存在就是因为其经营风险大。

另一方面，燃料的价格、渔船的价格、渔网等渔具材料的单价都呈现出上升的趋势。这是受石油价格高涨的影响所致。因为石油价格高涨而造成的收益结构恶化，岂是小小的渔民能够抵抗的。

造成渔业不景气的主要原因是结构性萧条，即所谓的剪刀差现象[10]。虽然在媒体等最醒目的言论中，把渔业不景气的主要原因归结到渔业制度上，但这样的说法缺乏对现状的分析。

渔业的危机，其实是渔民背后的渔业内外两个分工社会的危机，以及不能认识到这一危机的危机。在东日本大地震灾害后出现的利用灾难说辞的水产复兴论正是这一危机的写照。

5 本书的构成

在受灾地区，清除瓦砾的工作终于结束，人们正在开始着手真正的渔业产业基础的恢复。当然，渔业、养殖业已经等不及渔业产业基础的恢复早已重新开始，但以复兴为目标的真正工作刚刚开始。而今后所必需的是支持复兴的思想性依据，因此首先必须要思考应对认识危机的对策。

本书正是基于上述问题意识来思考"渔业再生"。

第一章通过回顾受灾地的渔业、渔村的历史，讲述在地震灾害之前渔业到底处于怎样一种境况。东北地区的渔业一直在走下坡路，地震灾害后更是一边倒的被评判为没有什么新出路了，事实真的如此吗？本章中想要加以确认。

第二章回顾了明治和昭和时期发生的三陆地震，整理了因东日本大地震灾害而造成的水产业受灾情况。主要通过统计来概述，也尽可能细致地描述了受灾的实际情况。同时也探讨了什么才是我们不得不思考的受灾。

　　第三章考察了渔村村落和渔港城市等具有怎样的地域特征，并从国土构造和地域社区两个视点探讨了渔村复兴的应有状态。

　　第四章以水产复兴论为中心，记录了东日本大地震灾害中复兴方针的产生过程。通过审视政府的复兴方针、受灾各省的复兴方针等，以一种旁观者的"俯视视角"对创造性复兴进行了批判性的研究。

　　第五章针对震灾发生一个月后突然被媒体报道出来的粮食基地构想，以及两个月后在东日本大震灾复兴构想会议上，宫城县（省）知事村井嘉浩提出的水产业复兴特区构想，对二者的问题进行了论述。

　　第六章追踪了震灾后行政机关以复兴为目标实施了哪些政策，整理了受灾地的渔业和水产品加工业的重开状况。并阐述了受灾地存在的以及正在出现的问题。

　　第七章将焦点聚焦到了渔业协同组合，论述了在正迎接国际协同组合年的纪念年份之际发生的东日本大地震灾害之中，渔协处于怎样一个状况、协同的精神会如何变化、复兴的对策以及协同组合的危机。

　　第八章阐述了助长认识危机的媒体报道，说明了与水产业复兴特区构想相关的报道等因认知不足而产生的问题。

　　第九章在阐述震灾前常磐的渔业状况究竟如何的基础之上，简洁地描述了福岛第一核电站核事故后渔业所蒙受的灾害。同时记录了对食品的放射性物质含有量限制值的决定、出货限制，以及在福岛县进行的实验作业。

　　第十章回顾震灾前的投入，追述了渔协的协同组合运动在内的地域渔业的走向。在考察震灾地所推进的自主性改革、渔业与其他产业的联合、水产品加工团地的形成等举措的同时，探讨了什么是地域渔业复兴所必需的。

　　在终章，不再局限于震灾后的复兴，通过俯瞰日本渔业所处的境况，论述了何为渔业再生所必要的言论。

　　如上所述，本书对渔业的历史、现状以及渔业相关报道等在内的社会现象进行了俯瞰。本书中的论述有已经公开发表过的内容，关于这部分内容请参考本章末注释，不再做出处汇总一览。

东日本大震灾刚结束时的宫城县石卷市街道

注释

1　水产业改革高木紧急委员会『緊急提言　東日本大震災を新たな水産業の創造と新生に』（日本経済調査協会、二〇一一年六月），详见日本经济调查协议会网址。

2　提言『東日本大震災から新時代の水産業復興へ』（日本学術会議東日本大震災対策委員会食料科学委員会水産学分科会、平成二十三年九月三十日）。

3　宫入与一「東日本大震災と復興のかたち─成長・開発型復興から人間と絆の復興へ」『世界』（八二十号、二〇一一年八月）。

4　河相一成『海が壊れる「水産特区」』（光陽出版社、二〇一一年十月）。

5　致力于在东北地区太平洋海域地震中受灾的渔业和渔村的恢复再生的有识之士等组成的检讨委员会『中間報告書』。

6　震灾前，已经出现如下情况：如因生产渔具的劳动者减少，从中国进口以及雇佣外国人以实习研修生身份（根据外国人实习研修制度引入）做船员或养殖作业员。

7　六次产业化是指第一生产者不仅生产还进行加工贩卖。六次产业化是今村奈良臣的首倡理念造词，后来 2010 年 12 月「地域資源を活用した農林漁業者等による新事業の創出など及び地域の農林水産物の利用促進に関する法律」（略称、六次産業化法）成立，现在这一词已成为政策用语。在该法律中，通过综合推进

（1）关于农林渔业者开展加工和贩卖等的"六次产业化"的实施政策，

（2）关于促进地区农林水产品使用的"地产地消等"的实施政策

力图实现农林渔业的振兴等。作为致力于摆脱当今水产业经济体制的政策备受瞩目。然而，所谓的六次产业改革并不是现在才开始的，至少在民主党政权将此举措作为核心政策提出之前已经有很多事例。虽然施策名称不同，但农商工连携和地产地消推进等促进六次产业化的实施举措已经存在。勉强来说，民主党此次实施政策的卖点在于，引入了六次产业化对策项目等目前为止没有的推进方法，即六次产业化法。

8 围绕六次产业化的讨论，大部分的讨论聚焦在改善生产者收入这一点，从已经失去价格形成力的市场流通和渔业协同组合运行的共同贩卖项目中摆脱出来。但是，市场流通和共同贩卖项目承担着货款结算功能以及货物规格虽然不统一但能够覆盖整体售卖的综合风险（产品的尺寸和品质良莠不一的风险）的功能，如果关于六次产业化的讨论不能弥补这两点功能，即明确了资本运作得失和风险分担的真实的项目模式，则这种讨论毫无意义。

9 笔者调查过的渔业和其他产业的合作事例都是积极主动的优秀事例并富有启发性，但大多数都尚未步入正轨。这些内容在下面的资料中有记述。滨田武士、大谷诚「漁業と異業種の連携のすすめ」『沿岸漁業者経営改善促進グループ等取組支援事業報告書』（全国漁業協同組合連合会、六 - 一二頁、二〇一〇年三月）。

10 工产品价格和农产品价格之间出现的差额，因这种差额的动态趋势呈张开的剪刀状，故称为"剪刀差"。燃油、渔网以及渔网材料、渔船和船舶机器价格不断上涨，渔获价格却持续低迷。

第一章
太平洋北海区的水产业与受灾地

东日本大地震灾害对日本的渔业提出了什么问题？是否会催生出新的渔业形式呢？接下来的历史会给出答案吧。

那么，接下来的历史是始于东日本大地震灾害这样一个前所未有的事件吗？我认为不是。在空降的创造性复兴这一打击疗法中有让历史断绝的倾向，也出现了新加入渔业的个人或法人，但是只要复兴的主体大部分是在受灾地生活工作的渔民，接下来的历史也要靠背负着过往历史的渔民和水产业相关行业者来创造。

在本章，笔者想要溯源 2011 年 3 月 11 日之前的受灾地究竟如何，以渔业为中心大致梳理一下受灾地的发展轨迹。

受灾地，即指在东日本大地震灾难中遭受灾害的地区。单单因为地震引发的灾害影响范围就从东北的太平洋一侧直至关东圈，而海啸对水产业造成的灾害范围则从北海道一直延伸至冲绳，涉及范围极广。东北以外的地域也蒙受了巨大的灾害。太平洋北海区遭受了震源地海啸直击，面向这一海区的北海道太平洋沿岸部毋庸置疑，即便是位于太平洋中海区的纪伊半岛也遭受了不可忽视的灾害。三重县仅养殖业一项的受灾金额已超过 40 亿日元。

然而，这和遇难者人数已攀升至一个庞大数字，遭遇了毁灭性灾难的岩手县、宫城县、福岛县相比的话，还相差甚远。如果把渔港以及相关设施等的恢复、冷库、水产品加工厂、造船业以及其他水产相关企业的受灾情况都算到渔业受灾之中的话，那就更不可相提并论了。

在此，笔者将以三陆（包括青森县太平洋沿岸地区）至常磐地区，这个面向太平洋北部海域的地区，即遭受了海啸和原子能灾害造成的放射性物质污染强烈影响的地区为对象展开叙述。

1 第二次世界大战后的渔业成长

北洋渔业的基地

自第二次世界大战后（简称战后）复兴以来，日本渔业的成长是从沿岸到近海、从近海到远洋这样一个外延式扩大的发展过程，尤其体现在近海和远洋渔业等资本制渔业的发展中。渔业成长的终端即渔业投资的矛头，从曾被认为"资源无限"的近海指向了远洋。

战后成长起来的渔业中，有一些是与受灾地有关的，其代表性的渔业种类应该是北洋渔业。北洋渔业是指在太平洋北部、阿留申海域、鄂霍次克海或白令海等即使是夏季水温也会低于 10 度的海域进行作业的渔业，包括母船式鲑鳟渔业以及母船式拖网渔业等以母船（排水量在 5000 吨以上的大规模工船）为核心和数十艘独航船（吨位级别在 50—100 之间的渔船）组成船队进行大规模作业的渔业，以及北方拖网、转换拖网、北转船等大型拖网渔船（100 吨以上）或者北洋延绳渔业等不需组成船队进行作业的渔业。

母船式鲑鳟渔业，是在昭和初期由日俄渔业等大资本系企业开始正式着手，最终发展为大型产业。但随着太平洋战争爆发，母船被征用，战时的北洋渔业被迫停止。战后，在 GHQ（驻日盟军司令部）占领下，日本被禁止在包围其国境的麦克阿瑟线以外捕鱼作业，北洋渔业也因此未能重新开展。直到 1952 年，母船式鲑鳟渔业得以盛大重开。在母船上加工制造的三文鱼罐头与战前一样，成为日本的主力出口商品。

　　进入 1960 年之后，北洋拖网渔业急速扩展。虽然捕获到了比目鱼类、鳕鱼、白斑狭鳕、黄血鱼（吉次／喜知次）、绿鳍鱼等底层鱼类，但占据捕获量半数以上的是白斑狭鳕。这是因为 1960 年开发出了冷冻鱼糜技术，此后作为糜肉原料的白斑狭鳕的需求量急剧增加。母船式拖网渔业和加工船拖网等大规模渔业发展，使得白斑狭鳕的捕获量超过了 200 万吨。此外，日本近海过度密集的北洋拖网渔船的转换在 1961 年被制度化，也极大促进了北洋拖网渔业的快速扩展。之后还出现了北洋延绳渔业、北洋刺网渔业等渔业种类，但与上述渔业相比，发展势头略显微弱。

　　在北洋捕鱼的渔船母港，即北洋渔业的基地，在东北的太平洋一侧（从青森到福岛）的分布比北海道更为广泛。特别是青森县的八户，岩手县的宫古，宫城县的气仙沼、石卷、盐釜，福岛县的小名浜等城市地区，毫不夸张地说都是战后因北洋渔业而繁荣起来的城市。但事实上，从事北洋渔业的船主（个体渔民、渔业公司、渔业合作社等）不仅布局在这些城市地区，也布局在渔村地区。

　　以 1970 年的统计数据（第四次渔业普查）为例，在母船式鲑鳟渔业的独航船数量上，北海道为 115 艘，三陆和常磐则为 190 艘（青森 19、岩手 23、宫城 69、福岛 70、茨城 9），超过北海道；在北洋拖网渔船（北转船《渔业、养殖业生产统计年报》1970 年）数量上，北海道仅为 45 艘，三陆、常磐则为 108 艘（青森 40、宫城 57、福岛 11），也远超北海道。这些渔船上的船员当然大多数也都是从当地派遣来的。从这个意义上来说，北洋渔业在三陆和常磐的区域经济发展中起了重大作用。

世界三大渔场的渔业扩张

　　如上所述，从 1952 年到 1970 年初期，北洋渔业的投资和雇佣增加不断扩大；另一方面，在三陆和常磐的近海区域，资本制渔业也开始扩张，如围网渔业、拖网渔业、秋刀鱼舷提网渔业、鲣鱼和金枪鱼渔业、鱿鱼钓渔业、大目流网渔业等近海渔业。在三陆和常磐的海域，因寒暖流在这里交锋而形成了优质的渔场，它被视为世界三大渔场之一，鲣鱼、金枪鱼、三文鱼、沙丁鱼、鲭鱼、鱿鱼类、狭鳕鱼等等，这些对日本水产业而言极其重要的丰产性鱼类都会洄游至此。当时的资源应该是相当可观。在渔场内，不仅有以东北和北海道太平洋沿岸一带为基地的渔船，还聚集有从九州、四国和北陆出海而来的渔船。比如，从山阴和北陆等地区来的中型鱿鱼钓渔船，从东海地区、四国、九州等地来的金枪鱼延绳钓渔船和鲣鱼一本钓渔船，大量渔船长途跋涉至此。因此，八户、气仙沼、石卷、盐釜、小名浜、铫子等主要渔港作为远道而来船只的中途停靠港的功能也日渐加强。

这样的近海渔业生产力的扩张，其实是在日本国内的水产品自给率已经超过百分之百的情况下发生的。可以说这是从 20 世纪 50 年代到 70 年代初期的高速经济增长带来的内需扩大的结果，也就是在"只要捕捞到就能销售"这一不断向好的经济状况下，投资加大，以优质渔场资源为目标的船只竞相扩大规模，渔业技术不断提高的结果。

在此期间，渔船的船质（船体材料）从木质变成了钢铁质。造船需求扩大，主要渔港的造船业得以发展。与此同时，船舶设备、无线通信设备、捕鱼设备、鱼群探测器制造企业等与渔业技术相关的轻工业部门的发展也极其显著。

在这种情况下，渔港城市的当地金融机构为急于投资渔船的渔业公司加大了贷款投放。许多船主不等船只折旧就重新购入渔船，于是许多当地的中小型资本通过购买由此出现的替代船舶（二手渔船）首次参与到了渔业之中。由此可见，当时的三陆和常磐海岸是一个与投资相称的资源丰富的渔场。

然而，另一方面，渔船数量的增加和渔船规模的扩大也引发了各种问题。由于争夺资源，渔场纠纷频繁发生。其中甚至有捕捞量巨大的围网渔船或近海拖网渔船和沿海小型船只不断发生冲突，需要水产行政部门介入进行渔业调整的情况频繁发生。尽管如此，在日本经济高度发展的背景下，渔船的发展势头丝毫没有下降。因此，水产品市场的增长非常显著。此外，渔船的数量（包括小型船在内的总数）增加一直持续到 20 世纪 80 年代中期。

渔港城市与渔村地区

在近海展开的资本制渔业的扩张带来了渔港城市的功能扩充。在各个渔港，渔船的发展势头和渔港的承载能力之间产生了不平衡，例如渔船的停泊地点不足；再如大量集中卸货时水产品多到溢出，妨碍市场交易进行等，据说有时候甚至还会丢弃好不容易捕捞来的水产。基于此，从1951年起在每5年进行一次的渔港整顿计划项目中，渔港城市开始筹划扩大渔港并强化了公营批发市场的功能。与此同时，水产加工企业的布局和扩建也在进行，工业冷藏库鳞次栉比。此外，以量大且廉价的水产品资源为原料精制鱼粉和鱼油的加工厂也开始建设。资本制渔业的扩张使基地渔港变身成了水产品加工基地。

近海拖网渔船　石卷渔港

金枪鱼棒受网渔船　气仙沼渔港

综上，在主要渔港的背后形成了以资本制渔业为核心的产业城市。然而，周围的渔村并没有现代化的进展，许多渔民主要通过在沿海地区经营小规模渔业，通过偶尔帮忙亲戚或邻居的渔船或者外出打工来维持渔家的经济来源。

也有不少年轻的渔民受雇于渔业公司，登上近海或远洋渔船，梦想成为一名航海士或轮机员等。这是因为如果能够在海上展开的渔船渔业中工作就能够按月获得收入。并且，由于薪酬制度是按业绩计算，捕捞的收获越多到手的工资也就越多。虽说是工薪族，但只要能捕捞到一定量的水产其收入就能轻易地超出一般的工资水平，因此以成为一名渔船船头（渔捞长）为目标的年轻人不在少数。然而，事实上不可能所有从业的渔民都能获得像船头（渔捞长）、船长、通信官、轮机长等高薪和高管级的职位。并且，随着年龄的增长也会逐渐无法承受近海和远洋渔船的繁重工作。因此，那些登上近海和远洋渔船成为船员的渔民有很多人在下船后返回渔村定居，成为一名沿海渔民。就这样，在渔村出生和长大的渔业继承者们先是从沿海渔业到近海和远洋渔业，然后再回流至沿海渔业。

在上述渔业劳动者的环流非常显著的时代，据说，除了近海和远洋渔船的特定休渔期间，在渔村几乎见不到年轻渔民的身影。特别是冬季的渔村非常寂静。因为在冬季，海面还是波涛汹涌，小型渔船的出海打鱼机会极其稀少，基本的生活费用也难以维持，所以即使是年长的男人都不得不离开渔村外出打工，做一些土木工或城市地区的工厂工人等。

人口过剩的渔村地区，在渔业从沿海到近海，从近海到远洋这样一个外延扩张的时代中，作为渔业劳动力的供给地发挥了重要作用，同时也为城市开放和国土开发的业务部门提供了劳动力。当然，随着学历社会的形成，人才被城市地区所吸收。与农村地区一样，渔村也成为国家经济高速增长的支撑空间和牺牲地。

经济高速增长期间所形成的渔村经济生态终归是被动的。随着城市经济的快速增长，地区活力都被城市地区抢占。日本的国土加强了以首都圈为中心的等级区域结构，渔村被规划为等级结构的末端。

三陆和常磐的渔村地区虽然抵抗住了一系列自然灾害，如 1933 年的三陆地震，1952 年的十胜海域地震、堪察加海域地震，1960 年的智利地震引起的海啸袭击，1958 年的 22 号台风等大型低气压和台风，但它未能抵抗住从城市地区席卷而来的经济浪潮。选址渔村地区建设核能发电站也正是发生在这一时期，如东京电力福岛第一核电站。

针对渔村经济的这种情况，1963 年日本颁布了《沿海渔业促进法（振动法）》，该法成为渔业政策的基本法。制定这项法律的目的，一是提高沿海渔民的生活水平，这些渔民与城市地区产业工人相比处于较低水平；二是推进渔业的现代化。其最根本的意图，公认是在于对脆弱的区域经济结构进行改革。该法律颁布之后，沿海开始加速发展培育渔业。

培育渔业

渔民的经济主要靠在前滩自营的小规模渔业和外出打工支撑，这种经济状况十分脆弱。那些非自营而是以船员身份登上沿海渔民渔船的从业者也是如此。渔获量因鱼类资源的回游情况和天气影响变化极大，并不是一整年都能够有收入。高速经济成长期，虽然近海和远洋渔业等资本制渔业得到了发展，但是沿海渔业仍处于落后的状况。

另一方面，在三陆沿海地区，从战前开始的牡蛎养殖和紫菜养殖一直在运营。虽然从事水产养殖业的渔民收入算是稳定，但由于技术层面还有很大待发展空间，渔场在一个平稳区域止步不前，没有任何扩大渔场、增加从业者人数的预期。此外，由于流通领域仍然残留着现代化前的落后性，好像仍有受控于商人的渔民。

日本在1963年颁布了前面提到的《振动法》，沿海渔业结构改善项目开始实施，以实现沿海渔业的现代化。改善项目包括整顿渔港设备和共用设施，完善有助于流通对策的设备和制度等。其中值得关注的政策就是培育渔业的推进。

培育渔业包括栽培渔业和水产养殖业。其中栽培渔业，是指人工培育自然界的水产资源，具体有放养鱼苗、整理渔场等。

在三陆一带，鲍鱼和海胆的种苗培育和放流项目非常活跃。这些被称为根基资源，从渔村村落出现开始就支撑着各个海滨的发展，对村落来说是最重要的资源。

鲑鱼孵化放流项目大张旗鼓地开展起来也是在这一时期。在岩手县，从近代开始在津轻石川等地实施了鲑鱼资源的培育与资源管理，但岩守县内几乎所有的渔业合作社都在邻近的河流中设置了鲑鱼鳟鱼孵化场，推进鲑鱼的增殖。鲑鱼在放流4年后会回游到母河。在海面上捕获这种鲑鱼最多的是定置网渔业。因此，在岩手县，希望由渔业合作社捕获在渔业合作社设施中放流的资源，并让渔业合作社获得县内大部分的定置网渔业权。这也是因为县内的大多数渔业合作社都有自营定置网业务。

与栽培渔业不同，水产养殖业是从育种到成体都是通过人工管理而实现的渔业。在三陆，除原有的紫菜、牡蛎之外，裙带菜、海带、扇贝等的养殖技术开发也取得了进展。在宫城、岩手两县，渔业合作社、渔业联合社和县水产试验场等合作推进养殖技术的开发。

裙带菜养殖业从20世纪60年代中期开始急剧发展，到20世纪70年代，不仅有传统的生裙带菜和干裙带菜，作为增加裙带菜附加价值的举措，渔民还加工制作出了加热水还原和盐渍裙带菜。当时的三陆已经成为日本国内最大的裙带菜产地。裙带菜养殖业在夏天开始播种，到第二年春天收获，因此渔民不再需要在冬季外出打工。

在经济高速增长终结期，三陆的渔村到了冬天开始不再冷清，渔民们依靠前滩的渔业也可以生活下去了。同时随着养殖业的发展，三陆沿海地区全力推进对小规模渔港的维护整理工作。码头和海滨换了样子，变成了混凝土建筑物的渔港。这是因为，要扩大水产养殖业，渔港必须能够接纳搬运水产养殖物的渔船和装满货物的渔船，即必须加强渔港的停船、装卸、作业空间等功能和结构的优化升级。

在渔港数量上，岩手县和宫城县都已过百。在渔港整治计划项目中，为了更方便使用，不单是对这些渔港加以扩充，更致力于渔港的优化升级。因为渔港整备是依靠财政投入的公共土木工程项目，所以在现在被指责为散钱行为。但三陆水产养殖业的发展和渔港的整备与扩张是相辅相成的。据说小渔港甚至还被称为"裙带菜渔港"。

2 200海里专属经济区制度开始之后

远洋渔业的缩编

随着战后资本制渔业扩大再生的持续，渔业的投资范畴越来越广。例如，投资远洋渔业，如雄霸世界海洋的远洋金枪鱼延绳渔业，部署在新西兰海上

（之后是阿根廷海上）的远洋鱿鱼钓渔业，在南海经营的远洋金枪鱼钓渔业，以及海外围网等。这些正是在北洋渔业和近海渔业中积累的资本，将新的投资目标转向了远洋渔业行业。在青森县、岩手县、宫城县、福岛县的各个渔港城市，大规模的渔业公司引人注目。特别是八户、气仙沼、石卷、盐釜、小名滨地区。

然而，1973 年第一次石油危机爆发，渔业投资也因此逐渐放缓。这是因为渔船渔业依存于对廉价石油的大量消耗，重油价格的暴涨让渔业再投资放缓。面对渔业公司债务的增加，政府采取的金融对策是设立再融资基金等政府补贴基金。由此，许多渔业公司得救存活下来，但之后的渔业投资不再是"投资唤来新的投资"，而是不得不想尽办法压缩成本的同时，谋求经营的稳定化。幸运的是，物价的上涨也导致了鱼价上涨，许多渔业公司由此勉强摆脱了经营危机，但也有很多公司自此负债累累。

1977 年，以美国苏联为代表的大多数沿海国家宣布设立专属经济区，自此进入了海洋分割时代。即 200 海里专属经济区制度。同时，1978 年爆发了第二次石油危机，海洋渔业彻底陷入了缩小重组的境地。

进入海外渔场捕捞变得困难，于是政府实施了减少船舶的举措，有选择地减少了一些渔船。然而，"附加补偿"的选择性减少制度的实施，反而使余存的渔业经营陷入了更为艰难的处境。所谓"附加补偿"，是指退出的渔业公司可以从留存下来的渔业公司获得数亿日元的减船补偿的措施。因此，留存下来的渔业公司为此要进行新的借款，从而又多了新的负债。从理论上讲，渔船数量减少，相应的渔业资源分配会增多，但放在外国渔船数量不断增加的国际渔场中看，这项举措几乎毫无意义。虽然是为减少船只准备的政策资金，但它背负的是未能产生任何利润的追加债务。相当于每一个经营实体数千万日元的金额。

就这样远洋渔业在经营危机时刻相伴之下进行着收缩重组，但节能设备的引入，渔船规模的扩大，航海日数的延长，再加上远洋金枪鱼延绳渔业等通过在日本本土外和海上把捕捞到的渔获转运到运输船上提高效率等措施的推行，让远洋渔业抵抗住了这次渔业危机。在 200 海里专属经济区制度之后，渔场分散在世界不同海域的远洋金枪鱼延绳渔业也幸免于大规模的缩减。

然而，北海渔业就没有这么幸运了。200 海里专属经济区成立后，不管是否情愿，北洋渔业都开始从美苏海域退出。面对这一国际形势，日本政府努力应对，或是将被关闭在外的渔船引流向狭窄的白令公海渔场，或是将鲑鳟鱼流网船转变为在太平洋公海作业的公海鱿鱼流网渔业。但是，在北洋美国水域内作业的日本渔船于 1988 年被完全禁止，同时白令公海和太平洋公海渔场也因资源和环境问题根据 1989 年的联合国决议被暂停（一时停止）。因此，事实上母船式鲑鳟渔业已深陷消亡之地。在俄罗斯海域通过支付高额捕鱼费获得渔捞额度的北转船（拖网渔船）以及鲑鳟鱼流网渔船等虽然残存下来，但逐年减少，时至今日已是风前残烛。

沙丁鱼泡沫

如前所述，支撑着三陆和常磐经济的一角崩溃了。但在实行 200 海里专属经济区后，资本制渔业取代北洋渔业在近海渔场扩大发展，特别是使用大型渔网进行大量捕捞的围网渔业。

围网渔业的扩大发展受益于沙丁鱼渔业。20 世纪 80 年代，日本全国的沙丁鱼产量已经超过 400 万吨，因此拥有了大量的沙丁鱼资源，而最大的受益者就是围网渔业。做个比较，2011 年日本的渔业总产量是 473 万吨，由此可见此时的沙丁鱼产量是多么惊人。

太平洋北部的各个渔港基地也因沙丁鱼泡沫而沸腾。特别是在有大中型围网船队进港的八户、石卷和铫子，每年到港卸货的沙丁鱼有 20—50 万吨，整个太平洋北部年卸货量超过 100 万吨。

那么如此多的沙丁鱼是如何被消费掉的呢？作为食材，有生鲜鱼和罐头等加工品，但这一用途仅占总捕捞量的百分之几。大多数被用作非食用原料，如鱼饵、鱼饲料和肥料等。由于多获性鱼类具有非食用用途，所以即使捕捞量大，需求也会扩大，而这一类鱼中，沙丁鱼作为鱼类养殖和鱼粉的原料备受追捧。因此，在渔港城市，将目光瞄向大量卸货到港的沙丁鱼，对大型冷藏工厂和鱼粉加工厂的投资不断扩大。在冷库里，冷冻沙丁鱼作为养鱼用鱼饵饲料被储存起来。在鱼粉加工厂，沙丁鱼作为养鸡养鱼用的颗粒饲料（配合饲料）原料被加工成鱼粉和鱼油。

另一方面，从 20 世纪 70 年代到 80 年代之间，以西日本为中心，鲕鱼和真鲷等鱼类养殖迅速扩大，而其背景与沙丁鱼的大量生产有关。对日本鱼类养殖发展而言，太平洋北部多获性鱼类资源、特别是沙丁鱼资源是不可或缺的。但如本书 128 页第六章中"放射性问题"一节所述，太平洋的这种围网渔业与西日本水产养殖业之间的关系因核事故而暂时被中断。

综上，投资规模较大的围网渔业，得益于丰富的沙丁鱼资源，在 20 世纪 80 年代其发展基调为扩大生产；而进入 20 世纪 90 年代后，由于沙丁鱼资源急剧减少，围网渔业也由此转入缩小重组的历程。与此同时，依靠大量沙丁鱼资源的渔港城市加工部门也开始缩小重组。

渔业再投资和混乱融资

自从 200 海里专属经济区确立，从 20 世纪 70 年代至今，渔船数量在持续减少，尤其是在近海和远洋开展作业的中型和大型渔船。但是在 20 世纪 70 年代后半期，代船建造出现了短暂性增加，到 20 世纪 80 年代代船建造数量趋于稳定。这是因为，尽管渔船总体数量减少了，但有转型为节能渔船的市场需求；还有从北洋渔业退出的资金转换投资目标至远洋金枪鱼延绳渔业等（受 200 海里专属经济区影响不大的远洋渔业种类）；此外由金融自由化引发的金融机构之间的客户竞争，对渔业公司来说资金借贷环境变得宽松。

1985 年以后，三陆地区最显著的就是远洋金枪鱼渔船船只的增加，呈现建造高峰（日本全国范围内 300 吨以上的远洋鲣鱼和金枪鱼渔船每年建造超过 50 艘）。在高知县等远洋金枪鱼延绳渔业的传统基地，通过前期投资促进了渔场的开发，但是历经两次石油危机，有许多渔业公司因为无法及时收回投资成本而陷入经营不善。从这些传统基地的远洋金枪鱼延绳渔业退出的渔业公司的渔业权（也被称为"商誉"，通过获得大臣或知事的许可而产生的一种营业权）流动到了三陆，特别是八户和气仙沼等宫城县的水产基地。从北洋渔业和其他渔业中积累起资本的渔业公司并未完全失去投资渔业的动力。这一时期进入渔业投资领域的不仅有渔业公司，还有通过水产相关项目积累起资本的非渔业商业体。

"渔业权"不仅是获得权利的手段，从融资角度来看也是重要的资产，因为其本身即被视为抵押财产。据说此时渔业权的单价是按渔船大小，每吨250万日元。当时的远洋金枪鱼延绳渔船的规模以300吨和374吨为主，光是得到许可就需要超7亿日元。渔船建设费为3亿日元左右。所以仅是买入一艘远洋金枪鱼延绳渔船并投入运营，就需要10亿日元的资金。

时值泡沫经济期，房地产等不管有形还是无形的资产价值即使毫不作为也会增长的一个时期。当时的资产评估过于宽松，并且蓝鳍金枪鱼等高级鱼类的价格持续高涨。尽管如此，一艘渔船的年捕鱼收益，即使是业绩良好的船只也只有5—7亿日元。因此，10亿日元的初期投资明显是过度的，怎么想都不适合实体经济。然而，这种贷款是在"为了消除美国双赤字（财政赤字和贸易赤字）而进行的先进五国（G5）的外汇市场干预（根据广场协议做出的对应）而引发的美元贬值日元升值诱导和国内需求扩张诱导"以及"资金流动性过剩→金融机构的贷款竞争激化"的趋势下建立的。

当时，在日本国内需求扩大的情况下泡沫经济发生，消费旺盛，因此对进口水产品没有太多戒备之心，但随着日元升值加剧，进口急剧增加。金枪鱼类的进口也很显著。当时，在远洋金枪鱼延绳渔业中，将船籍放在不属于渔业管理机构的国家的便宜置籍船（方便旗），以及日本商社提供技术支持的中国台湾资本的渔船急剧增加。在世界各地的金枪鱼渔场，罔顾国际规则，持续无序作业的IUU（Illegal, Unreported and Unregulated：违法、无报告、无监管）猖獗，这些渔船捕获的金枪鱼流入了日本的金枪鱼市场。进入20世纪90年代，进口压力使日本的金枪鱼渔业陷入危机。

另一方面，随着北洋渔业的萎缩，渔业公司的投资扩大到了渔业以外。他们不仅购买房地产、金融资产，还投资冷库业、水产加工业、驾校、石油销售等行业。此外，由于从渔业外的他行业参与到渔业的公司也很多，表面看来，渔业公司开始多元化经营。也有渔业公司将其他业务拆分为子公司，设立相关公司。

三陆地区的渔业投资分散至诸多业务中，因为渔业的资本积累已经蔓延到当地的其他产业。乍一看甚至可以这样评价吧，渔业不仅是三陆的一个基础产业，也成为促进区域经济再生的源泉。然而反过来想，如果渔业投资目标消失，没有下一个投资，地区将失去其动力来源，渔业还必须背负着在大海中彷徨的船只一般的命运。

重组的三陆养殖业

20 世纪 60 年代，在传统的紫菜和牡蛎养殖基础上，裙带菜养殖也开始发展，到了 20 世纪 70 年代，经营扇贝、海带和海鞘养殖的渔民迅速增加。海鞘养殖从战前开始在宫城县唐桑地区就密集开展，从 20 世纪 70 年代中期开始先后在岩手县、宫城县展开，之后在宫城县开始激增。与其他水产养殖业相比，它的特点是不费力。此外海带养殖作为裙带菜养殖的二茬作物开始发展。

因为在以往的紫菜和牡蛎养殖之外增加了新品种，最终里亚斯型海岸错综复杂的海湾中的渔场使用情况发生了重大变化。首先是紫菜养殖的衰落。紫菜养殖生产区缩小到仅剩宫城县的中部和南部地区（从松岛湾到仙台湾的南部区域）。在岩手县和宫城县北部，紫菜养殖从业者数量锐减，现在更是寥寥可数。紫菜养殖的渔场被裙带菜和扇贝养殖或牡蛎养殖的渔场所取代。这样的扩张导致各个海湾的养殖渔场过度密集，曾有地区出现扇贝养殖大量病死的现象，渔场蒙受巨大损失。尽管如此，养殖从业者扩大养殖规模的意愿依旧非常强烈，还开发了可以在近海养殖的设施，因此养殖渔场的近海化取得了进展，特别是裙带菜养殖渔场的近海化发展显著。

此外，1976 年在宫城县的志津川地区，大型水产的日俄渔业与当地渔民合作尝试银鲑养殖的企业化，并最终取得成果。以志津川地区为中心，银鲑养殖在宫城县内不断扩大，1980 年已有 97 个经营实体，1990 年则增加到 342 个经营实体，营业收入达到 143 亿日元，志津川地区迅速发展成为宫城县第一的水产养殖地区。岩手县、新潟县、三重县也开展了银鲑养殖，其中岩手县成为仅次于宫城县的第二大产区。

宫城县内银鲑养殖的扩大，首先有宫城县渔联等渔业合作社组织的努力，但更得益于商业体对水产养殖相关业务的全方位支持：即像日俄渔业、大洋渔业、日本水产等大型水产，以及 Nichimo、日清制粉和其他材料和饲料制造商等商业体争抢三陆渔民、开展集团化经营，从技术指导、资金供应、饲料供应到水产养殖鱼类销售等，它们取代渔业合作社一手包办了水产养殖所必需的业务。各个渔村在"生产出来就能卖出去"的情况下都十分活跃。然而，水产养殖业的这种扩张引发了各种问题，这一点将在后文详述。

综上，三陆的水产养殖渔场受当时的热潮和市场情况等影响发生了巨大变化。养殖渔场从紫菜或牡蛎的单一养殖，转变为海藻、海带、扇贝、海鞘、银鲑鱼等多种多样的综合养殖。

200 海里专属经济区制度开始之后，在已确定近海和远洋渔业的缩编情况下，三陆沿海地区的水产养殖业崛起，并且在水产养殖业领域内，行业类型变换重组的情况反复发生。一直到泡沫经济破灭前夕，三陆沿海地区虽然一直是繁华景象，但各种问题也在蓄积。

3 挣扎在通货紧缩中的产地

日元升值的持续和海产品进口的扩大

广场协议后，日元升值急剧加速。1 美元换 270 日元的日币 2 年后就降至 120 日元，20 世纪 90 年代进一步加剧，1995 年时降至 70 日元左右。之后，美国经济复苏，汇率调升到 100 日元以上，达到 140 日元左右，但丝毫没有能够恢复到从施行外汇浮动汇率制度开始到广场协议为止期间的水平的迹象。

不言而喻，外汇波动对贸易的影响很大。本国货币升值，进口就会增加。自外汇施行浮动汇率制以来，日元不断升值，水产品进口增加的趋势增强，广场协议之后，这种趋势进一步加快。水产品的进口量在 20 世纪 70 年代初是 30 万吨左右，到了 1977 年已经超过了 100 万吨，1987 年则超过了 200 万吨，在 1993 年最终超过了 300 万吨。

前川报告（1986 年）提出应该调整经济结构以促进国际和谐。这一主张成为日本经济的基本路线后，日本便致力于扩大内需、开放市场、推进金融自由化，最终成为消费大国，世界水产品的汇聚地。2001 年日本水产品进口量突破了 380 万吨。

与此同时，随着通货紧缩经济萧条局势的发展，日本水产品的流通结构发生了巨大变化。第一，大量生产、大量流通和大量消费型的流通模式增强。这推动了日本企业在海外的直接投资，扩大了其在海外进行水产品标准化量产的生产模式；外国渔船进口冷冻金枪鱼和冷冻鱿鱼的情况也在增加；同时，承接进口商品的连锁店和外卖连锁店急剧增加。此外自 1991 年修订"大店法（大型零售店法）"以来，由于没有了抑制大型店铺成立的制度，各个地区郊外都是超大店铺林立。量贩店铺的泛滥加剧了店铺间招揽顾客的竞争，并导致了商品的降价竞争。并且大型化零售商的购买力增强，不仅使中间分销商的交易价格受到压制，甚至产地价格也被牵制，这种倾向不断加剧。

第二，水产加工品的原料切换为进口原料。位于渔港城市的水产加工业者最初是从当地或邻近的渔港购买鱼贝藻类，但对于不定时购买的鱼类，则是积极选用规格和价格稳定的进口原料。因此，不再依存于当地的生产批发市场而是依赖于海外原料的水产加工业者数量增加。

三陆和常磐地区甚至开始进口鱿鱼类、章鱼类、鲭鱼类、鲑鱼类、蟹类、金枪鱼类、鲑鱼籽、鳕鱼籽、海藻和牡蛎等地方特产类的水产品。这对渔民来说绝不是喜闻乐见的状况，但由于收获量变动剧烈，水产加工业者不能以自己想要的量或价格购入原鱼，同时为了应对强化追求低价的零售业和外卖连锁业等大宗客户，不得不如此。另一方面，我们还不能忘记，自 20 世纪 90 年代以来，商品产地的伪造已成为一个问题。例如，中国产的裙带菜被伪造为三陆产销售，从韩国订购的牡蛎被伪造为宫城县产廉价出售。

在过去的水产品进口中，鲑鳟鱼、虾和金枪鱼被列为主力，这些鱼类的进口弥补了日本国内水产品市场的短缺。然而，在 20 世纪 90 年代日元升值的基调下，进口商品作为原料、半成品或产品蜂拥而入世界最大的日本水产品市场，与日本国产产品竞争，主导了量贩店鲜鱼卖场的货架。这是一个全国性趋势，三陆和常磐境内的渔业和水产养殖业也受到了 20 世纪 90 年代通货紧缩经济期进口压力的极大影响。

近海和远洋渔业的衰落

20 世纪 80 年代，近海和远洋渔业日渐衰落。然而，一直到泡沫经济时代终结，代船的建造数量并没有下降。如前所述，其背景是围绕渔业的金融环境。由于制度资金充足，旨在扩大内需的金融政策引发了资金过剩现象，商业银行、系统金融机构（农林中金）、政府系金融机构（农林渔业金融公库），所有金融机构的贷款态度都很宽松。虽然实际状况丝毫未被公开，但据说系统金融和政府系金融之间频频发生融资方的争夺，混乱融资泛滥。许多渔业公司将已有的债务束之高阁，重新借入大量贷款建造新渔船。当时资本充足率处于极低水平的渔业公司不在少数。但由于处于泡沫经济期，资产价格和高级鱼种的价格不断上涨或居高不下，估计这些公司无法感受到经营危机的存在。

然而，一旦"投资唤来投资"的泡沫经济破灭，近海和远洋渔业将直面重大的危机。在水产品进口增加的背景下，鱼价陷入真正的低迷期是从 20 世纪 90 年代中期开始的。由于通货紧缩带来的经济萧条，为建造代船而筹集的大量借款给渔业公司带来了沉重的负担。在收入没有增加的情况下，高额债务不会减少，长期以来积累的有形和无形资产的价值暴跌。因此，无论是新的借款还是投资都无法进行。在鱼价好转之前，只能努力节约成本。事实上，作为对策，近海和远洋渔业公司一边利用各种制度一边开始了外国船员的雇佣。远洋金枪鱼延绳渔业的成本也因此被压缩至泡沫经济期时的 60%。尽管如此，鱼价低迷的势头仍然超过了成本压缩的程度，渔业经营状况未见好转。

1998 年开始，金融机构开始实施早期纠正措施，这是加强金融监管的行政措施。因泡沫经济时期一味胡乱融资的金融机构延误了不良债务的处理，破产持续。按照规定，金融机构的资本充足率必须满足国际统一标准（BIS 标准），同时金融机构必须根据指南手册对业务合作伙伴的贷款进行分类管理，于是贷款态度收紧。合作社金融机构也不例外，渔协的信贷业务甚至设定了比金融厅发布的金融检查手册更严格的标准。

　　这一金融举措对已经深陷通货紧缩萧条环境中的渔业公司来说雪上加霜。经营环境恶化，融资已然成为渔业公司的一个重大任务，却无法获得金融机构的支持。自石油危机以来，政府一直在努力充实渔业金融，对策列表中的低利率制度资金却因金融机构的信贷审查变得严格而无法利用，贷款额度不断减少。尽管有资金的需求，却没有资金的供应。

　　在此期间，随着渔船的日益老化，迎来更新期的渔船增加。泡沫经济破灭后，渔船的建造锐减，平均船龄逐年上升，到2010年船龄超过21年的渔船已占到总量的47.1%，形成了渔船寿命即渔业寿命的局面。20世纪90年代为应对资源减少，作为渔业政策实施了大中型围网渔业、金枪鱼延绳渔业、中型鱿鱼钓渔业等的减船项目，缓和了残存渔船的竞争环境，基地设置在三陆和常磐的残存渔船能够使用的渔场逐渐变多。但这一政策的实施并没有使残存渔船的经营有太大改善。

　　日本政府一直在推进支持渔船更新的财政支援项目，如自2002年开始的"渔船租赁项目"、2007年开始的"盈利渔业创设支援项目"等。但由于必须从金融机构获得贷款，如果还款延迟或过去的债务尚未解决，则无法享受这些财政支持。最终，能够有效利用这些项目的渔业公司仅限定在信用良好的企业。除了一小部分优良渔业公司以外，更新渔船的投资毫无进展，即使是大型水产旗下的渔业公司也大幅减少了持有船只的数量。

　　20世纪90年代，随着沙丁鱼资源急剧减少、全球范围内金枪鱼资源陷入低迷，资源和存货问题被提了出来。但持续到20世纪80年代的狂热投资造成的负债因为20世纪90年代中期开始的渔价低迷而固化，渔船渔业陷入了危机。换句话说，渔船渔业未能抵御通货紧缩的萧条。这一危机与其说是"渔场"问题，不如说是"市场"问题正在侵蚀渔业。要摆脱结构性萧条只能倚赖商业周期。

养殖业者的层级分化

　　泡沫经济破灭后，日元升值趋势加强，海藻、海带、银鲑和牡蛎在三陆地区养殖的水产品进口急剧增加。从韩国进口裙带菜、海带、牡蛎，从中国进口裙带菜、海带，从南美智利进口银鲑。在其他国家，不仅人工成本低于日本，水产养殖规模也很大。再加上很多情况下技术和种苗从日本流出，产品品质也已经达到一定水平，成本竞争力更是突出。在市场上，这些进口产品和三陆水产养殖产品全面竞争，是导致价格低迷的主要原因。从 20 世纪 90 年代后半期到 21 世纪初期，裙带菜和银鲑进口产品的市场份额陆续超过了国产产品，比如裙带菜，随着中国加入 WTO，已经要被列为保障措施（国际规则所许可的对特定品种的贸易救济措施）的预备军。

在这种情况下，三陆水产养殖业进行了重组。首先牡蛎方面，因为养殖业者逐渐减少，剩余的养殖业者利用空下来的渔场扩大了生产，达到了能够维持甚至扩大产量的程度。其次在银鲑、海藻和海带方面，残存下来的养殖业者也努力扩大了规模。但停业的势头更甚，泡沫经济之后，产量一直呈下降趋势。已形成了国内产品被进口产品驱逐的形势。比如银鲑养殖，由于无法回收饲料投资和不能清理固化负债而倒闭的养殖业者接连不断。

也有一些养殖行业未受到进口压力影响，那就是紫菜和扇贝，两者都提升了产量。但紫菜养殖的经营者数量大大减少。这是因为国内紫菜产地之间的竞争加剧了。养殖紫菜是在海面上培育后，再在陆地上经过数个程序的制造过程而形成的产品。那些在制造过程中引入了大型全自动干燥机并能够收回投资成本的水产养殖业者成功扩大了规模，实现了经营的持续。紫菜产地间形成竞争的背景在于，虽然年中赠送和礼品市场中对紫菜的需求不断萎缩，但在通货紧缩的萧条状况下便利店急增，而在便利店贩卖的饭团需求急剧增加。因此，虽说也有 20 世纪 90 年代后半期开始的紫菜进口急增的影响，但更主要的还是日本国内因素加速了紫菜养殖经营体的减少。

相比与其他养殖业的缩减，扇贝养殖则因为经营者的增加提升了产量。在宫城县，1990 年的产量为 2370 吨，到 1999 年则达到了 12,402 吨。在北海道和青森等大型生产区域苦于价格低迷之时，三陆的扇贝养殖却得以发展。与主要进行原贝生产加工的北海道和青森不同，三陆拥有可进军首都圈生鲜市场的地域条件。

如上所述，在三陆地区，一方面水产养殖业的行业结构进行了重组，另一方面养殖业者间的层级分化加剧。作为承担主体的渔民，有人持续投资扩大规模，获得四五千万日元渔业收入，也有人通过组合各种行业持续获得一千万日元左右渔业收入，还有人因为年龄渐长选择勉强维持、继续零散养殖。而在以往的渔村社会中，更多的是同性质和同规模的渔民，但现在随着层级分化，渔业收入出现了差距。虽然每个地区倾向不同，但获得一千万日元以上收入的渔民与作为兼职从业的渔民（即从事零散的水产养殖业的同时赚取渔业以外的工作收入，靠两份收入来维持家计）之间出现了明显差距。而随着渔村社会的老龄化，毫无疑问后者的数量远远多于前者。

4 是否出现过产地再生的预兆

2000 年后的进口减少出口增加

2001 年产地标识义务化，进口水产品更加贴近了消费者。实际上因经济高速发展，水产品的进口一直持续增加。虽然没有进口那么高的增长率，但直到 20 世纪 80 年代末，水产品出口也是持续增加的。20 世纪 90 年代则变为进口增加，出口减少。泡沫经济破灭以后，虽被称为失去的 10 年，但在通货紧缩的萧条下进口仍在加速，出口在下降。

然而，这种趋势在 2000 年前后逆转，国内水产品需求减少，海外水产品需求增加。一般认为这种逆转的出现，是因为发达国家发生了 BSE（疯牛病）冲击和禽流感，发展中国家则因经济增长引发内需扩大，从而国际水产品需求增加。在美国经济的强劲表现和零利率政策的影响下，日元的持续走低应该说也从侧面推动了进口减少、出口增加的趋势。补充说明：进口数量的峰值是 2001 年的 382 万吨（金额峰值是 1997 年达到 1.94 兆日元），也就是说 10 年间增加了 100 万吨；而出口数量的谷底是 1999 年的 20 万吨（金额谷底是 2001 年的 1352 亿日元），也就是说 10 年间减少了 70 万吨。

日本的水产品出口甚至承担过赚取国家外汇储备的角色。主要出口产品有水产品罐头、珍珠、琼胶、水产品油脂、鲸油、盐腌晒干品，还有全鱼冷冻的冷冻水产品，但作为罐头原料居多。作为罐头制品，有鲑鱼（驼背大马哈鱼等鲑鱼类）罐头、金枪鱼（长鳍金枪鱼、黄鳍金枪鱼、鲣鱼）罐头、沙丁鱼罐头、鲭鱼罐头、螃蟹罐头等。从三陆和常磐出口的是青花鱼罐头、沙丁鱼罐头、水产品油脂、干鲍鱼、冷冻秋刀鱼等。

然而，2000 年以后呈增加趋势的水产品出口与过去的出口情况大不相同。第一，水产品罐头、琼胶、水产品油脂等曾经的主要出口产品依然低迷；第二，过去未被视为出口产品的秋鲑鱼、海参、明太鱼等激增；第三，以多获性鱼类为主的冷冻鱼出口数量、金额均大大超过加工产品的出口，多用于东南亚的罐头原料；第四，对中国、泰国、越南等加工贸易国的出口急增，并且出口的原料经过加工后，不仅出口到第三国，重新进口到日本的情况也不少。重新进口的半成品在日本国内进行再加工后，流通到连锁店、业务类超市、便利店等。

另一方面，水产品进口量在 2000 年后大幅减少，2007 年跌破 300 万吨。虽然日本的商社和水产加工生产商，将世界各国的生产基地与连锁店、餐饮连锁连接起来，开发了应对大量生产、大量流通、大量消费的供应链，但日元升值趋势放缓，再加上其他国家的购买欲望高涨，最终导致购买失败。由于流通终端的揽客竞争的激化加剧了低价格化倾向，连锁店的店铺展开、卖场面积的扩大进入到 2000 年后还在继续，因此商品的低价格化倾向没有减弱，流通业界的力量平衡没有崩溃。连锁店等量贩店的购买力并未下降。

另一方面，靠进口水产品和主打商品的特价销售吸引顾客的竞争方式早已千篇一律，鲜鱼卖场的吸引力减弱，于是购买新鲜度高的国产鱼贝类再次被重视起来，鱼协和超市间的直接交易开始活跃。这种直接交易虽未形成全国之势，但在岩手县、宫城县和福岛县，渔协与大型量贩店和大型邮购贩卖业者的交易都开始活跃起来。

触底反弹的三陆养殖业

由于 20 世纪 90 年代通货紧缩的萧条，三陆的水产养殖业一直在收缩重组，这种状况在 2000 年以后仍在持续。但在渔场的一番优胜劣汰之后，剩余的经营者不断致力于扩大规模，所以这种收缩重组的速度放缓。

先来看一下银鲑鱼养殖。养殖业中，将养殖经营者集团化的企业接连撤出，养殖业者的淘汰也在进行。在岩手县银鲑鱼养殖被完全淘汰掉，但在银鲑养殖的最大县即宫城县进行了机构重组。在 20 世纪 90 年代初，经营者数量为 300 家、产量为 2 万吨、养殖池塘过千；到了 2003 年，经营者数量则减少至 74 家、产量降为 9120 吨、养殖池塘仅剩 224 个。

但之后出现了逐渐增长的趋势，在 2010 年经营者数量达到 82 家，产量达到 14,750 吨，养殖池塘数量回调至 269 个。当然，这与银鲑进口的增减也有关系，不能就此断论说银鲑的市场环境已经好转。并且，宫城县渔联（现在的宫城县渔协）和全渔联推出"伊达银鲑"，致力于银鲑鱼的品牌化，同时扩大销售渠道建立供应网络，渔协之外的商业体也确立了一个区别化对待进口商品的供应体制。由此，一个可以切断进口压力的生产结构被重建了。

此外，自 2001 年的 BSE 危机以来，日本加强了安心安全导向和产地标识等的合规性（遵守法令），彻底揭发水产加工业者的产地伪造行为，裙带菜、牡蛎等进口产品和国产品牌的区别化对待取得极大进展。在宫城县，牡蛎流通中引入了可追溯系统（可追踪产品来源的系统），由此造就了生食牡蛎的产地的地位。

岩手县则把当地一直用于自食的收割前间苗采摘下来的裙带菜打造为"早采裙带菜"，作为生鲜产品广泛流通；并采取对策，把春季集中盐藏的裙带菜以及加工后贩卖的裙带菜冷藏保管，使其全年可加工和贩卖，此外还开始经营在九州地区盛行的"牡蛎小屋"。

上述举措都是当地渔协的努力，通过采取这些流通对策，三陆裙带菜和三陆牡蛎终于摆脱了 20 世纪 90 年代屈服于进口压力的困境。并且，由于中国和韩国产的裙带菜产量呈下降趋势，尽管渔民减少，但中坚力量的裙带菜养殖经营呈现上升趋势。另一方面，宫城县的牡蛎养殖则由于主要是通过当地的包装商（水产加工业者）流通到各量贩店，再加上诺如病毒的接连发生，使原本能卖上价格的生食牡蛎的出货受到限制，地震灾害前的数年，价格显著低迷，养殖业经营形势严峻。

相比于许多养殖行业不得不采取措施推进进口产品的区别化对待，海鞘养殖业则没有进口压力，靠出口驱动保持了良好势头。其背景之一是对韩国的出口有所增加。这是因为在韩国海鞘开始被广泛用作泡菜食材，而韩国产地因出现"被囊软化症"生产持续低迷，带动了日本海鞘的出口扩大。一段时间日本本土甚至弥漫了被韩国购买囤积的危机感，产地价格稳健发展。海鞘养殖成为三陆水产养殖业最赚钱的一个行业。因此，水产养殖业在强劲出口的背景下有了更加向好的趋势。

如上，三陆的养殖业处于好转趋势或者说触底反弹的状态，但在渔场条件恶劣的渔村，水产养殖业仍然萎靡。并且，老龄化加剧，渔民总体数量减少的趋势没有任何改变。但需要指出的是，任何一个渔村都有依靠水产养殖业谋生的渔民，以及靠养老金和零散经营养殖业谋生的渔民，是后者逐渐走向停业境况，减少的不一定是中坚力量的渔民。这一趋势也可用来描述那些经营沿海渔船渔业的渔民，如不经营养殖业的刺网渔业、延绳渔业或拖网船等。

因出口驱动而沸腾的产地

三陆和常磐出口秋鲑鱼、鲭鱼类、鱿鱼类、明太鱼、秋刀鱼、鲣鱼、干鲍鱼、海参、海鞘等鱼，但这些鱼并非都产自三陆和常磐。

在三陆一带，定置网渔业极其繁荣。定置网渔业能够捕获各种鱼种，最多的是秋鲑鱼。此外，鲭鱼类和鱿鱼类等也被大量捕获。20世纪90年代，秋鲑鱼处于过剩供应，甚至被用作生产堆肥的原料。水产品价格极其低迷，渔业经营状况变得严峻。但是，从2004年左右开始，日本对中国的出口显著增长。中国其实没有食用秋鲑的饮食文化，出口到中国的秋鲑鱼经过添料加工会再出口到EU（欧盟）、美国和日本。BSE危机发生后，欧美诸国对天然三文鱼的需求扩大，因此形成了这样的供应链。而重新被进口到日本的秋鲑鱼则大多流入餐饮相关行业，被用于牛井连锁店的秋鲑鱼套餐和单品等。

鲭鱼类是太平洋北部围网渔业的主要对象鱼种之一，和沙丁鱼一样，是资源增减变化剧烈的鱼种。用围网网、定置网等捕获的鲭鱼类，按照个头大小从大的开始，依次作为鲜鱼、青花鱼去骨等鱼块加工制品的原料、罐头原料在产地流通。用于这些用途的鱼体，一般认为适用于鲜鱼和切块加工的在400克以上，适用于罐头原料的在300克以上。然而，捕获到的鲭鱼类大多是400克或300克以下的小鱼，主要适用于鱼类养殖饲料和鱼粉原料。与食用鱼相比，非食用小鱼的交易价格极低，尽管捕捞量巨大却无法获得高额报酬。但是，在海外即使是小型鱼其食用需求也很高，所以日本从2005年左右开始，对中国、韩国、东南亚、非洲等非发达国家的出口急剧增长。出口到中国的小型鱼主要用作鱼块加工原料，之后再被反进口回日本，即形成了出口到中国加工后再反进口回日本的供应链；而出口到其他国家的小型鱼则主要作为罐头原料和各类鱼食品原料。

最近，鲭鱼资源大国挪威开始限制捕捞，引发了世界范围内鲭鱼供给不足，这也助力了日本的出口上涨。由此，对原本非食用的小鱼的需求增加，产地买受人的收购意愿急速高涨，围网渔业的经营得到改善。2008年，仅太平洋北区的围网渔业捕获的鲭鱼类的捕捞金额就达到了174亿日元，而2004年鲭鱼类的捕捞金额是59亿日元。

然而，在上述出口驱动的背后，流通加工业界和水产养殖业界出现了各种各样的问题。例如，用于罐头加工和养殖饲料的鱼类大小与用于出口的尺寸相同，形成原料采购竞争致使成本上涨。罐头制造业的经营支出的70%被饲料费用所占据，鱼类养殖经营状况变得严峻。

总之，不仅仅是秋鲑鱼和鲭鱼类，凡是出口迅速增加的鱼类其价格都在稳健发展。围网渔业、定置网渔业、近海拖网渔业等用于出口的鱼类捕捞金额呈现上升趋势。然而，在此期间，由于全球燃油价格飙升，渔民不得不采取自主休渔等举措谨慎捕捞。

如前所述，此时在世界范围内出现日本商社的水产品购买失败现象，水产品的批发价格和零售价格几乎全面上涨。全球供需紧张对产地造成了直接性的影响。当然，尽管水产品价格上涨，燃油消耗高的渔业仍处于困境。但另一方面，燃油消耗低的渔业其经营收支开始好转。并且即使是燃油消耗高的渔业，如果采取了节能措施也能改善其经营状况。

当时，人们寄希望于借助水产品出口的增长来消除老旧渔船寿命即渔业寿命的想法。开设了批发市场的渔港城市的各个自治体，为了使扩大出口成为恢复地区经济的契机，开始推进渔船引进对策。对围网渔业和秋刀鱼舷提网渔船以及鲣鱼一本钓船等的船主，自治体会敦促他们入港。此外，青森县八户、岩手县釜石、大船渡地区，面对 2011 年的开业，推进了渔港流通功能的再开发整备项目。然而，东日本大地震引发的海啸轻而易举地毁坏了这些即将完工的建筑框架。

雷曼事件与出口

2008 年 9 月 15 日，美国第四大投资银行雷曼兄弟（Lehman Brothers）破产，受此影响，各国金融机构陷入经营危机，全球金融动荡加剧。转眼之间全世界陷入了经济危机，在此之前一直处于良好态势的水产品需求瞬间收缩。当然，对日本国内影响也很大，消费下降，之前的通货膨胀势头反转为通货紧缩基调。另外，受雷曼事件影响，外汇市场上美元被持续抛售，日元升值趋势急剧加强，因此水产品出口急速减少，而另一方面水产品进口呈增加倾向。虽然人们对水产品出口的增加寄予厚望，但期待终究落空。人们甚至认为日本水产业可能要倒退到从前苦于进口压力时期的情形。

但随着海外水产品需求的逐渐复苏，水产品出口也有所恢复。虽然因日元升值难以看到出口金额的增长，但从出口数量上来说有所恢复。2000 年以后的出口量峰值是 2007 年的 61 万吨，2008 年为 52 万吨，之后 2009 年下降至 50 万吨，但 2010 年又恢复至 57 万吨。尽管自雷曼危机以来，不仅美国、希腊和西班牙等欧盟国家的金融危机仍在持续，日元购买趋势强劲，日元升值倾向也并未减弱，但水产品出口还是有所恢复。

随着少子老龄化和人口减少，大规模捕捞型渔业对外部需求的依赖自然会增加。承担这一重任的当地的流通加工业者，他们负责处理面向外部需求的销售。2000 年后，他们竞相开拓海外市场。在雷曼事件后，他们在世界范围内的市场营销活动仍在继续。甚至可以说，在雷曼事件之后反而更有活力。

这是因为，如果能建立全球性的销售网络，摆脱日元升值之势就能带来更多的收益。

同时在三陆和常磐各地，为了抓住机遇，官商开始携手攻克渔业和水产业中的内在矛盾，采取了多种多样的措施。这些措施并不是为了增强国际竞争力而可以量化的东西，也并非意图实现水产业飞跃性的扩展，最多是为了促进从业者的发展，开放被关闭的渔村，确立地域身份，从而实现逐步发展的努力。

就在要摆脱雷曼事件之后的日元升值趋势而为实现再生做准备之际，东日本大地震灾害发生了。在这次地震中发生的剧烈海啸摧毁了渔港和水产相关设施，并迫使上述各种努力中止。渔村成了荒芜之地，一切都停止了。灾难发生以前发生过什么呢？甚至连这份记忆都消失了。然后许多主流媒体针对水产业，盖棺定论地宣传"即使恢复原状仍然处于衰退之势"，并不断抨击"不是复原而是再生"的主张。也就是说，在人们还没有回想起地震灾害前做了什么之时，过去无用的结论已被确立，仿佛只有把过去推翻才可推进改革。

第二章
受灾与损失

　　东日本大地震引发的巨大海啸夺走了许多宝贵的生命，摧毁了建筑物、住宅和各种设施。不言而喻，这种灾害规模是前所未有的，超过了阪神大地震。阪神大地震的破坏是由于直下型地震的剧烈晃动造成建筑物、设施的倒塌，随后发生的火灾夺走了很多生命。这两次地震虽然均为大规模地震，但损失情况及对地区、产业的影响大为不同。

　　本章中，首先概观过去的三陆地震所导致的渔业损失，然后评估此次东日本大地震灾害导致的渔业损失。

　　因为渔业和各种各样的产业有关联，对渔业损失进行评估其实非常困难。所以，我们先将渔业损失分为直接性损失和间接性损失。所谓直接性受损，是指渔业从业者和他们的家人以及渔业相关人员所遭受的损害，还包含渔船等渔业生产用工具或者渔港和装卸场等基础设施在内的水产业相关设施等的物质损害。即渔业从业者在生产活动中使用的生产资料和生产基础的损害。间接性受灾是指因渔业的被迫停止使其相关产业遭受损害，以及因相关产业受灾导致的渔业受损。主要是重建过程中产生的损失，其范围极其广泛，难以把握，但大致可分为天灾和人类社会引发的人祸两种。

此外，人祸又包括核灾难衍生灾害和核灾以外的人祸，这些都是可能导致灾区社会和自治分裂的行为、构想和政策，而这些又都是从今天的日本社会结构中产生的，必须要客观分析。因此，在本章中将聚焦直接性损失来考察受灾与损失情况。

1 以往震灾后的复兴

明治、昭和三陆地震

太平洋北海区的沿岸过去曾多次遭受海啸灾害。引发海啸的地震有 1611 年（庆长十六年，M8.1）、1677 年（延宝五年，M8.0）、1896 年（明治二十九年，M8.5）、1933 年（昭和八年，M8.1）、1960 年（昭和三十五年，智利地震）、1978 年（昭和五十三年，M7.4）、2010 年（平成二十二年，智利地震）等。就在东日本大地震发生的一年前，由于智利海岸地震引发的海啸使三陆地区的水产养殖设施遭到损害和流失，仍记忆犹新。可在养殖设施恢复后还不到一年，东日本大地震灾害发生了。

在过去的受灾经历中，受损程度与东日本大地震灾害相当的是 1896 年发生的明治三陆地震。那次地震和海啸造成的死亡人数和下落不明者约 22,000 人（其中岩手县约占 82%），死亡人数超过了东日本大地震灾害的 19,009 人（截至 2012 年 3 月 11 日）。另外流失的房屋约 7000 户，流失的船舶约 6900 艘（其中岩手县约占 80%）[1]。渔船和渔具损害金额约为 84 万日元（其中岩手县约占 90%），渔网损害金额约为 46 万日元（岩手县占约 90%）。而 1885 年岩手县和宫城县的渔业产值约为 110 万日元，也就是说渔业受损金额已经超过了两个县一年的渔业产值。

1933 年发生的昭和三陆地震引发的海啸造成的破坏虽然没有明治三陆地震那么大，但也极其严重。死者及下落不明者人数约 3000 人（其中岩手县约占 90%），流失房屋数量约 4800 户。虽然死者和下落不明者人数少于东日本大震灾和明治三陆地震，但在这次地震中损坏的渔船上升到约 13,000 艘（其中岩手县约占 40%）[2]，远超过了明治三陆地震。和东日本大地震灾害一样，其中大多数应该都是小型渔船。渔业受损总额约为 3100 万日元。而震灾发生前一年（1932 年）岩手县的渔业生产额约为 1100 万日元。

虽然遇难者人数少于明治三陆地震，但昭和三陆地震引发的海啸直接打击了岩手县的渔村经济。其原因不言而喻，渔船和渔具几乎全被冲走，难以为生。因此，震灾后恢复渔村经济首当其冲的就是要筹措渔船。在岩手县气仙郡的广田半岛，广田村渔业工会作为工会组织制定了复兴计划，首先设立了海啸复苏造船工会，据说"从新潟县、福岛县、三重县等地聘请了造船师傅，从制造小型渔船开始"。根据这个造船计划，他们 3 年时间建造了 600 艘小型渔船和 20 艘电动机船（动力船）。而这个计划得以施行的本金来源于 3 部分：一是从岩手县筹集到的款项约 11 万日元，二是一般社会捐赠款项约 13 万日元，最后是自筹资金 8.3 万日元。接着又成立了广田村动力船工会，并派出考察团到北海道（渡岛半岛）和青森（下北半岛）的渔村，此外还实施了广田村动力船到 10 个地区外出打工的举措。通过上述计划的实施，渔村实现了快速复兴，比震灾前显得更有活力。虽然这只是个别事例，但明治三陆地震和昭和三陆地震后的渔业在这些举措之下，成功恢复了捕捞量，并在几年内超过了震前的水平。

昭和八年（1933 年）三陆大地震海啸灾难悼念碑

立于气仙沼市唐桑町宿浦的早马神社下　摄影　濑户山玄

昭和八年（1933 年）三陆大地震海啸灾难 大船渡渔港（细浦）《岩手县渔港史》

另一方面，通过这些过去的经验，三陆沿海地区的渔村开始做标志记录过去的海啸曾波及何处，努力提高地震时的防灾意识。在渔村，他们设置了为躲避海啸袭击向高地逃难的小路等，很多渔村居民曾经通过这些小路逃难。也有因受海啸灾害的经历，将村落搬移至高地从而彻底远离灾害的。虽说东日本大地震灾害中 90% 的渔船被冲走了，保护渔船离开海岸的渔民也不在少数。地震后要立刻将渔船拖出海岸避难的想法正是从明治和昭和三陆地震的经验之中根植下的吧。

然而，随着世代更迭，这种防灾意识似乎逐渐弱化。最终在东日本大地震中，渔业从业者及其家庭中出现了相当多的遇难者。细节将在稍后陈述，但在受灾的渔业从业者中有很多是那些讲述过以往海啸灾害的老人。此外，在失踪的渔业从业者中，据说有很多人是在地震发生后，为了守护渔船而登上渔船尝试驶出海岸却被海浪吞没了的。这些说明人们并未完全吸取明治和昭和三陆地震中的经验教训并加以利用。

2 据点渔港的海啸损失

明治和昭和三陆地震以及东日本大震灾害中，海啸导致的受灾范围扩大到了沿岸地区一带。海啸灾害波及生活在渔村的居民、房屋、建筑物、设施、渔船。由于没找到关于明治和昭和三陆地震的详细记载，可能笔者把握得并不准确，但推测因海啸灾害，水产加工厂以及造船厂等水产相关产业也遭受了相当大的破坏。在受灾范围方面，不管是明治和昭和三陆地震还是东日本大地震几乎没有区别。

然而，明治和昭和三陆地震与东日本大地震灾害的受损情况却截然不同。特别是在宫城县的气仙沼市、石卷市、盐釜市或岩手县的宫古市、釜石市、大船渡市等有据点渔港的城市。

在这些渔港城市，据点渔港不仅是渔船的停靠港，还是具有水产品交易功能、加工功能、物流功能等的场所。追逐鲣鱼、金枪鱼、鲭鱼和沙丁鱼等鱼群捕捞的渔船会来停靠，卸载渔获物，运往批发市场，同时为了下一次的捕捞进行燃料和食物的装载。在批发市场，流通加工业者购买被卸载的渔获物，然后对所购鱼贝类进行筛选、预处理、装箱、冷冻、盐藏、干燥等加工处理，流通到消费地。也有保管原材料和产品的情况。

在一个渔港城市，因为流通加工业者选址于此渔船就会来停靠，又因为渔船来停靠流通加工业者就会选址于此，二者相辅相成。同时，渔港城市间出现竞争，各渔港城市得以发展。此外，由于渔业从业者和流通加工业者围绕渔获物的价格存在利益冲突，因此批发市场的功能变得重要，并且有了安排装载渔船航海所需的燃料和食品的海运业者。不仅如此，因为渔船停靠，从事船的建造、检查、修缮的造船业者以及从事船舶机器和机构维护的铁匠也都选址于此。

就这样渔港城市发展成为高度发达的产业集聚地。在一个渔港的身后，批发市场设施、冷库、制冰工厂、水产加工厂等水产流通加工相关的建筑物以及造船厂、铁工厂、渔具仓库、配送中心的车库、船舶机器和渔具工厂的代理店、海运业者等，众多产业林立。在这些城市之中，有些地区甚至整顿成立了水产加工园区、造船园区和工业园区，因此最终渔港城市开始被称为水产基地。

东日本大地震灾害引发的海啸，不仅把在战后渔港整顿项目中扩建的渔港用地内的防波堤和渔港码头、设施全部破坏，还袭击了明治和昭和三陆地震发生时尚未存在的高度发达的产业集聚地。虽然包括相关产业在内的总损失额度尚未正式调查，甚至估算值都尚未能掌握，但其受损规模绝对是明治和昭和三陆地震无法相提并论的。这是因为明治和昭和三陆地震中渔业相关的受损额为高于或低于受灾地区一年的渔业产值这样一个水平，而东日本大地震灾害中的受损额，仅是渔业和养殖业相关设施（包括渔船、渔港、陆上公用设施和市场设施）一项就高达 12.5 亿日元，已接近 2010 年约 14 亿日元的国内海上渔业产值。

虽然在因东日本大地震灾害遭受的损失中，遇难者人数低于明治三陆地震，但就物质损害而言却是后者无法比拟的。再加上核电站核泄漏事故。在如今财政萧条、经济发展空间不足的日本社会，在思考复兴的时候，如何认识物质方面的受损对于不让复兴之路陷入瓶颈来说也至关重要。

3　人员伤亡

东日本大地震灾害中的许多遇难者都是居住在沿海地区的人。由于没有按职业划分统计的遇难者人数，因此无法准确掌握渔业相关人员的遇难情况，在这里通过沿海渔业、近海和远洋渔业以及水产加工业的划分来概观一下人员受损情况。

沿海渔业人员伤亡

首先来看一下受灾三县（岩手县、宫城县、福岛县）的渔协或渔协系统组织统计的表 1。岩手县、宫城县、福岛县的工会成员遇难者人数分别为 375 人、452 人、111 人。按占工会成员数的比例来看，岩手县 3%、宫城县 4%、福岛县 7%。

表 1 渔协统计的受灾情况

		岩手县	宫城县	福岛县
成员人数 （灾前 2010 年末）	正式	10,667	10,437	1,267
	预备	3,581		328
死亡／失踪人数 （占成员人数的百分比）		375 3%	452 4%	111 7%
房屋（户数）	全毁	4,349	4,827	
	半毁		724	
职员伤亡	死亡	16		2
	失踪	8	1	

资料：全国渔业协同组合联合会

从遇难者人数来看宫城县是最多的，那是因为其基数也大。如果从比例来看，福岛县的伤亡更严重。从宫城县南部到福岛县的海岸地形不是里亚斯型海岸，因高地少而无法避难。可能也有人想乘船努力逃向近海，但近海海域因为远离岸边水又浅，海啸很高，恐怕这样被波涛吞噬的人也很多。总之，福岛县应该说是因海啸遇难的渔业从业者中占比最多的。

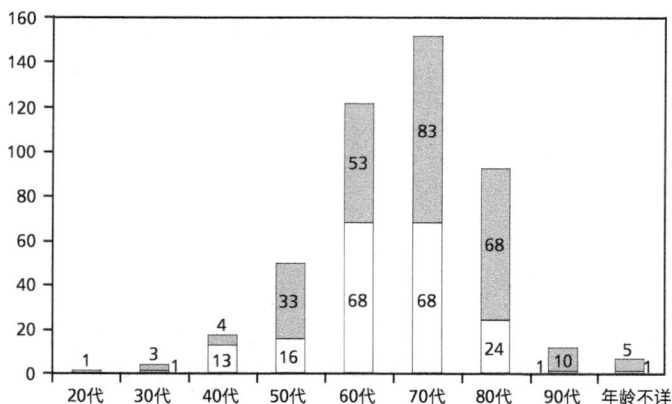

资料：JF宫城

图 1 宫城县渔协组合成员不同年龄层遇难者人数

接下来，虽然只拿到了宫城县渔协统计的数据，但笔者还是想按年龄划分确认一下死亡和失踪人数（图 1）。结果显示：70 岁年龄段的最多，其次是

60 岁和 80 岁年龄段。其中 70 岁和 80 岁年龄段的主要为非正式工会成员。虽然在今天 60 岁年龄段的渔民尚有体力，相对而言还不能称为老年人，但还是能看到人员损失倾向于老年人和非正式工会成员。

从上述数据之中，并不能看出"渔家"这一经济主体遭受了什么样的破坏。但在岩手和宫城两个县，工会成员家庭房屋的受损情况被公布，仅看这一数值，便能推测家庭成员受损情况。在三陆地区，牡蛎、裙带菜、扇贝、紫菜等需要花工夫加工制作的水产养殖业蓬勃发展，并且仓库和工棚就被建在有自住房屋的自有土地上，在这种工作居住一体型的环境中进行着家族劳作。因此，渔业从业者房屋的流失，应该说极大影响着渔家是否还继续做产业的承担者。

人员损失也波及渔协的职员，岩手县最为严重，被海啸夺走了 24 名职员。其中很多是当地消防队的职员，他们是在地震灾害发生后，为了关闭水闸立刻赶往防潮堤，为完成使命而遇难了。

在强地震之后，也有像宫城县渔协志津川分所和岩手县田野畑村渔协那样，为了和在近海作业的工会成员无线电通信和完成各项工作留在渔协，最终连同办公室整体被海啸吞噬而遇难的渔协管理人员和干部职工。渔协工会成员和渔协职员的遇难者人数为 965 人。仅这一数字就占据了东日本大地震灾害全部遇难者人数的 5% 左右。这一数字未包括他们的家庭成员以及未成为渔协成员的渔业从事者。

渔业相关人员的损伤情况，应该会成为探讨今后渔村活力和渔业生产力能恢复多少这一议题中的重要事项。在思考复兴进程之际，重要的也正是渔业从业者的重启意愿。地震灾害发生后不久，被海啸的惊人能量所袭击过的渔民中有很多人表示不想再接近大海，因此而停止渔业的渔业从业者也不在少数。

来看一下宫城县渔协于 2011 年 5 月进行的工会成员意向调查（表 2）。其结果显示为，正式工会成员中有继续捕鱼意向的渔民占比为 71%，准工会成员中有继续捕鱼意向的则为 52%。同时，以 2010 年的打捞金额来看，在正式工会成员中，有继续捕鱼意向的渔民其打捞金额占比为 82%，在准工会成员中有继续捕鱼意向的渔民其打捞金额占比为 62%。也就是说，尝试重启渔业的渔业从业者都是曾具备一定生产力的工会成员。相反，想要停止渔业的从业者则是老年人或作为兼职工作零星从事渔业的那些工会成员。这些数值对于推进复兴来说不算悲观。

表 2 宫城县渔协所属组合成员的继续意愿调查结果（2011 年 5 月数据）

	正式组合成员	预备组合成员	非成员	合计
有继续意愿（a）	3576	2339		5915
保留继续意愿	359	521		880
放弃从业	1073	1633		2706
调查票回收合计（b）	5008	4493		9501
继续意愿者人数比例（a）/（b）	71%	52%		62%
2010 年的打捞业绩（c）	237.7 亿日元	3.7 亿日元	22.2 亿日元	263.6 亿日元
有继续意愿的打捞业绩合计（d）	194.4 亿日元	2.3 亿日元	0	196.8 亿日元
（d）/（c）	82%	62%		75%

资料：JF 宫城

　　随着时间推移，渔业从业者的继续意愿发生了变化。2011 年 8 月到 9 月展开的调查显示，有继续意愿的工会成员数变为正式工会成员 81%、准工会成员 39%。虽然在正式工会成员和准工会成员间出现了差距，但选择停止渔业的仍为老年人和兼职渔业者。长期以来专职渔业经营的渔业从业者的继续意愿看起来更强烈。于是通过渔协和渔业从业者的全力重启准备，打捞速度逐渐提高。

近海和远洋渔业相关人员的伤亡

　　接下来看一下近海和远洋渔业的情况。由于没有明确的数值，在此只举一例。

　　即拥有远洋金枪鱼延绳渔船的北海道钏路市的船主在气仙沼市遇难的事例。据悉，虽然船员平安无事，但管理层的两人（父子）被卷入了海啸中。他们是在大地震发生当天来到气仙沼市修理和检查其所拥有的金枪鱼延绳渔船的。

另一方面，在气仙沼市的鱼町，经营远洋渔业的当地船主的公司建筑物鳞次栉比，几乎都被海啸冲走了。据悉船主们都平安无事。

气仙沼市和石卷市作为近海和远洋渔船的基地，其周边区域的优秀船员人才辈出。当然，在近海渔船上的船员没有遭遇灾情。然而，由于船员的家人大多生活在受灾地区，在海上的他们肯定会担心家人的安危。

此外，近海和远洋渔船的船主与气仙沼、石卷等地的水产相关业者渊源深厚。地震灾害后，有26艘海外围网渔船中止作业，在烧津装载好支援物资，赶往受灾地石卷进行救援。还有以气仙沼为母港的金枪鱼延绳渔船在神奈川县三崎渔港装载救援物资，赶往气仙沼市进行支援活动。

即便是远洋渔业，渔船和母港及水产基地有着深厚的关系。而人员的受损将破坏这种关系。虽然没有进行详细的调查，但笔者今后将持续关注人员受损会对近海和远洋渔业产生怎样的影响。

水产加工业相关者的伤亡

三陆各地水产加工行业的员工受损情况尚未被公布。因此无法了解其确切信息。根据笔者进行的采访，在石卷等地的水产加工厂内，虽然在海啸前发生了一些危险情况，如地震的剧烈摇晃导致机械设备倒地等，但这种剧烈摇晃好像并未对人造成什么特别的危害。并且地震发生后，水产加工业者马上让员工到高地避难。到目前为止，还未听说有因未发出避难指示而出现遇难者的水产加工厂。通过研修和实习制度，在三陆各个水产加工厂工作的外国人劳动者（中国人）也全员实现安全避难并在灾后回国。但是，听说避难后，有因返回自家或去寻找家人等而成为海啸遇难者的员工。

地震灾害发生后，许多企业采取的对策是解雇员工。在企业无法支付工资的情况下，员工只能收下钱，没有其他办法。这笔钱就是失业救济金。也有一些公司利用雇佣调整补助金将员工联为一体，然而能够这样活用补助金（雷曼事件后设立）的企业仅是少数。解雇员工的企业和将员工联为一体的企业在工厂重启之际出现了巨大差异。关于这一点，将在第六章介绍。

4 财产损失

东日本大地震灾害对农林水产业造成的直接性受损，据说高达 23,841 亿日元（2011 年 7 月 5 日农林水产省公布）。其中，水产相关为 12,637 亿日元，农业用地和农业设施为 8414 亿日元，农作物为 635 亿日元，林地相关为 2155 亿日元。水产相关受损最为严重。这是因为面向太平洋北区的东北和常磐地区的海啸造成的财产损失巨大，并且海啸造成的损害从北海道到冲绳波及全国。

表 3　东日本大震灾造成的水产业受灾情况

分类	主要受损物	受损数量	受损额（亿日元）	主要受灾区域
水产相关	渔船	28,612 艘	1,822	北海道、青森县、岩手县、宫城县、福岛县、茨城县、千叶县、东京都、神奈川县、新潟县、静冈县、爱知县、三重县、和歌山县、德岛县、高知县、大分县、宫崎县、鹿儿岛县、冲绳县（富山县、石川县、岛取县的渔船是在受灾区域停泊修整期间受损）
	渔港设施	319 渔港	8,230	
	养殖设施		738	
	养殖物		597	
	公共利用设施	1,725 设施	1,249	
合计			12,637	

注：受损数量以及受损金额根据当前各县报告得出。

注：此外，民间企业所有的水产加工设施和制冰冷冻冷藏设施等的受损金额约为 1600 亿日元（根据对水产加工集团等的采访）。

出处：农林水产省官网中 2012 年 9 月 6 日的内容。

表 3 为农林水产省统计的损害情况，为渔业相关设施的渔船、渔港设施、养殖设施、养殖物、市场和装卸场地等公用设施的受灾情况。接下来，主要看一下渔船、渔港设施、养殖业相关、市场和装卸场地等公用设施以及水产加工业的受损情况。

渔船

受灾渔船有 28,612 艘。实际上这一数字相当于全国渔船的 15%。渔业中渔船的重要性已无需赘述。从这一受损情况来看，不难想象渔业的全面复兴是需要时间的。因为日本国内没有能力立即供应这么多渔船。

接下来看一下表 4，它显示了受灾渔船不同都道县的分布情况。受灾渔船最多的是岩手县，其次是宫城县。仅这两个县受灾渔船就高达 25,300 艘，占整体的 88%。

表 4　渔船的受灾情况

	加入渔船保险船只数量（艘）	受灾渔船数量（艘）（各县的报告）	受损报告金额（百万日元）
北海道（根钏、日振胜、道南）	16,293	793（5 吨以下　659 / 5 吨以上　134）	8,723
青森县	6,990	620（5 吨以下　524 / 5 吨以上　96）	11,378
岩手县	10,522	13,271　※ 渔船总船只数 14,501	33,827
宫城县	9,717	12,029（5 吨以下　11,425 / 5 吨以上　604）※ 渔船总船只数 13,776	116,048
福岛县	1,068	873（5 吨以下　740 / 5 吨以上　133）	6,022
茨城县	1,215	488（5 吨以下　460 / 5 吨以上　28）	4,363
千叶县	5,640	405（5 吨以下　277 / 5 吨以上　66 / 不明　62）	851
东京都	897	3（5 吨以下　1 / 5 吨以上　2）	—
新潟县	3,342	5（5 吨以下　4 / 5 吨以上　1）	0.1
富山县	1,038	8（在受灾地停泊修整期间）（5 吨以上）	839
石川县	3,500	1（5 吨以上）（在受灾地停泊修整期间）	—
静冈县	5,473	14（5 吨以下　13 / 5 吨以上　1）	5
爱知县	4,991	8（5 吨以下）	6
三重县	7,536	26（5 吨以下）	22
和歌山县	3,855	6（5 吨以下　3 / 5 吨以上　3）	2
岛取县	1,219	2（在受灾地停泊修整期间）（5 吨以上）	10
德岛县	3,551	10（5 吨以下）	5
高知县	4,088	25（5 吨以下　23 / 5 吨以上　2）	14

（待续）

（续表）

	加入渔船保险船只数量（艘）	受灾渔船数量（艘）（各县的报告）	受损报告金额（百万日元）
大分县	5258	2（5 吨以上）	65
宫崎县	2,442	20（5 吨以下　16 ／ 5 吨以上　4）	29
鹿儿岛县	7,404	3（5 吨以下）	5
合计		28,612	182,214

注："渔船总船只数量"是指渔船统计表（2010）中统计的渔船总船只数。

注："加入渔船保险船只数量"包含在渔船总船只数量中，是最能反映实际在运作的渔船数量的数字。

注："—"是代表该县仍在调查中等。

出处：农林水产省官网中 2012 年 9 月 6 日的内容。

    岩手县、宫城县的渔船受灾数目之所以如此之多，不仅仅是因为波及两县的海啸能量原本就很强，还因为两县渔业经营体的数量远超其他县。（根据 2008 年渔业普查数据）岩手县的渔业经营体为 5313 个、宫城县为 4006 个，而其他县则少得多（例如，青森县太平洋一侧为 2503 个、福岛县 743 个、茨城县 479 个）。此外，几乎所有的沿海渔业从业者都从事多个渔业，拥有多艘渔船。

    拥有当地渔协成员资格的大多数渔民都使用红船和矶船等小型日本船只，从事海胆捕捞、鲍鱼捕捞、海藻捕捞、海带捕捞等在岩礁场地进行的采贝藻渔业。除此之外，还从事经营紫菜、裙带菜、海带、牡蛎、扇贝、银鲑等养殖业，以及刺网、拖网、一本钓、捞网捕鱼等渔船渔业或定置网渔业。并且，采贝藻渔业往往能一直做到退休，所以很多高龄渔业从业者即使停止其他渔业也会继续从事采贝藻渔业。而且即使从渔业退出，也有继续持有那些小型渔船的情况。因此，在岩手县和宫城县，渔船的整体数量远远超过渔业经营体的数量。而海啸几乎把这些渔船全部冲走了。

    但是，从受损金额来看的话，情况就不同了。再看一下表 4。从受损报告金额来看，宫城县以 1160 多亿日元遥遥领先，之后依次是岩手县 338 亿多日元，青森县 113 亿多日元，北海道 87 亿多日元。这一数据可看出受灾渔船的规模。

看一下渔船保险中央会调查得出的受灾渔船的各级别受灾船只数量（表5）[3]。在金额上呈压倒之势的宫城县，除了船外机械船和5吨以下渔船的数量少于岩手县以外，5吨以上的渔船数量全部都超过岩手县。特别是，5吨以上10吨以下、100吨以上的受灾船只数量差异显著。

表5　各县受灾渔船的各级别船只数量以及支付保险金额

	北海道	青森县	岩手县	宫城县	福岛县	茨城县	千叶县	其他	合计	支付保险金额（百万日元）
无动力船			25	1				0	26	30
船外机船	256	71	7,612	5,867	251	82	111	34	14,284	9,382
0吨以上5吨以下	131	209	1,699	1,429	416	242	175	63	4,364	12,488
5吨以上10吨以下	113	38	173	355	278	5	35	14	1,011	4,902
10吨以上20吨以下	81	58	184	198	79	26	49	8	683	6,269
20吨以上50吨以下	5			3	15		3	1	27	232
50吨以上100吨以下	2	3	4	6	3	9	3	3	33	1,583
100吨以上200吨以下	31	44	4	25	4	2	2	17	129	7,793
200吨以上	5	4		6	4	5	2	7	33	3,413
合计	624	427	9,701	7,890	1,050	371	380	147	20,590	46,092

资料：渔船保险中央会

补充说明一下，5吨以下渔船的建造费用在10万日元到2000万日元之间，5吨以上20吨以下的渔船的建造费用为数千万日元到2亿日元之间。这些渔船的船体几乎都使用了FRP（玻璃纤维强化塑料）材料。此外20吨以上的渔船几乎全部为部署于近海和远洋的钢铁造船。建造费用高达数亿日元。

而宫城县不仅小型渔船的受灾船只数量仅次于岩手县，因为大型船的受灾船只数量也多，因此受损金额排在首位。

受损船只数量上，与岩手县和宫城县相比有两位数差距的青森县，小型船只受灾情况相对而言不显著，但100吨以上200吨以下的船只却独树一帜，达到44艘。因此，青森县的受损金额也大，仅次于岩手县。100吨以上200吨以下渔船的受损船只数量为31艘的北海道与青森情况一样，相对于受损船只数量受损金额更大。但必须注意，这些受灾数据至多是按船主所在地进行的计算，而非受灾场所的受损统计。

对于 100 吨以上的渔船明细，因为没有得到详细的数据，在这里无法按照行业种类对其受灾船只数量进行记述。笔者了解到的情况大致如下：100 吨以上 200 吨以下的渔船多为中型鱿鱼钓渔船、秋刀鱼舷提网渔船、大中型围网渔船（网船），200 吨以上渔船为远洋金枪鱼延绳渔船、远洋拖网渔船、围网渔船的运输船等。的确，在八户渔港、气仙沼渔港、石卷渔港、小名浜港这类的大型渔港，中型鱿鱼钓渔船、围网渔船的运输船、远洋金枪鱼延绳渔船、秋刀鱼舷提网渔船有的冲上了码头，有的触礁，有的沉没，有的失火遇难[4]。地震灾害后，电视等多媒体播放了这一情形。

这些受灾的渔船在地震灾害后的一段时间里处于危险的状态。因为冲上码头的渔船在接连的余震中会发生倾斜翻倒，作为船舶燃料的重油也有从渔船中泄漏出来的可能性。地震灾害后，作为对冲上码头的渔船的应急措施，造船厂的技师采用船台将船体固定等办法以防其发生倾斜翻倒。之后，这些渔船被一台巨大的起重机吊起，并由一台名为 Max Carrier 的移送重型设备拖回海面，拖拉到造船厂和解体公司的处理厂。这些大多数是通过渔船保险组合的保险金实施的。

渔港

从表 6 可以看出，地震灾害损失巨大的岩手县、宫城县、福岛县的渔港几乎全军覆灭。由于地震引起的剧烈摇晃和海啸的破坏能量，这些渔港的大多数已尽失原形。

表 6　渔港的受灾情况

	渔港总数	受灾渔港数量	受灾报告金额（百万日元）
北海道	282 (249)	12 (1)	1,259 (30)
青森县	92 (90)	18 (1)	4,617 (7)
岩手县	111 (58)	108 (54)	285,963 (26,700)

（待续）

	渔港总数	受灾渔港数量	受灾报告金额（百万日元）
宫城县	142 (72)	142 (65)	424,286 (44,613)
福岛县	10 (10)	10 (10)	61,593 (20,978)
茨城县	24 (9)	16 (5)	43,118 (1,132)
千叶县	69 (40)	13	2,204
合计	730 (528)	319 (136)	823,040 (93,460)

注：受灾报告金额是渔港设施、海岸防护设施、渔业村落环境设施和渔业用设施的各部分
　　受灾金额的合计金额。

注：（ ）中的数值分别是渔港总数中有海岸防护设施的渔港数量以及该渔港的海岸防护设
　　施的受灾报告金额。

出处：农林水产省官网中 2012 年 9 月 6 日的内容。

　　例如，在岩手县宫古市田老地区，人们在地震灾害发生前的渔港近海铺设了防止大浪的防波堤，但是它被海啸完全摧毁，灾后到处都是巨大的防波堤混凝土块。此外，大部分渔港用地的地基下沉，呈凹凸不平的状态。不少渔港大潮的时候由于潮水超过渔港用地，码头经常处于浸水状态。

　　渔港可分为只有当地渔船能利用的第 1 种渔港、县内渔船可利用的第 2 种渔港、县外渔船也可利用的第 3 种渔港、远洋渔船也可利用的特定第 3 种渔港以及建设在离岛等地的第 4 种渔港，但还有一种渔港引人注目，这种渔港不要说装卸货物就连停泊船只场地的功能都没有。实际上，地震灾害发生后，经常看到有渔船无法停泊在码头上，只能通过系缆索漂浮在港湾正中间。这种情况在修复工作延迟的第 1 种渔港尤为常见。那之后，各个渔港码头的临时修复工作开始推进，一年半以后能够停泊的码头渐渐增加，但和震灾发生前的状况相比还相差甚远。

　　对于渔业和渔村来说，渔港是最重要的生产基地。因为它是将海上航线和陆路连接起来的物流基地。而正因为这样的渔港陷于一种毁灭性的状态，三县的渔业重建应该是需要相当长的时间吧。今后，随着渔船逐渐增加，要求渔港尽早复原的诉求应该会增强。

养殖业相关

东日本大地震灾害对水产养殖业造成的海啸破坏波及全国。我们来看一下表 7，它显示地是从北海道到冲绳的全国性规模。由于海啸的影响，不仅是养殖设施流失或破损，养殖中的各种养殖物也出现流失或毙死的情况。

表 7　养殖业的受灾情况

县名	受灾的养殖种类	设施受灾报告金额（百万日元）	养殖物受灾金额（百万日元）
北海道	扇贝、鲍鱼、海胆、海带、海藻等	9,356	5,771
青森县	海带、扇贝	43	19
岩手县	扇贝、鲍鱼、海带、海藻等	13,087	13,174
宫城县	银鲑、扇贝、鲍鱼、海鞘、海带、海藻、紫菜类	48,700	33,189
福岛县	紫菜类等	297	536
茨城县	鲤鱼、珍珠等	27	—
千叶县	紫菜类	428	737
神奈川县	海藻等	33	32
新潟县	锦鲤	4	—
三重县	真鲷、蓝鳍金枪鱼、鲍鱼、紫菜类、珍珠等	1,274	2,355
爱知县	紫菜类	2	—
和歌山县	真鲷、蓝鳍金枪鱼	141	834
德岛县	高体鰤、鰤的幼鱼、黄带拟鲹、海藻等	65	508
高知县	高体鰤、真鲷、紫菜类等	228	2,377
大分县	真鲷、鰤的幼鱼、黄带拟鲹、褐牙鲆	85	175
宫崎县	鰤的幼鱼、竹荚鱼、日本黄姑鱼等	0.28	6
冲绳县	海蕴、海骊	6	32
合计		73,776	59,745

注：表中未收录的受灾县当前还在收集信息中。

注：不包括与共用养殖设施相关的部分。

出处：农林水产省官网中 2012 年 9 月 6 日的内容。

例如，北海道喷火湾的扇贝、海带，厚岸湾的牡蛎，茨城县霞之浦的鲤鱼、珍珠，北部湾的紫菜、海藻，从伊势湾到纪伊半岛的真鲷、蓝鳍金枪鱼、牡蛎、紫菜、裙带菜、珍珠，德岛县、高知县、大分县和宫崎县的幼鰤鱼、琥珀鱼、真鲷、岛鯵、紫菜、裙带菜，冲绳县的海蕴、军曹鱼，这些养殖物都受到了灾害影响。

养殖设施类的受损总额约为 737 亿日元，养殖物的受损金额高达 597 亿日元。虽然宫城县和岩手县占了这一受损金额的 80%，但海啸对全国的负面影响也是无法忽视的数额。以三重县为例，设施和养殖物的受损超过 35 亿日元。据说也有从业人员因这次灾情损失而停业。

那么，损失最严重的受灾三县原本是怎样一个状况呢？我们首先看一下受灾三县的养殖业在地震灾害前的状况。

在岩手县和宫城县的里亚型海岸，主要养殖牡蛎、扇贝、裙带菜、海带、银鲑鱼、海鞘类、紫菜等。此外，在宫城县还有被称为黑曹以（许氏平鲉）的平鲉鱼类、在岩手县除了鲍鱼和海胆之外，还有叫作蝦夷石荫贝的像蛤蜊一样的双壳贝（广田湾）、叫作松藻的海藻、叫作松川的鲽类。水产养殖产品的种类比一般所知的更丰富。

水产养殖地带也从里亚型海湾扩展到了宫城县南部（从盐釜周边至南部的仙台湾沿岸）。在这一地区紫菜养殖非常活跃。此外，位于福岛县相马市的汽水湖（海水与淡水混合）和松川浦也养殖紫菜和蛤仔。

受海啸影响，养殖设施完全流失。养殖设施是指养殖筏、延绳式养殖设施和小切割式鱼塘等。用养殖筏的主要是吊牡蛎养殖。筏是用前端系着锚的系留用缆绳固定在海面上。延绳式养殖设施有很多种类，主要用于将牡蛎、扇贝、裙带菜、海鞘等垂下海中养殖。这一养殖设施由浮子和养殖绳构成，先将数吨重的钢筋水泥块设置在海底，再在水泥块上系上系留用养殖绳并将其固定在海中。而关于紫菜养殖，人们虽然应用了插杆养殖和浮动养殖两种技术，但都是将附带紫菜孢子的网漂浮在海面上养殖。小切割式养殖鱼塘主要用于银鲑、黑曹以、松川等鱼类养殖，与浮筏一样用系留用缆绳固定着。

因为养殖设施是被固定在海面或海水中的，所以虽然能稍微移动，但如果海啸来了还是无法回收，它虽然能抵抗住一般性的波浪和急潮流，但完全无力抵抗足以破坏防波堤的海啸。因此，在受灾三县，养殖设施或被海啸冲走，或被挂卡在地面上的建筑物上，或被海啸的波浪卷入海中。

同时，水产养殖物也流失了。比如3年为一周期养殖的牡蛎和扇贝，虽然达到第三年出货尺寸的贝类已经一定程度上完成了发货，但处于周期中第一年和第二年的贝类全部流失了。由此，即使重启了这些贝类养殖，也需要3年时间才能获得收入。

另一方面，裙带菜和银鲑是单年度养殖。如果收获期已经结束一般没有问题，但二者都是在收获期前受灾的。最悲惨的是裙带菜养殖，地震的前一天收获期刚刚开始。为了2011年出货而养殖的裙带菜，全部都垂挂在养殖设施上流失了。如果按近年来的业绩推算，其受损金额应该有60亿日元到80亿日元。

此外，计划在夏季开始出货的银鲑也是相同的情况。从地震前的业绩来推算，受损金额将超过60亿日元。由于受灾的养殖鱼塘中有大量的银鲑被排放到海面，所以2011年7月份开始在三陆各地陆续恢复的定置网渔中银鲑被大量捕捞。在岩手县，到2011年8月打捞上岸了804吨的银鲑。虽然原本是养殖产物，一旦被排放到海面，在法律上这种鱼贝藻类就是无主的。原本，银鲑就不在日本沿海地区生存。虽然被打捞到的银鲑很明显是宫城县的银鲑养殖业主培育的养殖物，却成为打捞者的所有物。银鲑养殖者即使能回购这些银鲑，却需要有偿购买。

如此，恢复了定置网渔业的从业者在夏季获得了意外收入。虽然受地震灾害的影响，原本的养殖银鲑无法流通到市场，可岩手县从业者却能出货捕捞到的银鲑。

但同样作为受灾者也不可能无动于衷。岩手县的定置网渔业协会向宫城县的定置网渔业协会送去了600万日元的慰问金。这些慰问金将被用于银鲑鱼养殖业的复兴。

产地市场

在水产业中，渔业和水产加工业的关系常被视为一辆汽车上的两个轮子。缺少任何一个水产业都不成立。两者之间虽然存在利益冲突的关系，但将这种关系连接起来的场地既是装卸场也是一个产地的批发市场。

我们通过表 8 来确认一下流通相关设施的受损情况。受灾的三个县全部被毁，就连茨城县也有一半以上的地区受灾，青森县和北海道的太平洋一侧的产地市场受灾。甚至千叶县也有部分损坏。虽然损失情况多种多样，但主要是地震引起的地基下沉、海啸造成的市场建筑物和装卸场地的屋檐、墙壁的损坏。很多市场也被彻底摧毁。受损总额为 327 亿日元。

表 8　产地市场的受灾情况

	市场总数	受灾情况（来自各县等的报告）	受灾金额（百万日元）
北海道（根钏、日振胜、道南）	52	15 处左右受灾（进水、设备破损等）	97
青森县岩手县	7	受灾 2 ~ 3 处（进水、设备破损等）	2,503
岩手县	13	全部受灾 全损 11、大部分为毁灭性损坏。宫古·久慈·大船渡仅残留下建筑物	14,266
宫城县	10	全部受灾 毁灭性损坏（全损 9、进水、设备破损等）。	10,577
福岛县	12	全部受灾 半损 4，建筑、机器流失 5，核灾避难地区 2	3,188
茨城县	9	大部分受灾 全损 2、水淹 1、进水 3 等	1,122
千叶县	2	局部受灾	1,000
合计	105	合计	32,753

注：受灾金额仅为公用设施相关部分，是前述共用设施受灾金额的一部分。
出处：农林水产省官网中 2012 年 9 月 6 日的内容。

之后，各个县建造了作为临时设施的建筑物，大部分市场都在秋季重新开启。在拥有 13 个市场的岩手县，只有田老町渔协运营的市场起步晚了（在 2012 年 9 月 1 日重开）。

而福岛县，由于受东京电力福岛第一核电站核泄漏事故的影响，福岛海域停止作业的自我约束在持续，所以大部分的市场都没有重开，只有在其他县海域作业的渔船的基地小名浜市场，在试发货之后，于 10 月份重新开始。

当然，打捞的货物仅限于在不受福岛第一核电站核泄漏事故影响的海域作业的渔船所得。它们分别是虽属当地渔船但在伊豆群岛海域捕捞鲣鱼等的围网渔船，以及在北海道海域或三陆近海形成渔场的捕捞秋刀鱼的秋刀鱼舷提网渔船。

然而，与往年相比，几乎所有市场的交易数量和金额都大幅下降。我们来看一下表 9。在宫城县的主要渔港，除了盐釜以外，气仙沼、石卷、女川、志津川 2011 年的交易数量不足 2010 年度的 40%。在石卷，甚至不到 30%。而在岩手县，除了釜石以外，各主要市场的数量比皆高于 50%。两县一对比，优劣可见。究其原因如下：码头地基下沉导致可供靠岸的场所变少，制冰设施受灾导致冰的供给能力降低，无法供给鲣鱼一本钓渔业所必需的饲料日本鳀鱼，冷冻库和冷藏库没有恢复等。可以说，这些因素一起导致市场接受渔船的功能瘫痪。

表 9　震灾前后产地市场交易额的变化（数量：吨，金额：百万日元）

市场		2010 年	2011 年	2011 年 / 2010 年
三泽	数量	4,406	4,374	99%
	金额	1,407	1,395	99%
八户	数量	119,470	121,511	102%
	金额	23,405	21,000	90%
久慈	数量	12,774	11,459	90%
	金额	2,913	2,764	95%
宫古	数量	48,956	35,262	72%
	金额	7,649	6,313	83%

（待续）

（续表）

市场		2010 年	2011 年	2011 年 / 2010 年
釜石	数量	17,387	8,440	49%
	金额	2,843	1,571	55%
大船渡	数量	49,361	27,926	57%
	金额	6,629	3,731	56%
气仙沼	数量	103,609	28,599	28%
	金额	22,502	8,527	38%
志津川	数量	6,194	2,444	39%
	金额	1,511	1,047	69%
女川	数量	63,413	19,739	31%
	金额	8,160	1,736	21%
石卷	数量	128,592	26,683	21%
	金额	17,973	4,153	23%
盐釜	数量	7,773	12,196	157%
	金额	5,326	6,457	121%
小名浜	数量	11,453	4,085	36%
	金额	1,789	382	21%
铫子	数量	214,239	225,618	105%
	金额	25,366	24,837	98%

注：盐釜的数值是包含进口货物但不包含搬入货物的统计。
资料：渔业信息服务中心。

　　另一方面，在相对而言算是躲过了灾难并快速恢复的青森县八户、宫城县盐釜和千叶县铫子的产地市场，打捞业绩则超过了前一年度。在盐釜的市场，交易金额也超过了 2010 年度。

　　鲭鱼类、鲣鱼和金枪鱼类、秋刀鱼等多获型鱼类以及鳕鱼类、鲽鱼类等在三陆湾形成了渔场。渔获这些鱼类的近海渔船（近海拖网渔船、围网渔船、秋刀鱼舷提网渔船等）中，靠岸渔船全部受损，其他的渔船因为收到了地震发生的通知在近海等待，大部分船只都免于受灾。这些近海渔船，原本会在石卷、气仙沼、女川等地大量卸货上岸，但因为这些地方恢复工作没有进展，所以渔船远离这些港口，集中卸货上岸到八户、盐釜和铫子这些市场功能恢复的地方。

公共设施

公共设施具体包括共同作业场所、装卸场、种苗生产设施、加油设施、材料仓库等多种。人们认为这些公共设施共同使用比单独拥有更合理，所以几乎全部为渔协所拥有，它们是根据 1936 年开始的沿海渔业结构改善项目建设起来的。可以说，这些设施促进了渔业的现代化和合理化。

由于这些设施位于渔港用地内和沿海地区，因此被地震和海啸破坏。我们看一下表 10。包括全毁、半毁在内，受灾设施达 1725 处，受损金额达 1248 亿日元。

表 10　共同利用设施的受灾情况

	受灾设施数	受灾金额（百万日元）
北海道	83	634
青森县	73	3,403
岩手县	580	51,270
宫城县	495	45,767
福岛县	233	13,915
栃木县	2	2
茨城县	172	8,463
千叶县	78	1,265
三重县	4	96
兵库县	3	5
高知县	2	55
合计	1,725	124,875

出处：农林水产省官网中 2012 年 9 月 6 日的内容

受灾情况因县不同而有所不同，但受灾三县的受损情况都极其严重。其中，养殖业繁盛的三陆地区受损最为严重。岩手县有 580 个设施受灾，损失金额达 512 亿日元；宫城县有 495 个设施受灾，损失金额为 457 亿日元。

另一方面，福岛县有 233 个设施受灾，损失金额为 139 亿日元。在福岛县，尽管渔业从业者的数量和渔港的数量远低于宫城县和岩手县，但公共设施的受损程度大到让人吃惊。

　　分析其原因，可列举的一点是福岛县内的产地市场数量为 12 个，多于宫城县的 10 个，而产地市场的周边会设置各种各样的公共设施，因此更多的公共设施的受损可能就造成了受损金额达到 139 亿日元的情况。

　　公共设施的受灾和渔业的复兴密切相关，其中面临最大问题的是种苗生产设施。秋鲑、鲍鱼、海胆、比目鱼、松川等种苗在受灾县各地都有设置，但几乎全部受灾。这些都是各个产地的重要鱼种。并且，公共设施支撑着鱼类从孵化到放流再到渔获的整个生命周期，对于推进栽培渔业来说是一个重要的存在。因此，无法否认种苗生产设施的损坏可能会对未来的渔业生产产生一些影响。

　　特别是秋天的鲑鱼（白鲑），在被放流四年后才会洄游至原来的沿海区域，它是三陆地区栽培渔业中最重要的资源。而鲑鱼的孵化场大部分都遭到了地震的破坏。以孵化场地数量最多的岩手县为例，在 27 个孵化场的 48 处设施中，有 21 个孵化场和 33 处设施受到地震灾害，超过一半以上的设施由于受灾而无法充分放流。当然，也有一部分孵化场赶在秋鲑鱼回归的 2011 年秋季之前及时恢复了。然而，放流能力尚未完全恢复，再加上 2011 年秋鲑鱼的回归状况不佳，最终孵化放流的尾数仅为往年的 1/3。

水产加工业的损失

　　处于水产市场身后的水产加工业，其业态丰富多样，有筛选、冷冻、鱼粉生产等简单加工业，也有调味食品加工等。同时，还有一些虽然不是水产加工业，但像制冰业和冷库业等水产加工业附带的产业业态，也都是水产加工业者在兼营。因此，水产加工业的受损情况很难被准确掌握。唯一能看到的是全国水产加工业协同组合联合会公布的统计结果，即表 11。

表 11　水产加工业的受灾情况

	加工厂数量 （渔业普查）	主要受灾情况	受灾金额 （百万日元）
北海道	570	部分地域的受灾　半损 4、进水 27	100
青森县	119	八户地区加工产受灾　全损 4、半损 14、进水 39	3564

（待续）

（续表）

	加工厂数量 （渔业普查）	主要受灾情况	受灾金额 （百万日元）
岩手县	178	大部分加工厂设施流失、损坏　全损128、半损16	39,195
宫城县	439	一半以上遭到毁灭性损害　全损323、半损17、进水38	108,137
福岛县	135	海岸线沿岸受灾　全损77、半损16、进水12	6,819
茨城县	247	部分地域的受灾　全损32、半损33、进水12	3,109
千叶县	420	部分地区受灾　全损6、半损13、进水12	2,931
合计	2,108	全损570、半损113、进水140	163,855

注：北海道、青森县、宫城县、茨城县和千叶县的受灾情况是根据对水产加工集团的采访，岩手县和福岛县的受灾情况是根据对各县厅的采访。

注：受灾金额是根据对水产加工集团的采访。并且包括共同利用设施相关部分。

出处：农林水产省官网中2012年9月6日的内容。

　　水产加工业的受损金额高达1638亿日元。但是，该统计结果其实是全国水产加工业协同组合联合会仅通过问询其所参加的水产加工业协同组合而得来的，所以损失的范围界定并不清楚。从表格中的描述内容为全毁、半毁或浸水的工厂数值来看，大概统计只限于设施损失。

　　然而，水产加工业的财产损失不仅包括设施、设备等存量部分，还有原料、半成品和产品等流动部分。但这些数字尚未公布，很有可能准确状况都尚未被掌握。在冷库中保存的多达数万吨的库存原料和产品连同冷库一起被毁坏，估计因腐烂而做废弃处理的库存也是数量惊人。笔者根据对受灾的水产加工业者的采访了解到，虽然海藻加工业者因即将进入收获期库存量少受损金额较小，但从事鱼类水产加工业的则因为购买了大量原料，每个公司的受损额都在数亿日元，多的甚至超过20亿日元。许多水产加工业公司表示原料的受损额超出了设施的受损额。

　　储存在冷库中的原料的库存量随季节变化有所增减。在三陆，原料和产品的库存量达到峰值是在冬末春初季节转换之时，也正是这次地震灾害发生的时期。因为从秋季转向冬季的时节里，会大量采购应季的鲭鱼类、秋刀鱼、秋鲑等多获型鱼类，从秋鲑鱼季节结束的二月到三月，为了保障渔闲期的市场供给，冷库里会堆满冷冻鲭鱼、冷冻秋刀鱼、冷冻秋鲑（去头去内脏的整鱼、鱼肉块 / 鱼柳）、冷冻鱼籽（咸鲑鱼籽、鳕鱼籽）等以及以这些为原料的产品。虽然这一规律并不适用于三陆全区域，但渔港城市地区的水产加工地带同时作为冷冻鱼的存量地带又正处于库存储备的高峰期，所以即使鱼的种类不同，原料库存处于高峰值这一点是不容置疑的吧。

通过表 11 统计的各县情况来看，我们发现受损集中在宫城县。宫城县也是日本国内水产加工业比较多的地区，根据渔业普查的统计，宫城县有 439 家加工厂。在受灾地区里，它仅次于拥有 570 家工厂的北海道，但北海道的地域面积毕竟也大，所以相比较而言宫城县可以说聚集了相当多的水产加工厂。水产加工企业广泛分布在宫城县内，特别集中在石卷、盐釜、志津川、气仙沼等据点渔港的周边。在石卷和气仙沼地区形成了巨大的水产加工园区。

在宫城县因地震灾害受灾的工厂中，全毁的有 323 家，半毁的有 17 家，浸水的有 38 家。损失总额约为 1081 亿日元。这仅是对受灾设施（可能是建筑物）的评估。如果把工厂内部的建筑、机器类、库存原料和产品等也算进去，据说仅石卷和气仙沼就已超过 1000 亿日元。在石卷和气仙沼，冷冻冷藏设施鳞次栉比，所以原料及产品库存的损失非常大。

岩手县是仅次于宫城县、受损规模第二大的城市。全毁的工厂有 128 家，半毁的有 16 家，受损金额为 391 亿日元。受灾的水产加工厂分别位于陆前高田地区、大船渡地区、釜石地区、大槌地区、山田地区、宫古地区和久慈地区。在岩手县，也有建造在私有土地上的水产加工厂，但大部分都是建在现有的渔港用地上。在这种情况下，对位于长部渔港、大船渡渔港、大槌渔港、山田渔港的渔港用地上的水产加工业者，县厅来发放占有许可。但是在地震灾害后，由于渔港用地的地基下沉严重，即便是县属用地，大多数不再发放占有许可。大槌渔港就是如此。除了一家工厂以外，其余的均未获得占有许可，只能去寻找新的土地重新开启。

在宫城县和岩手县之后，福岛县受损排在第三位。水产加工厂有 135 家，其中全毁的有 77 家，半毁的有 16 家，浸水的有 12 家，大部分工厂受灾。损失总额为 68 亿日元。此外，青森县和茨城县的受损虽然少于上述受灾三县，但受损金额也超过了 30 亿日元。

虽然不能准确地掌握水产加工业界的受损情况，但按照县考察下来可以看到上述差异。然而，问题在于今后的重建，特别是那些由于地震而关闭或关门的工厂。

早期决定退出的是没有继任者的高龄管理者经营着的小规模小本企业或总部在受灾地外的企业。特别是后者，那些大的食品类企业应对迅速。在受灾的工厂中，震灾前开始已经出现收支不平衡，不适合再进行重建投资，基于这一判断退出。于是这些企业，将受灾地的职员转移到位于受灾地以外的工厂后，关闭了受灾工厂。

通过将灾区工厂的功能转移到受灾地区以外的工厂来对应客户，作为企业来说这一举措是很正常的。并且，基于受灾地区水产加工品的供给停止了，这也不乏是一个商机。所以将受灾区工厂功能转移作为企业举动来说非常合理。不管出于哪种理由，企业动作都很迅速。但是，在总部位于受灾地区以外的企业中，也有企业在政府支援确定之后选择重建受灾工厂。然而因为这些企业的重建也在政府支援范围内，所以现实上仅是停下了撤退的脚步。真正呈现出重建之势的反而是受灾地的实力企业。

以上是渔业及其周边设施和基础设施、产地市场、水产流通和加工业的受损状况。此外，与渔船建造和修理相关的造船所和炼铁厂等生产资料供应产业，以及负责运输鲜鱼和冷冻鱼的物流企业等，这些与水产业密切相关的其他产业也遭受了巨大的破坏。在气仙沼，有两名造船厂的员工在海啸中丧生。

在考察水产业损失时，我们确实有必要将视线扩展到上述产业领域。但我们无法做到在将渔业和水产业相关部分单独抽离出来考察的同时又要俯瞰全体，所以省略对其他产业的考察。[5]

5 悲惨中的槌音与构造重组、人祸

如上所述，水产业受东日本大地震灾害影响的范围很广，受损程度尚不清楚。但显而易见的是，陷入了灾难性状态的地区不在少数。受灾地几乎失去了所有，不知道该从何处开始着手灾后复兴。灾后留给人们的只剩这些：相当于震灾前 10% 的渔船、被毁坏的水产加工厂、被毁坏的渔港、被破坏的市场，剩余的渔业相关人员、水产加工流通相关人员。

当然，没有受灾的水产加工业者以及守护住了渔船的渔业从业者则早早重启了工作。但大多数的渔业从业者和渔业相关人员的工作是从清理渔港附近散乱的瓦砾开始的，而水产业加工者则是从处理腐烂的库存原料重新开始。在散发着腐烂的气味中，这些工作一直持续到夏季。甚至有些地区清理瓦砾的工作一直持续到了年底。地区间进度差距巨大，受损程度的差异导致了复兴进度的差距。但是这一差距多少和政府应对的不同有关。特别是在水产加工业。

只要有等待水产品供给的顾客，受灾地的项目重建速度就会一直被追问。当然，只有尽快重启才是复兴。不管政府和媒体想要描绘未来的美丽愿景或是做什么提案，对于一个公司来说，重要的还是重启。因此，无论是渔业从业者，还是渔协，以及水产加工业者，这些快速重启的从业者都不是靠着行政方面的支援而是靠着自身一点点的努力过来的。然而也有从业者想这样做却无能为力。那是因为这取决于有多少资金储备。因此，实现了尽早重新开始的从业者都是受损很少的从业者以及有内部保留资金的经营体。换言之，这些都是运气好的从业者和优良的经营体吧。

问题在于这之后，灾后复兴实际在悄然推进结构重组。因为渔业从业者减少，水产加工业者减少，所以是缩小重组。虽然缩小重组听起来不太好，但对于在内需萎缩形势下陷于严峻境况的渔业和水产加工业的个体经营者而言，能够缩短重组时间这一点也让他们愿意接受这一安排。具体来说，依赖养老金继续零碎从事着渔业和养殖业的老年渔业从业者，以及一边从事其他产业一边兼职从事小规模渔业和养殖业的渔业从业者不再重新购买渔船和渔具等而是选择直接停业，而水产加工业者也因为同业竞争者减少，能够捕获的人均资源量自然会增加。这也是受灾地被要求速度的原因。

然而，并不是说因为进行了缩小重组，残存下来的渔业从业者和水产加工业者就都可以安然无恙了，因为还有核灾害。并且，随着时间推移，流通业界和零售业界对受灾地水产品的购买排斥倾向越来越强。以有孩子的家庭为中心，对放射性污染的恐惧无限膨胀。因此，对于在受灾地被捕捞上岸和加工的水产品的需求，在内需本就萎缩的大背景下还在不断缩小。

在推进结构重组的进程中，如何应对这样的人祸，受灾地背负着沉重的课题。

注释

1 有关受灾情况的统计数值说法不一，所以在此都用了"约"表述。本书中的数值参考的是：中央防災会議災害教訓の継承に関する専門調査会『1896 明治三陸地震津波報告書』（内閣府政策統括官「防災担当」、四五頁、二〇〇五年三月。

2 受灾渔船的数量参考的是大日本水产会的调查结果。『水産界』（一九三三年四月发行）。另一方面，根据『広田漁業史』（広田町漁業協同組合、一九七六年）记载，岩手县的流失船只数量为 5860 艘。

3 该数字为已经加入渔船保险的渔船数量，也可以理解为是实际上在工作的渔船。

4 有关这些渔船的触礁情况及其后的对应措施，在渔船保险中央会发行的『波濤』（一七三 - 一七四号）中有详细描述。

5 关于水产加工业以及造船业和钢铁行业等水产业以外的受灾产业的情况，在关满博所著『東日本大震災と地域産業復興 I』（新評論、二〇一一年十二月）中有详细记录。

第三章
渔港与渔村

东日本大地震灾害引发的海啸灾害不仅仅是渔村，还波及城市地区和农村地区。几乎所有的建筑物都被破坏，失去了原貌。通过媒体等看到这一惨状的人，无论是谁都不会觉得这是能轻易恢复的。此外，由于农业和渔业在全球经济中缺乏国际竞争力，也有一些人认为应该借此机会推进农业和渔业的生产基础集约化，同时实施经营的规模化。

本章将通过整理受灾地特别是三陆地区的渔港和渔村的关系来思索渔村的复兴到底需要什么。[1]

1 水产公共事业的变迁

俯瞰全国的渔村状况，在日本所有的都道府县中拥有渔港数量最多的是长崎县（286）。然后依次是北海道（282）、爱媛县（195）、鹿儿岛县（139）、宫城县（142）、岩手县（111）。除北海道之外，排位靠前的县都是离岛数量多或具有里亚斯型海岸等海岸线，并且它们都是养殖业繁荣的县。

另一方面，海岸线单调、养殖业没有发展的县渔港就少。最少的是福岛县（10）。茨城县的渔港数量有 24 个，但如果除去霞浦等临内水建造的渔港，仅计算与海面相接的渔港的话只有 9 个。

如上，受灾县中既有渔港数量排位靠前的宫城县和岩手县、也有排位靠后的福岛县和茨城县。这里我们来看一下记录了从北海道到千叶县的渔港数量和渔业村落数量的表1。

表 1 受灾各县的渔港数和渔业村落数

	第1种	第2种	第3种	第4种	特定第3种	渔港数	渔业村落数	村落数／渔港数
北海道	214	30	18	20	0	282	593	2.1
青森县	74	11	3	1	1	92	233	2.5
岩手县	83	23	4	1	0	111	194	1.7
宫城县	115	21	5	1	3	142	218	1.5
福岛县	2	6	2	0	0	10	32	3.2
茨城县	19	0	5	0	0	24	19	0.8
千叶县	47	12	8	2	1	69	163	2.4
全国	2,205	496	114	99	13	2,914	6,377	2.2

注1：

　　第1种渔港：主要为当地的渔业所使用的。

　　第2种渔港：比第1种渔港使用范围广又不属于第3种渔港的。

　　第3种渔港：其受灾数量以及受灾金额是根据当前各县的报告进行统计的。

　　第4种渔港：除离岛外，对于渔场开发和渔船避难必不可少的。

　　特定第3种渔港：第3种渔港中，政府条令中明确指定的对水产业振兴极为重要的渔港（全国有13个）。

注2：渔港数量的统计时间为2010年4月（水产厅渔港渔场整备部）。

注3：渔业村落数量参考了渔业普查（2008年）。

资料：水产厅

除了海岸线极其广阔的北海道以外，三陆的第一类渔港数量非常多。第一类渔港主要是指当地渔业从业者使用的小规模渔港。三陆之所以有很多第一类渔港，就是因为渔业村落[2]很多。确实，平均渔港数量对应的渔业村落数，全国是2.2，而宫城县是1.5、岩手县是1.7。由此可以看出，渔港是对应着村落来布局的。

补充一点，大部分的渔港在20世纪50年代就已经存在了。只有几个在20世纪60年代还未成形，它们在当时就像是码头一样的存在。

　　渔港真正得以充实是从基于渔港法（1950 年法制化）的渔港整备长期计划[3]开始的。通过这个整备计划渔港修筑项目得以实施，防波堤和码头等基本设施得以修筑。从同一时期开始，渔场整备项目作为公共事业也开始进行。另外日本从 1962 年开始实行沿岸渔业构造改善项目，在渔港周边整备并扩充了仓库、装卸设施和装卸场所等功能设施，以渔业现代化为目标的基础建设全力发展。三陆作为其中的佼佼者，也实施了许多措施，以应对从 20 世纪 60 年代开始的养殖业扩大化。

　　毋庸置疑，这个第一类渔港自然是渔村村落最大的社会资本。这种社会资本的丰富对于生活在渔村村落的人们来说，是对经济增长伴随的区域经济不均衡发展的财政再分配的唯一的好处。换句话说，随着区域经济的差异结构强化，渔港、渔场、渔村的环境治理项目可以使渔民尽可能地安居乐业，这也是防止人口流出的国家性政策。

　　关于这一整顿项目带来了多大效果或是否为徒劳，由于已故前首相田中角荣的"日本列岛改造论"后形成的土建国家日本的政治经济体制已经成为过去，所以在此讨论并没什么意义（但由于 2012 年 12 月的政权交替迎来了新的局面）。实际上，近年来渔业公共事业支出的削减趋势非常显著。

　　不得不说，因为有在经济条件不利地区持续着渔业这项工作和生活的人们，所以作为水产公共事业的渔港、渔场、渔村的环境治理项目不应该被否定。确实，因为渔港治理和相关设施整顿的推进，码头的装卸作业节省了人力，老年渔业从业者得以继续渔业，在鱼价持续走低和材料燃油价格飙升的商业环境恶化的情况下，老年渔业从业者即使是削减自己的工资也在持续给市场供应着海产品。正是这样的工作和生活，使渔村村落的传统及周边的自然被持续守护下来。

　　而渔业和渔村的多样化功能有利于国土保护的主张却是在 2001 年"水产基本法"制定之后才被认可。与海共生的渔村的存在方式也开始被广泛讨论。这些讨论后来成为离岛补助金等直接支付制度的依据。

　　此外，2011 年开始的"资源管理·渔业收入补偿对策"还尚未作为与国土保护直接相关的讨论出现。但在奖励资源管理活动的同时，可将其视为对渔业从业者的经营存续和渔业与渔村维护的努力政策。对此，当时的执政党民主党强力推出了"从混凝土到人"这一口号下的方针。

同时，水产公共事业的财政来源被投入"软件"项目，渔港、渔场、渔村治理项目的财政来源大幅减少。对此，各沿岸市、镇、村强烈反对。因为将税源转移到软件项目会导致对渔村村落的社会资本投资钝化。

至此，水产相关项目中的软件项目和硬件项目间的平衡问题开始显现。正因如此，我们早就应该去验证水产公共事业通过保护渔村村落对有效防止国土沿海地区的荒废起到了多么巨大的作用，但有关这一点并没有上升成为全民性的讨论。

在这种情况下东日本大地震灾害发生了，长期以来形成的渔村的社会资本以及渔村村落被摧毁。然后日本国民的视线一下子集中到了渔村村落。并且，在三陆的每一个码头都有许许多多的第一种渔港，这一事实这个时候才第一次暴露在国民的面前。不期然，渔港整顿这一硬件项目正在淡出之时，关于渔港必要性的争论就爆发了。

2 三陆的渔村与渔港城市

以水产业为经济基础的地区，不仅包括作为渔业从业者的共同体社会的村落，还包括具备城市功能的渔港城市[4]以及相当于村落和渔港城市中间存在的核心渔村[5]。渔村的分类方法有很多种[6]，但在本文将渔业相关地区分为渔港城市、核心渔村、渔村村落三个层次进行讨论。

渔港城市

以三陆区域内的渔港城市为例，岩手县有久慈地区、宫古地区、釜石地区、大船渡地，宫城县有气仙沼地区、石卷地区、盐釜地区和女川地区。除此之外，还有一些地区作为据点渔港而为人所知。从全国各个渔港捕捞上岸数量的统计（2009 年）来看，石卷渔港、气仙沼渔港、女川渔港、大船渡渔港和宫古港 5 个渔港位列全国前 15 名以内，在捕捞金额方面，气仙沼渔港和石卷渔港约为 150—250 亿日元左右，女川渔港、盐釜渔港和宫古港约为 70—100 亿日元左右，即三陆的 5 个渔港已进入全国前 20 位以内。所以说三陆是渔港城市的集中地带毫不为过。

这些渔港城市伴随着渔业的发展一路至今，特别是在"从沿岸到近海，从近海到远洋"这样一种谋求外延式扩大的过程中。在三陆地区具有代表性的渔业是北洋渔业（鲑鳟渔业和北转船）以及鲣鱼和金枪鱼渔业。此外，近海拖网渔业、大中型围网渔业、秋刀鱼舷提网渔业、鱿鱼钓渔业和大目流网渔业等也为位于渔村和城市的渔业公司的资本积累做出了贡献[7]。

当然，渔业的扩大带动了渔港城市功能的扩充，也促进了接收渔船的基础设施的扩充。然而，另一方面，由于集中卸货也导致了水产废弃物增加。而 1968 年开始的"水产品产地流通加工中心形成项目（政府补贴项目）"，推进了共同排水处理设施和共同残渣处理设施的整治。[8]

在这些渔港背后，不仅有鲜鱼供货业者、水产加工公司、餐具贸易商、冷库公司等水产流通加工业者，还有向入港渔船和流通相关业者供应物资和服务的制冰业者、包装业者、运输批发商、造船厂、船舶设备相关公司、渔业设备和加工机械制造商、渔网公司、无线电和鱼群探测仪工厂事务所、卡车运输公司等渔业相关业者。渔业的价值链是非常独特的，其基础极其广泛，在市区甚至可以看到花柳街。

近海渔船会随时观测北太平洋海区渔场的形成状况和各市场的行情，并以此为依据来选定捕捞卸货的渔港。辅助渔船进出港和货物装卸的是海运业者，将各渔船的捕捞物贩卖给中间批发商的是批发市场的经营者即批发商。批发商每天都会提前将渔船的入港日程表和捕捞卸货的鱼量告知中间批发商，以此确保水产品的市场交易。中间批发商是一群获得了在批发市场购买海产品权利的业者，它们行业形态丰富多样，如水产加工业者、鲜鱼供货业者、零售商等。

如上，渔港城市内形成了以批发市场为中心的区域经济，批发市场的交易规模左右着渔港城市的区域经济。如果市场交易活跃，市场背后的水产加工业、制冰业、冷冻冷库业、卡车运输业等的工作量就会增加。同时，市场交易的活跃也会带来渔船入港数量的增加，那些为渔船提供材料和服务的从业者，如海上运输、货物装卸业、造船业、铁工业、渔具器材经营业、船舶设备经营行业等的工作量也会增加。

但在 200 海里制度实施之后，日本渔船被海外渔场拒之门外，远洋渔业日趋衰退，在近海渔业中，受资源不稳定和鱼价持续下跌的影响而破产并退出的渔业公司增多。

与此同时，由于渔船入港数量和捕捞卸货量下降，水产加工企业将原料转换为进口产品，如此对产地市场的捕捞卸货物的购买能力进一步下降。在 20 世纪 90 年代以来的通货紧缩的背景下，来自消费地经济成本降低的要求越发强烈，因此导致价格形成能力进一步被削弱，加速了缩小重组的螺旋，推动了渔业公司的淘汰竞争。

之后的水产加工业，一边通过接收外国人研修生和实习生努力减少人工费，一边提高营销能力，开发并制造高附加值产品，或出口本地产的鳕鱼、鲭鱼、秋刀鱼和鱿鱼等应对世界水产品需求的扩大，开展全球业务。还有不少中小型企业通过进行海外投资以继续谋求出路。从这个意义上讲，可以说渔港城市的经济轴心已经从渔业切换到了水产加工业。

因此，渔港城市已不仅仅是面向日本国内需求的产地，它们通过加强与不断扩大的海外市场的联系，成功在水产品流通全球化的角色中占据了一席之地。

另一方面，渔港城市也具有港湾地区的特性。附近有工业园区，也是制造业、矿业、林产业等原料、产品、半成品的物流基地和贸易基地。然而，自雷曼危机以后，外部的招商引资没有什么进展，水产业以外的产业振兴也停滞不前。

然而，从世界范围来看因为对水产品的需求在不断扩大，所以作为地区经济的再生对策，渔港城市的各自治体致力于整顿和扩大批发市场以及流通相关设施，瞄准出口。可是，八户地区、釜石地区和大船渡地区，这些正在渔港区域内推进流通功能扩充整顿的地区受灾了。

核心渔村

本书将核心渔村定义为以渔业协同组合为中心的地区。在核心渔村，不仅有渔协开设的批发市场，还有中小规模的鲜鱼供货商、水产加工业者或者经营小型渔船的造船厂和铁工厂等。还有可接纳钓鱼和民宿等观光度假的体制。与渔村村落不同的是，核心渔村在以渔业为基础产业的同时还具备城市功能。

核心渔村，一方面像渔村村落一样有以岩礁鱼资源为主要经营对象的渔业和养殖业，另一方面还发展成为在共同渔业权海域外进行作业的渔船的归港地。拖网捕鱼、刺网捕鱼、笼捕等县知事许可的渔业，或者一本钓渔业等自由渔业。与渔村村落相比，在近海捕鱼的渔船数量更为显著。此外还有传统的定置网渔业，过去的定置网渔业是以渔业从业者经营为主，但现在岩手县则多为渔协自营定置网渔业。到了秋季，鲑鱼定置网开始繁荣，秋鲑陆续在临近市场上市。核心渔村的渔港，不只是当地的渔船，也是县内许多其他地区渔船的捕捞卸货的第二类渔港。因为需要一定的收货、贩卖和保管能力，所以核心渔村渔港的功能比渔村村落的渔港更加充实。虽然核心渔村的渔港在规模上比不上渔港城市，但在岩手县有田老町渔协、普代村渔协、野田村渔协、田野畑村渔协和旧大槌渔协等，在宫城县有牡鹿渔协、宫城县渔协志津川支所、宫城县渔协亘理支所等，它们也经营着渔协开设和运营的批发市场。

在核心渔村，渔业协同组合的作用和功能很重要。渔协理所当然要负责管辖地区的市场、流通功能和种苗生产设施等的管理运营，还负责收集各渔村村落或水域的信息、协会成员的作业和生活状况等，以及承担一些行政代理功能，如汇总当地县的渔联、水产行政、市町村行政的信息和要求，传达给各渔村村落等。

上述这些核心渔村的功能被地震灾害和海啸摧毁了。

渔村村落一直守护着的"自然"

渔村村落的渔港主要是用户仅限于该村落的渔业从业者的第一类渔港，设置了码头、装卸场、渔船上架设施或牡蛎处理设施等对渔村来说最低限度的必要设施。开发没有核心渔村的渔港先进。并且在三陆，渔村村落位于半岛海湾等狭窄的地方，没有渔业以外的产业，是渔业家庭人数占人口比例较高的地区。

渔村村落运营的大多是沿岸渔业。自古以来还经营着鲍鱼捕捞、海胆捕捞、裙带菜捕捞等在浅海域进行的采贝藻渔业。这些渔业从近代到明治再到今天，作为渔村村落管理的渔业世代存续，并在战后开始作为第一类共同渔业权渔业[9]存在。20世纪60年代以后，为了振兴渔村，裙带菜、海带、牡蛎、扇贝养殖等符合特定区划渔业权渔业的养殖业在第一类共同渔业权渔业海域的近海展开。可以说特定区划渔业权渔业也基本上被各个渔村村落管理着。

在渔港不仅有上述渔业和养殖业的捕捞卸货，还有在共同利用设施中进行的打捞物的制作和加工等。例如：裙带菜和海带被切割、过热水，然后被盐渍处理；牡蛎养殖和扇贝养殖的去壳作业、分散到养殖笼或更换养殖笼作业、牡蛎和扇贝耳部钻孔作业等与养殖过程一一对应的各种陆上作业。

就这样捕捞上岸的渔获物和产品化的水产养殖物大多数通过卡车运送到相邻的核心渔村的批发市场和共同销售的收集点，并从那里运送到渔港城市和消费地。

通过"渔村环境治理项目、渔港环境治理项目"等充实起来的渔村村落的渔港，不仅是捕捞卸货的场地，还是应对渔业和养殖业的现代化或现代化流通的陆地处理设施。此外，水产公共事业还推动了村落的生活环境治理（下水道治理等）。

如果想要扩大养殖规模，就必须建造渔场，那么扩大渔港规模的需求会增强，而一旦渔港被扩充，渔场和渔村村落之间的连接就会更加高效，从而提高生产力。这样一来，位于渔村村落的渔港发展成为能够应对养殖业各种作业的规格，从而形成了即便是老年渔业从业者也可以继续从事养殖业的空间。

以上，我们对渔村村落的产业特性和经济特性进行了观察，其实渔村村落在社会、文化以及自然方面也具有其独特性。

第一是渔业从业者社区的存在。它是从近代开始延续，直至现在仍然具有强烈的共同体性质。可以说是渔村自治的基本单位。

　　第二是独特的文化层面。例如，渔村村落中存在祈求渔业丰收、海上安全的信仰设施和活动、习惯等。从这些可以了解到自然与人类关系的历史。

　　第三是从近代开始世代守护的"自然"。这里所说的自然是指渔场及包围着它的自然，例如带鱼保安林等。即，这是为了渔村社会存续的"自然"之意，而不是未被碰触过的"天然的自然"。指的是获取海洋资源的同时又由在那里生存下来的社会所守护着的"自然"。如果渔村村落消失，从近代开始守护至今的"自然"将变得荒芜，而使其再生则将需要大量时间。

　　因此，渔村村落的社区不仅是从渔场获得资源维持自我生计的一个场所，同时也是守护着从近代开始被继承下来的"自然"的一个存在。具体而言，它起到了渔场保护和管理功能、非法捕鱼监视功能、海上事故预防功能等作用。此外，受国土开发造成的山林荒废和全球变暖现象的影响，渔村村落不得不展开矶晒对策的活动和河川流域的植树造林活动。

　　虽然渔村村落的经济是小规模经济，但从它一边进行产业活动一边持续守护着自然这一点来说，它为国土保护作了贡献，从给消费地供应矶场的鱼贝类和养殖物来说也为国民经济作了贡献。

　　如果仅从经济效率来考察渔村，那么它还有很大的经济开发余地，但渔村的存在方式绝不能只从经济这一方面来考察。

渔港的变迁。岩手县·小白滨渔港

左：昭和二十年（1945 年左右）　　右：昭和五十五年（1980 年）出自《岩手县渔港史》

关于这一点，从渔村规划专家富田宏先生以下的话语中也可以理解——"渔村是资源依赖型地区，优良的自然环境与产业、生活、文化三位一体"[10]。同样在地区经济学中，中村刚治郎先生指出必须把地区看作"自然的、文化的、经济的复合体"[11]，它的主体是在该地区工作生活的人们的自治组织。

3 渔村和城市——摆脱垂直结构

日本的国土结构是垂直形成的。可以说，大企业的等级制度系统原封不动地反映在了国土上。即在东京的总社具有中枢管理功能，决定着地方的单位和分工厂的命运，地区经济成为被动型的存在。

在国内需求稳定和经济繁荣的时代，这些问题并未暴露，但经济一旦衰退，大企业为了确保企业收益，将从边缘业务单位开始废除，或者致力于将基地转移到拥有大量廉价劳动力的中国等海外。各地都出现了所谓的产业空洞化现象。作为一个顺应市场原理的企业，这样做也是理所当然的吧。

因此不仅是农村地区，中小城市的地区经济也大大衰退。作为应对垂直国土结构的对策，人们寄希望于将国土结构转换为水平型，同时促进地区经济的内部发展。

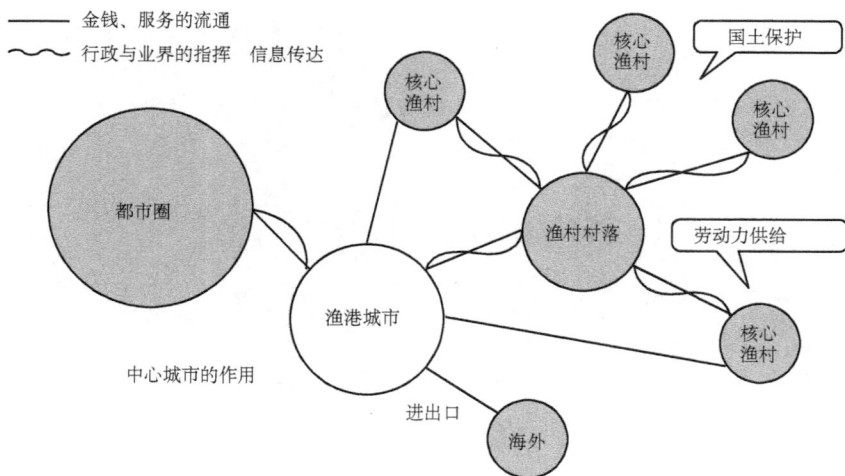

图 1 渔港城市与核心渔村与渔村村落的地区间关系

图 1 显示的是渔港城市、核心渔村、渔村村落的关系，以及它们与消费地等的关系模式图。三陆的水产相关地区一方面连着消费地和海外，另一方面正在成为以渔港城市为核心的中心地系统[12]。

首先是劳资之间的关系。位于渔港城市或核心渔村的水产加工业和渔业公司正在从周围的渔村村落召集员工和船员。例如，宫城县气仙沼是经营远洋金枪鱼延绳渔业的公司聚集的渔业基地，而其船员来自周边的渔村村落。

接下来是围绕物流的关系。经营秋刀鱼、鲣鱼和金枪鱼的水产加工业者选址于渔港城市，这些鱼类被捕捞卸货到近海渔船聚集的基地渔港。但渔村和渔港城市之间并没有形成围绕这些鱼类交易的地区关系。

然而，裙带菜、牡蛎、扇贝等水产养殖品从周围的渔村和渔港运送到核心渔村和渔港城市，在三陆一带形成养殖物的物流网。与此相反，渔具、材料、设备和燃料等物资以及保养、维护等服务则由渔港城市提供给核心渔村和渔村村落，存在渔业和养殖业的后方产业的营业网。

还有各种行业组织和行政职能的分支负责从渔村收集信息和传达信息。核心渔村成为渔港城市和渔村村落的中转点。

如此，渔港城市和核心渔村或者渔村村落围绕着水产业形成了地域间的关系，在相互依存的关系构筑中发展起来。

然而，随着远洋渔业和水产加工业的国际竞争激烈化，维系三者关系的局面出现变化：原料成本要具备高度竞争力；将渔船船员和加工厂的员工换成了外国人（有向海外公司派遣近乎空的船只，搭载当地船员作业的日本船制度；还有外国人研修实习制度等。其中，船员多为印度尼西亚人，加工厂员工多为中国人）；加工原料依赖于海外进口。

因此，一直到内需充裕并且泡沫经济崩溃的 1990 年左右，渔港城市、核心渔村、渔村村落通过一体性的关系使地区经济得以发展，但是在通货紧缩、经济萧条、国际化应对开始的过程中，作为原料供应地和劳动力供应地的渔村的地位下降，以往相互依存的关系被切断了。

1991 年大店法（大型零售店铺法）被修改，食品量贩店的大规模化和扩大化急速发展。因此，零售企业为了提高每个卖场面积的收益，减少了专业的卖场职员，在鲜鱼卖场展开了以传单战略为中心的特卖和畅销商品的大量进货等商品供应计划。与此同时，消费者不吃鱼的现象开始增强，企业不得不转向比水产食品具有更高附加价值型的工业化食品。渔港城市的水产加工业者为了压缩成本，构筑了使用进口原料的商品开发和供应体制。此外，作为竞争对手的大型水产和食品制造商等加速了海外基地的开发，构筑了应对消费者追求低价心态的商品供应体制，这些都加速了渔港城市水产加工业者的经营构造的重组。

就这样，水产品的流通结构发生了巨大变化，受此影响，渔村村落和渔港城市的关系变得更加薄弱，以渔港城市为中心的地区经济变得碎片化。

最初，作为以各地批发市场为中心的水平型的网络存在的水产品流通以及消费地内的零售业界的重组和寡头垄断化在日本全国范围内得到强化，变成了垂直型关系。现在消费者购买水产品 70% 是在超市，这一现象也是加强这一趋势的原因之一。

就这样，渔港城市以从属于都市圈的方式进行了重组，而没有竞争力的渔村村落越发被推向了悬崖边，它的命运完全取决于低迷的水产品需求的动向。我们必须记住，渔港集约化这一构想正是在渔村村落的经济地位低下的背景下出现的。

因此，笔者认为日本国土政策的目标应该是，将"渔村和城市"的关系从垂直型关系中摆脱出来，转换为水平型关系。

例如，在三陆的松岛、气仙沼、宫古等沿海地区开发了观光景点，还增加了包括内陆区在内的直销店，进一步强化了自产自销型的流通；此外，釜石地区的绿色旅游（A&F 绿色旅游）、水产加工业者和渔协以及大学通过产学合作，开发了利用残渣生产的高机能食品并进行贩卖，实现了的开发和贩卖的不同行业的联合（项目组合海洋科技釜石）；唐桑地区和上游地区的一关市室根地区的联合植树节；气仙沼地区推进的地域 HACCP 等。这些地区在应对观光和度假需求以外，区域内外形成了新的水平型的网络。

虽然这些举动还只是局部范围的，但将这些致力于地区自立和摆脱垂直型的国土构造的举措政策性地扶植起来是至关重要的。农林水产省想要推进的农渔业的第六产业化和水平型网络的推进同理。

推进水平型网络的地域建设的背后是进入了少子老龄化的社会和总人口数量下降的时代，即使盲目采取以往的开发主义的效率化方案，在需求减少之下它也成了"后手"，经济上无效的可能性非常大。为了领先时代，有必要形成与成熟型社会相称的地区，为此将渔村的自然、景观、传统、文化等视为地域资源，致力于地域内外的新的关系建立，在这些非经济层次的国际竞争中选择占据优势地位非常重要。这些正是笔者接下来所追求的地域政策和城市建设。

4 从作为社区的渔村角度思考复兴

在东日本大地震灾害复兴构想会议的建议中，"纽带""联系"以及"社区"被重点强调。然而，另一方面也出现了与这一理念相反的政策提议。如震灾后一个月左右公布的"粮食基地构想"，意在推进职住分离、高地迁移、渔港集约化，其具体内容将在第五章展开叙述。

这一构想意味着随着空间大改造，渔村村落变得合理化的同时，也存在着破坏渔村社区、日本国土逐渐被风蚀的危险性。如果过度开发，不仅会破坏世代维护而来的自然环境，日本的国土甚至都将难以维系。

渔村是工作居住一体型的空间。渔业从业者每天看着渔场生活，就像农民看着土地一样，他们一边利用着渔场和海岸的各种资源一边保护着渔场。因此，渔村村落和渔场以及将它们联系起来的渔港一直被视为一体的关系。西南近海地震（1993 年 7 月）后，在奥尻岛既有没有迁移到高地的渔业从业者，也有迁移到高地最终又返回到海滨的渔业从业者。这一现象，直观地反映了渔村、渔场、渔港的一体化关系。

渔村的社区拥有怎样的存在方式，这是一个重要的视点。从城市地区来看，日本的渔村看似是一个尚未开发的一点不像发达国家的古老的存在，但这归根结底是城市人瞧不起渔村的偏见而已。我们必须认识到，在以渔业为生的同时顽强地建立起与自然的关系的正是渔村。渔村至少有 300 年以上的历史，它们与我们所不了解的自然一定形成了多样的关系。

例如，正是渔村社区通过带鱼保安林的守护活动、海滩清扫、鲍鱼和海胆等的种苗放流等活动，在充分利用日本沿海区域的自然环境的同时，守护着日本的国土。

粮食基地构想正是要从正面否定日本传统的国土利用方式，这样的构想不过是单纯地以经济利益来考量一个地区，关注的只会是如何提高经济效率。而一旦开发主体不是本地而是委托给外部，成为外来型开发，那么这一地区就将为城市地区资本家利益而存在。如此一来，无论该地区特性如何，所有地区都将按照统一的设想来开发，地区的主体性和身份认同感将无法扎根。未来我们能够预见的是，效率落后地区将会没落并最终成为鬼城而我们无能为力。

所谓渔村的复兴就是渔村这个空间的复兴。在这个空间里有渔场、森林、河川等自然环境，有渔港这样的社会资本，有在这里劳作生活的人们以及由这些人的关系而形成的社区。社区形成了立足于当地自然环境的独特文化。所以，渔村的复兴也是对融入这一空间的自然和社区的关系的重新构建。即便要谋求职住分离、高地迁移、渔港集约化，这一点也绝对不能忘记。

注释

1 此部分内容已经整理在拙作「水産復興論に潜む開発主義への批判と国土構造論から見た漁村再生の在り方」(『漁港』五十三巻·三号、二八-一二五頁) 之中。

2 在 2003 年渔业人口统计中，对渔村村落定义如下："以渔业地区的渔港为核心，与该渔港存在利用关系的渔业人口居住的地理范围内，在社会生活方面形成一个整体的居住范围的渔业家庭在四户以上的地区。"

3 从 1951 年开始，以 5 年为一个周期进行的渔港整治项目。至 2001 年共实施了 9 次。

4 渔港城市一般被称为水产城市。但水产城市这一叫法是在水产加工业等成为现代产业之后。援引了 20 世纪 50 年代对从事水产业相关工作的石卷市市民经济状况进行调查后出版的「漁業都市」『漁業都市と貧困』(宫城県民生劳働部、一九五六年)。

5 关于渔村这一概念，也作为用于渔业地区和渔业村落等统计时的用语，在本书中，并不做此类概念规定划分。

6 在渔村社会学和水产地理学领域都罗列了数个村落类型论，它们的分类框架多种多样。例如，山冈荣市『漁村社会学の研究』(大明堂、一九六五年)。

7 近海底拖网渔船一般被固定在据点渔港。在三陆，据点港是宫古地区和石卷地区，也有卸货至釜石地区、女川地区和盐釜地区的渔船。近海底拖网渔业，混合捕捞比目鱼类、白斑狭鳕、鱿鱼类、其他鳕鱼类以及其他深海鱼类。这些种类的鱼除了鲜鱼出货以外，主要用于肉糜原料和海味食品原料。因此，经营近海底拖网渔船渔获的流通加工业者也是多样的。此外，关于小型底拖网渔船，除了石卷地区、盐釜地区以外，仙台湾内靠近福岛县的亘理渔港也是一个据点。

大中型旋网渔船是由一艘网船和两艘搬运船以及一艘探索船共计四艘船组成的船队。在日本近海区域开展的渔业中投资规模最大。在北部太平洋海域，八户地区、石卷地区、小名浜地区、大津地区、波崎地区和铫子地区是它的据点渔港，除此之外，也会卸货至三陆的各据点渔港（宫古地区、釜石地区、大船渡地区、气仙沼地区、女川地区、盐釜地区）。大多数船团是以该海域的渔港为据点，长崎县、鸟取县、三重县和静冈县等的船团也聚集在这一海域。卸货上岸的鱼类主要为鲭鱼类、沙丁鱼、鲹鱼、鲣鱼、金枪鱼等。采购旋网渔船渔获的主要是被称为原料批发商的业者，对鱼类进行分拣和冷冻加工并持有冷冻库存。从这些批发商手里采购这些原料的有鲜鱼出货业者、罐头制造业者、肉糜业者、鱼块加工业者，有时也有给养殖业者提供生饵的饲料批发商。旋网渔船卸货上岸的产品通过原料批发商广泛流通。

近海金枪鱼延绳渔船主要卸货上岸至气仙沼地区和盐釜地区。渔场在被称作东冲的三陆和常磐的近海区域，渔场较远，航海时间长至近一个月。渔船的船籍主要是宫城县，此外高知县、德岛县、大分县和宫崎县等西日本地区也不少。渔获的鱼类主要是金枪鱼以及蓝枪鱼类、鲛鱼类。到了鲛鱼类的渔获季节，船只集中进入气仙沼地区的港口。因为在气仙沼地区集中了生产鱼翅的加工业者。但是，气仙沼船队以外的渔船会移动至其他渔场，离开三陆。

近海鲣鱼一本钓渔船是静冈县、三重县、和歌山县、高知县和宫崎县等非受灾地区的渔船，这些渔船几乎都卸货至气仙沼地区。众所周知，气仙沼地区作为生鲜鲣鱼的卸货港在日本国内首屈一指。不是北上向上游的鲣鱼而是南下向下游的鲣鱼的卸货中心。之所以日本全国的渔船集聚至此，不仅因为这里有许多拥有优良鲣鱼的生鲜出货业者，还集中了制造鲣鱼蒸品和生鱼片的业者，同时还具备钓鲣鱼必需的撒饵即活着的沙丁鱼类的供给体制。在气仙沼地区，有渔获沙丁鱼类为邻近地区供给饵料的定置网渔业生产者。近海一本钓渔船也会进入盐釜地区和女川地区等三陆其他的卸货港口。

金枪鱼棒受渔船随着渔场的形成在卸货港之间移动。在渔期的初期，渔场在南千岛群岛近海，之后移动至三陆近海和常磐近海。因此，卸货渔港也从最初的北海道的根室花开港开始，浜中渔港、厚岸渔港、 路渔港一路移动至三陆。渔船的船籍多为北海道、富山县、青森县、岩手县、宫城县和福岛县，在三陆地区，将据点设置在大船渡地区、气仙沼地区、女川地区和石卷地区的船只较多。作为卸货港口，还要加上宫古地区和釜石地区。在三陆地区，作为金枪鱼的卸货港发展最成熟的是气仙沼地区和女川地区。近年来大船渡地区的扩大倾向也很显著。金枪鱼的渔期是从夏天到秋天。虽然也有给加工制品用的供货，但主要还是整鱼流通销售，除了生鲜出货外，也有很多作为全年供货材料冷冻储存起来。不管哪一种渠道，新鲜度是胜负关键，因此渔场和渔港的距离非常重要。

8 水产品产地流通加工中心的形成事业一开始作为公害对策的意味更强。

9 渔业协同组合获得了渔业权管理者即行政厅的授权，得到渔业权行使权力的组合成员在渔村的近陆地水面捕捞底栖性资源的渔业。

10 富田宏「今、あえて漁村計画論－漁村づくりの来し方と行く末について」『水産振興』（五五一号、二〇一〇年）。

11 中村剛治郎「地域経済学の現状と課題」『地域経済学』（宮本憲一・横田茂・中村剛治郎編、有斐閣ブックス、第一七版、五九 - 六〇頁、二〇〇五年）

12 是用来表述周边地区和该周边地区的核心地区之间的地区间关系的用语，用于地域经济学或经济地理学。例如，上列『地域経済学』、三七 - 三九頁。

第四章
复兴方针与相关预算

震灾后的复兴，是通过受灾者的自救努力、以国家为代表的行政机构的支援以及各种民间团体（无论是营利性还是非营利性企业）的支援而得以实现。

在震灾中，民间团体的支援应对迅速，受灾地因此获救的实例很多。这应该是民间团体特有的快速决策速度带来了顺利的支援活动。与此相对，行政机构的支援体制做出的应对晚于民间团体。

但那是因为行政机构的举措要基于法律和条例等制度，必须在议会中达成共识，有其无可奈何的一面。并且，很多情况下，如果国家方针不能确定，那么地区行政也无法决定什么。因此，为了加快有关支援对策的决策，震灾之后，国会议员和国家行政机构的工作人员立刻入住受灾地，与受灾者进行频繁的意见交换。

虽然无法验证这种意见交换反映到何种程度的复兴，但最终国家、县和基层自治团体都各自制定了复兴方针，其中国家的主要方针由内阁办公室设置的东日本大震灾复兴构想会议来决定。

复兴方针归根结底是复兴的理念。因此，不言而喻，验证这一理念是思考复兴方式的第一步。

在本章，我们将首先概览国家和受灾三县（岩手县、宫城县、福岛县）的复兴方针，整理各个方针的论点和特征。然后梳理支援灾后重建的国家补充预算的政策列表。

1 国家方针——东日本大震灾复兴构想会议

东日本大震灾复兴构想会议是在地震灾害发生的一个月后的 4 月 11 日由内阁会议决定设置的。复兴构想会议的设置理由如下所述。

> 东日本大地震带来了前所未有的灾难，在从这样的灾难中复兴之际，不仅是受灾者和受灾地的居民，生活在当下的全体国民都应该团结互助发挥各自的作用，这是十分必要且不可或缺的。同时，从恢复阶段开始，我们的目标应该是面向未来的创造性复兴，而不仅仅是恢复，这一点非常重要。因此希望早日制定出复兴构想，这一复兴构想在给受灾地的居民带来面向光明未来的希望和勇气的同时，还能促进全体国民能够共享的富饶且充满活力的日本的再生[1]。

在东日本大震灾复兴构想会议开始之前，"我们的目标是面向未来的创造性复兴，而不仅仅是恢复"已经被列为讨论的基本理念。而正是这种创造性复兴成为后来的水产复兴中导致各种混乱的源头。

在自 2011 年 4 月 14 日召开的第一届东日本大震灾复兴构想会议之后的约两个半月的时间里，日本共召开了 12 次会议。具体来说，因为复兴构想会议分为主体会议、研讨小组和研讨会三个阶段进行，所以应该是经多次反复讨论过的。会议中与水产相关的讨论过程和细节，将交由担任复兴构想会议专家委员的马场治先生进行论述考察[2]，据说围绕水产复兴特区构想的讨论非常热烈。

东日本大震灾复兴构想会议总结了之前的讨论，并在第 12 次会议时（6 月 25 日）公布了"对复兴的提议——悲惨中的希望"。然而，受灾各县并没有等待这次会议内容公布而是各自宣布了自己的复兴立场。在复兴构想会议中，各县的复兴方针是经由各县知事提出的，各县立场的不同在这一阶段显而易见。但是，会议所包含的内容，除了一小部分以外，基本上都是渔业、渔村、水产城市通用的。下述为"对复兴的提议"中关于水产的内容。

　　○沿海渔业、地区

　　沿海渔业是以渔村社区的生计为核心，供应多种多样的新鲜水产品。由于小规模的渔业从业者比较多，靠渔业从业者自行恢复，对于大多数渔业从业者来说比较困难，因此有必要通过渔协设立分公司以及渔协和渔业从业者的联合商业化来谋求渔船和渔具等生产基础设施的共同化和集约化。此外，第六产业灵活利用了鲍鱼等地方特色水产品，所以也有必要把复兴融入第六产业的流通加工体制。

　　作为沿海渔业基础的渔港多数是小规模的渔港。当地渔场及其背后的渔业村落和渔港合为一体，形成了当地居民生产和生活的场所。在复兴之际，有必要在充分听取当地居民意见的基础之上，统筹考虑各区域渔港功能的集约化、任务分担以及渔业村落的存在方式。在这种情况下，着手复兴应该先从恢复、复兴事业必要性比较高的渔港开始。

　　○近海远洋渔业、水产基地

　　近海和远洋渔业不仅卸货量和市场的经营规模大，相关产业的范围也很广。因此，有必要进行渔业的结构改革，推进适当的资源管理以及渔船和船队的近代化、合理化等，同时提高与渔业生产一体化的流通加工业的高效化和集约化。

　　另外，由于和相关产业联系紧密，所以有必要同步复兴加工流通业、造船业等相关产业。

　　渔港作为近海和远洋渔业的基础，既是基地港口，同时也是集中了其他地区渔船捕捞卸货的水产品和周边渔港水产品的据点渔港。

它拥有市场和水产加工厂等，形成了水产城市，在水产品的全国流通中发挥着巨大的作用。因此，为了尽快重启渔业，应该立刻启动修复项目，同时进一步探讨流通功能的高度化。

○恢复渔场和资源、促进渔业从业者和民间企业的合作

受海啸的影响，包括渔场在内的海洋生态系统发生了巨大变化，因此我们应该活用科学知识，努力恢复渔场和水产品资源，并以此为契机积极推进资源管理。

渔业从业者主动与民间企业合作，灵活利用民间的资本和智慧对于渔业再生也是有效的。在不断加深地区理解的基础上，国家和地方公共团队携手，掌握地方的需求和民间企业的意向。为了让当地渔业从业者能够主动与民间企业展开多种形式的合作，政府应该积极做好媒介和匹配。

在必要的地区，应通过利用"特区"的方法实现下述举措。具体而言，就是成立一种机制，保证以当地渔业从业者为主体的法人与渔协权责相当，能够取得渔业权。但是，如果是民间企业单独申请许可则不被允许，这个机制必须保护当地渔业从业者的生计。这时，应该做好必需的应对，如设置第三方机构以便在利益相关者之间进行协商和调节等。

如上所述，虽然人们对"沿海渔业·地区"和"近海远洋渔业·水产基地"的方案偶有异议[3]，但总体来说是较妥当的应对方案。这个方案对渔村或水产基地的存在方式和功能有正确的认识，其内容适用于任何一个受灾县。

但是，针对"恢复渔场和水产品资源，促进渔业从业者与民间企业的合作"这一条，我们未看到来自水产部门的积极建议。

"受海啸影响，包括渔场在内的海洋生态系统发生了巨大变化，因此我们应该活用科学知识，努力恢复渔场和水产品资源，并以此为契机积极推进资源管理"，这一表述之中完全没有对明治和昭和三陆地震等过去的海啸灾难经

验的总结以及结合渔业现场的分析，难以提供参考。具体而言，渔场的老化是随着营养盐的缺乏和贫氧块的形成不断加深的。营养盐不足主要源于护岸工程、水库建设、河流开发、休耕田增加等陆地变化，贫氧块主要源于沉积在海底的有机悬浮物、养殖物的排泄物、鱼贝类的尸骸、淤泥的腐烂，而海啸会将海底的这些沉积物和营养盐扩散。因此，分析渔业现场，得出的结论必然是海啸后的渔场会变得富饶。以往经验来看事实上也是如此，自昭和三陆地震发生后的第二年开始渔获量都超过了震灾前。

"在必要的地区，应通过利用'特区'的方法实现下述举措。"关于这一表述的问题点将在下一章阐述。

在"对复兴的建议"发布之前，水产厅在坚定推进作为初步对策的清理瓦砾补助项目和基于严重灾害法的灾害修复，以及第一次追加预算项目和面向第二次追加预算项目计划的准备工作。然而在"对复兴的建议"发布三天后，水产厅就宣布了"水产复兴总体规划"。其内容描述了水产复兴对策的全貌及其体系，包括"水产业复兴特区构想"在内的"对复兴的建议"的内容也几乎原封不动地被记述下来。

2 岩手县的方针——以渔协和市场为核心恢复"生计"

在内阁会议决定在内阁府设置东日本大震灾复兴构想会议的当天，岩手县成立了"东日本大震灾海啸复兴委员会"，时间为地震灾害发生一个月后的4月11日。

当时岩手县知事达增拓也讲道"宫泽贤治曾留下这样一句话'在世界没有实现全体幸福之前，就不可能有个人的幸福'。我们岩手县县民共同分担痛苦，团结一心，确保受灾民众的'衣''食''住'以及'学习机会'和'工作机会'，让大家能够再一次过上幸福的生活。同时，我们将认真对待遇难者对于故乡的情感并将这份情感继承下去"。在这段宣言后，又说道"答案就在现场"，通过"人员全部岩手"强化了复兴委员会的成员。他们有来自当地的学者以及医疗协会、渔业、水产加工业、农业、工商业等产业的各个代表，还有遭到海啸破坏的沿海地区的基础自治体的同盟会（岩手县沿岸市町村复兴期成同盟会）的代表。

在此基础上，岩手县于 4 月 22 日成立了岩手县海啸防灾技术专门委员会，于 4 月 30 日成立了由当地学者组成的岩手县东日本大震灾海啸复兴委员会综合企划专门委员会，并设立了致力于复兴的调查、调整和提议的机构。此外，于 7 月 5 日还成立了一个专门委员会，用以听取各领域专家关于复兴计划的意见。

岩手县制定了"贯彻基本方针的两个原则"，一是"确保受灾者正常的'生活''学习''工作'，保障每一个人追求幸福的权利"，二是"继承遇难者对故乡的情感[4]"，把"恢复'生计'"作为产业复兴举措的主题。

关于水产业的复兴，岩手县明确了以下方针：恢复渔业协同组合的功能，建立以渔协为中心的渔业和养殖业，建立以产地鱼市场为中心的流通和加工体制。这一方针无异于对两大事实的尊重，即岩手县的沿海渔业和养殖业在渔协的帮助下得以发展的事实，以及流通加工业隔着产地市场与渔业共同发展的事实。这也意味着把复兴的主导权放给了当地。

上述复兴方针中关于渔协的部分，应该是参考了震灾后早早实施了项目重启的重茂渔协的举措。面对 90% 的渔船流失的现实，渔协通过自有资金购买渔船，并从组合成员处借来剩余的渔船，然后将决心继续渔业的成员分组，结成数个协作体，再把共同使用的渔船借给这些协作体。在把渔船交付给组合成员前，通过这样的协作体实现复兴的重茂渔协的方式成为模板。

实际上，受灾地的各渔协，在震灾后的混乱和组合成员的安危确认工作结束后，自 3 月下旬开始，在临时事务所等地重新开始工作，他们清除瓦砾、采购渔船、准备重启裙带菜养殖业和渔协自营定置网渔业。裙带菜养殖是当务之急，因为从 7 月末到 8 月初要进行播种作业。而重启定置网渔业，是因为其主要渔获物秋鲑是岩手县的代表级特产，不管是对于渔协经营还是当地的水产加工业来说都是重要资源，是支撑沿海地区经济的主力鱼类。

显而易见，如果没有渔协的引导这些渔业和养殖业的恢复就不可能实现。因此，岩手县把"建立以渔协为中心的渔业和养殖业"作为基本方针，呼吁国家的财政支持，促进了渔协生产手段的获得。并且，岩手县在国家规定的县负担部分基础上追加了根据补充预算促进共同利用渔船取得的补助项目等的补助率，减轻了生产者负担。此外，由于基础自治体也追加了补助，取得共同利用渔船的生产者的自我负担率也从三分之一减少到九分之一。县议会和当地自治体的议会应对迅速。

行政厅最大的难题是村落转移和渔港复原等公共事业。在渔港中，有县管理的渔港和基础自治体管理的渔港，其中绝大多数是基础自治体管理的渔港。这些渔港的恢复取决于当地自治体的指挥。国家的方针是，先决定优先顺序，然后集中渔港功能的同时进行恢复。然而，现场的想法并不一定如此。不是定好优先顺序一个一个地恢复，而是一边听取渔协的建议，一边从各个渔港的重要地方慢慢恢复[5]。这可能比较花费时间，但这样做各个村落的渔港首先能够恢复，那么渔业从业者就会返回村落，也不会发生舍弃半岛前方条件不利地区的村落的情况。就如何推动基础设施的恢复而言，非常了解渔村村落的社区情况和生存方式的基础自治团体在复兴中发挥着很大的作用。

岩手县并没有倡导被"粮食基地构想"拖累的创造性复兴，而是重视风土找回日常，脚踏实地地践行着复兴。如果给复兴立个目标的话，那么接下来应该是重启地区振兴对策吧。

3 宫城县的方针——选择与集中

2007 年，宫城县制定了"实现富裕宫城"的基本方针。这是一个产业经济愿景，目标是将当时 9.2 兆日元的县内生产总值在 10 年后增长至 10 兆日元。包括农林水产业在内，宫城县提出要在所有产业中实行选择与集中政策，以提高国际竞争力。

就在上述产业改革即将实行之际东日本大地震灾害发生了。5 月 2 日，宫城县召开成立了"宫城县地震灾害复兴会议"。会议委员中，除了东北大学校长等一部分人外，大多数是县外的专家，当地农林水产业相关人员及自治体相关人员一个都没有。人员布局与岩手县形成了鲜明对比。

该会议公布的宫城县方针，就是在 4 月 23 日东日本大震灾复兴构想会议中，宫城县知事村井嘉浩介绍的内容。方针中关于水产业的标题为"创造新型水产业和再建水产城市"，具体内容如下。"（方案 1）恢复再生期间的国家直营化（直接资助必要经费）（渔船渔业和水产加工业等）""（方案 2）引入新的管理组织，如民间资本和渔协的联合组织或渔业公司等（沿海渔业和养殖业）"。此外，"通过重建水产业集成据点和合并重组渔港塑造新城市（将渔港减少至 1/3—1/5！）"。在这一阶段，除了渔港集约化以外，并没有什么特别招致抗议的内容，之后引发混乱的水产业复兴特区构想尚未被提及。但是，针对整个第一产业所提出的方针，就是集约化、大规模化、管理高效化和强化竞争力。第五章讲到的"粮食基地构想"所提出的口号就是这个。

接下来问题出现了。在"对复兴的建议"发布后的 7 月 10 日，宫城县震灾复兴会议宣布了制定复兴计划的基本理念，即下述 5 点[6]。"建设抗灾力强可安居乐业的城市""每一个县民都是复兴的主体，复兴要集结全体县民的力量""不满足于'恢复'，而要从根本意义上'再建'""能够解决现代社会课题的先进的地区建设""构建从毁灭性破坏中复兴的模式"。不满足于"恢复"而要从根本上"再建"正是"创造性复兴"。详细内容在此省略，但基于创造性复兴想法的方针随处可见，如从防灾视角的空间改造、产业结构的改革、放宽限制等。

提出了"水产县宫城的复兴"口号的水产业复兴也遵循了上述理念。在关于"复兴的目标"中，在难以"恢复原状"这一前提下，写明了"重新审视法律制度和经营形式、渔港的存在方式等，促进新水产业的创造和水产城市的再建"等改革论。具体措施如下："选定沿海据点渔港，将渔港功能集中到选定的 1/3，其他渔港推后""在渔业和养殖业中，希望国家创建直接补助制度，同时推动引入新型管理组织，促进设施的共同使用和合作以及活用民间资本等""为了形成具有竞争力和吸引力的水产业，要谋求渔业和相关产业的聚集优化，重建流通体系，推进品牌化和第六产业化"。此外，宫城县还开始探讨"有助于促进引入民间资本的水产业复兴特区"。在这一时间点上，渔港集约化被替换为渔港功能集约化。

以创造性复兴为基调的宫城县的水产复兴计划，其根本就在于"粮食基地构想"。而最能体现这些想法的具体措施是水产业复兴特区构想。这一构想，是将特定区域渔业权（经营养殖业的权利）即工会管理渔业权直接交给引入了民间资本的渔民公司，而不再给予长久以来被赋予了管理权的渔协。根据宫城县知事村井嘉浩在东日本大地震灾害复兴构想会议中的发言，在渔协管理之下，渔民公司如果想要获得渔业权，在支付渔业权行使费和投资资金时会遭遇阻碍，民间资本会因此犹豫从而有可能不参与进来。在特区将要尝试放松管制，实施由知事将权利直接交给渔民公司的方案。推行特区构想还有另一目的，那就是光靠国家财政支援可能会资金不足，所以借此呼吁民间资本的加入。

这一构想宣布后，不仅渔协和当地渔民，连邻县的渔民都强烈抗议，涟漪扩散到全国。宫城县渔协收集了14,000多人的签名，要求撤回构想。在宫城县议会上还发生了因请求撤回构想而引发的纷争。这一现象不仅影响到宫城县内的政界和业界，还引发了市民运动。尽管如此，宫城县议会提出的撤回请求书虽然在产业经济委员会通过了，但在主体会议层面没有被通过。

不管怎样，这一特区构想甚至包含了要取消渔协的渔业权管理权利的可能性，其真实意图难道不是知事在"实现富县宫城"以来想要推进的"产业改革"，努力摆脱家族式经营的渔业，实现大规模化经营吗？这与岩手县完全相反，是"摆脱'生计'"。

此外，岩手县一开始就定下方针，即为取得共同使用渔船等补助项目的自我负担额为1/9，但在宫城县，由于当初没有加钱计划，所以生产者的自我负担率为1/3。受此影响宫城县内放弃重启渔业的渔业从业者似乎很多。直到2011年底决定接受了来自地方交付税拨款的国家支持之后，其自我负担率才降至1/6。

4 福岛县的方针——看不到未来

关于水产复兴，三陆吸引了人们所有的关注。而与此相对，福岛县则忙于应对核电站灾害，没能像岩手县和宫城县那样迅速制定水产业的复兴方针。

在核辐射造成的海洋污染越发严重之际，对于福岛县而言大概也不是推进水产复兴举措的时机。

在2011年8月11日制定的福岛县复兴愿景中，关于渔业，只有如下文字表述："通过引入共同使用渔船促进管理合作，通过低成本生产促进高收益的渔业管理，同时致力于恰当的资源管理和栽培渔业的重建"，这一表述完全让人想不到这是面对核灾害的复兴愿景。

2011年12月，福岛县终于制定了福岛县复兴计划（第一期）。该计划以"创建不依赖核能、安全、安心、可持续发展的社会""将所有爱福岛、关心福岛的人的力量集结起来复兴""实现令人自豪的家乡再生"为基本理念，针对核电站出台了全面废炉方针，作为从核电站灾害中复兴的路径，提出了"彻底监控"和"清除核污染"。

作为复兴计划的重点工程，水产业的再生将分为三个阶段来实现："恢复遭受巨大损坏的机械、设施、基础设施等""重建适用于中长期发展的合理的资源管理和栽培渔业""通过推进与加工业和旅游业联动的地域产业的第六产业化，确立具有高附加值的渔业经营"。第一次具体展示了复兴愿景中未提及的方针。

然而，在复兴计划中，应对核灾难与振兴水产业之间存在巨大间隔。对一般居民、工商业和农业相关者来说，清除核污染可能是缓解核灾难的一种手段，但对于水产业来说，却有可能成为延缓复兴的举措。换句话说，清除核污染如果其作业不是将回收的污染物或去除的放射性物质存储到某处，那就只能通过河川或地下海水，把放射性物质排入大海，这就会造成污染转移到大海。因此，不管上述重点工程执行得如何，福岛县的水产业站到"再生"的起点上都很难。

只要不把治理海洋污染对策放到核污染对策的考量之内，福岛县的水产业就永远无法摆脱核辐射灾害的咒语，可以说水产复兴的道路已被断绝。

即使先不谈海洋污染防治这一点，其重点工程内容中也看不到复兴的要点，比如像岩手县那样提出"核心"是什么，或者先不谈对错，像宫城县那样提出"杠杆"是什么等。浅显而又笼统的内容，让人总觉得缺点什么。恐怕当地的水产业界内也没有人在看完这个重点工程内容后充满希望吧。

我们反过来讲，在没有找到核灾害的复兴之路的情况下，能否为水产业的重振描绘"美景"呢？问题就在这一点。如果没有核灾难，福岛县应该也描绘出了自己独具特色的复兴计划吧？而把福岛县逼迫到无法像岩手县和宫城县那样制定复兴方针境况的，应该是福岛县的水产行政和水产业界吧？

5 复兴相关预算

水产预算

水产厅提出的东日本大地震灾害的复兴，是全面而整体地复兴水产业的各个领域。预算措施也是基于这种想法制定的。

地震发生后，水产相关的追加预算第一次为 2153 亿日元，第二次为 198 亿日元，第三次为 4989 亿日元，然后 2012 年度为 843 亿日元，这是一个破格的举措。

表 1 与复兴对策相关的水产部门的预算（政府发布）（单位：亿日元）

	平成二十三年度（2011 年）			平成二十四年度（2012 年）
	第 1 次	第 2 次	第 3 次	
总预算	2153	198	4980	
I 对渔船和共同定置网的恢复以及渔船渔业的经营重启的支援				
1 渔业和养殖业复兴支援项目中　对努力复兴渔业的支援项目			18[a]	6[b]
2 共同利用渔船等的恢复支援对策项目	274		121	41
II 面向养殖设施的重建和养殖业的经营重启稳固的支援				
1 渔业和养殖业复兴支援项目中　对努力复兴养殖的支援项目			818[a]	106[b]
2 养殖设施灾害恢复项目	239		107	11
3 水产业共同利用设施恢复整备项目中　养殖设施恢复　复兴相关			731[d]	100[c]
4 种苗突发状况等的调查项目			2	

（待续）

（续表）

	平成二十三年度（2011 年）			平成二十四年度（2012 年）
	第 1 次	第 2 次	第 3 次	
III 对利用种苗放流恢复水产资源以及整备种苗生产设施的支援				
1 水产业共同利用设施恢复整备项目中　种苗生产设施相关	27		731[d]	100[c]
2 在受灾海域进行的种苗放流支援项目			22	21
IV 对水产加工流通业等的复兴和功能强化的支援				
1 水产业共同利用设施恢复整备项目中　渔协水产加工协等共同利用设施恢复　复兴相关			731[d]	100[c]
2 水产业共同利用设施恢复　支援项目	18	193	259	33
3 稳定确保加工原料等的支援项目			2	1
4 农林水产业协同利用设施灾害恢复项目（激甚法）	76[e]			14[f]
V 渔港、渔村等的恢复与复兴				
1 水产相关设施等受灾状况调查项目	3			
2 渔港相关等灾害恢复项目（公共）	250		2346	77
3 水产基础整备项目（公共）	55		202	250
4 水产业共同利用设施恢复整备项目中　渔港设施的恢复　复兴相关			731[d]	100[c]
5 山区渔村地区整备交付金（公共）			20[g]	6[h]
VI 对清除碎石来恢复渔场活动的支援				
1 渔场恢复对策支援项目	123		168	79
VII 燃油和配合饲料价格高涨的对策　主力确保对策				
1 渔业经营安全网络构筑项目			40	
2 确保渔业复兴主力的支援项目			14	11
VIII 对渔业从业者和加工业者的无利息　无担保　无保证人融资的推进				
1 水产相关无利息化等项目（括号内为融资限值）	26(380)		17(221)	52(508)
2 渔业从业者等紧急保证对策项目（括号内为融资限值）	48(630)		30(275)	34(533)
3 保证保险资金等紧急支援项目	145			14

（待续）

（续表）

	平成二十三年度（2011年）			平成二十四年度（2012年）
	第1次	第2次	第3次	
4 渔协经营重建紧急支援项目（括号内为融资限值）	4(290)			7(100)
IX 对渔船保险和渔业共济支付的对应				
1 对渔船保险和渔业共济的再保险金额等的支付	860			
2 渔船保险组合以及渔业共济组合支付保险金等辅助项目	80			
X 核能受灾对策				
1 水产品的放射性物质测量调查的委托项目		5		
2 放射性物质影响的调查项目				3
3 海洋生态系的放射性物质动态调查项目				2

注：【a】-【h】的金额是与其他预算项目相加的总额。
但是【a】-【d】都包含在水产预算中，【e】-【h】是包含农林部门预算项目的总额。

在2011年4月制定的第一个追加预算中，有渔民们清扫海岸和海底等恢复渔场的活动支援项目（渔场恢复对策支援项目：123亿日元）、渔港·渔场·渔村恢复项目（渔港相关等灾害恢复项目：308亿日元）、渔船保险·渔业共济的补助（940亿日元）、渔船采购、定置网复原的支援项目（共同适用渔船等恢复支援对策项目：274亿日元）、水产养殖设施重建的支援项目（养殖设施灾害修复项目：267亿日元）、恢复产地市场和加工设施等陆上共同利用设备以及设施的支援项目（水产业共同利用设施恢复支援项目：18亿日元；农林水产业合作利用设施恢复项目：76亿日元）、金融支援（223亿日元）等，还有调查、初步对策或类似于恢复支援的项目。还包括基于激甚法（关于应对严重灾害的特殊财政援助的法律）的灾害恢复的支援预算。

第二次追加，有作为应对双重贷款的对策，支援受灾的渔协和水产加工协会等的水产业共同利用设施（制冰设备、市场、加工设施、冷冻冷藏设施等）的早期恢复所必需的设备等的整顿项目（水产业共同利用设施恢复支援项目：193亿日元），以及作为核灾害对策，强化核电站事故周边海域水产品的放射性物质调查和高精度分析所必需的机器和分析体制项目（水产品的放射性测定调查委托项目：5 亿日元)。关于推出双重贷款对策的背景可列举下述三点。第一，在第一次追加中，几乎全部是渔业相关的辅助项目，这对于由渔业和水产加工业两方面构成的水产业来说是一项有失均衡的预算；第二，2011 年 6 月水产加工业界通过渔业从业者团体和全国水产加工业协同组合联合会向水产厅申诉了双重贷款问题的困境并强烈要求预算支援举措；第三，尽管第一次追加预算中中小企业厅采取了双重贷款对策，但因其并不限定于水产业所以预算举措不算充分。具体内容将在后面讲述。

接下来是第三次追加。这次追加预算的对象包括：共同使用渔船等的恢复支援对策项目 (121 亿日元)、种苗生产设施相关的恢复支援 (与其他的共同利用设施合计 731 亿日元)、渔场恢复对策支援项目 (168 亿日元) 等。这次追加不仅包含对之前的追加预算框架内的补充，作为新对策，还制定了促进渔业和养殖业再生的"加油渔业"和"加油养殖"项目。这一项目其实是渔协委托渔业从业者集团生产，从项目预算中拨款，垫付成本使其恢复运营，捕捞收获后再将款项返还国库。"加油渔业 / 养殖业"的预算是 818 亿日元 (最初是渔业 243 亿日元、养殖 575 亿日元分开计算，但之后渔业与养殖合并计算)。关于项目施行期限，渔业为 3 年，养殖业根据行业种类最长可达 5 年。因为用于生产的资金作为委托费直接给予了渔业从业者，所以对于没有收入的渔业从业者来说得救了。但是，在项目实施期间，渔协必须要从生产、会计、销售采购各个方面管理渔业从业者集团，所以渔协有事务负担增加和人手短缺的担忧。对于苦于恢复的渔业从业者来说，这项项目是他们求之不得的，但地震灾害后渔协事务功能的弱化成为项目发展的瓶颈。其次比较引人关注的是渔港相关的灾害恢复项目，政府设置了高达 2346 亿日元的预算。这一预算已经超过了 2011 年度的 2002 亿日元 (总预算) 的水产预算。而第三次追加预算的规模则高达年度水产预算的两倍多。

2012 年度预算的新增项目也就只有核灾害对策，而且是针对调查项目。可以说这次预算是对前三次预算的补充。

双重贷款对策和支援情况

对遭受了巨大损失的水产加工业者，国家追加预算中制定了双重贷款对策。一个是中小企业厅对企业集团的恢复支援项目（中小企业等集团设施恢复整顿项目，以下简称集团支援项目）。由企业集团组织供应链并支持其恢复，项目费的二分之一由国家承担，四分之一由所在县承担。这是一个需要审查的公开竞争型的项目，一旦申请通过，它将补贴 75% 的设施和设备的恢复费用，因此针对该项目的申请蜂拥而至。但是，该对策的总补贴金额有限制，为 179 亿日元，其中岩手县为 77 亿日元，宫城县为 65 亿日元。并且这个支援项目的对象是所有的中小企业，不限定于水产加工业，因此支援并不算充足。

岩手县将大部分水产加工企业集中到久慈、宫古、釜石、大船渡四个地区，以这四个地区为基地接受申请。最终这些地区的所有申请都被通过了。但提出申请的共有 117 家公司，申请内容变为原来的三分之一，实质上得到的补助金仅为原来的四分之一。也就是说岩手县采取了广泛但薄弱的支援方式。

然而，缩减掉的剩余的三分之二的申请在第三次追加的集团支援项目中被填补上了。没来得及申请的企业可以在第二次追加（总补贴金额 234 亿日元，其中岩手县 49 亿日元）或者第三次追加（总补贴金额 1651 亿日元，其中岩手县 311 亿日元）中获得补贴。在第二次追加中山田地区的 7 家企业获得了补助，在第三次追加中宫古地区 11 家企业、釜石地区 5 家企业、大船渡地区 12 家企业获得了补助。此外，在该年度结束之后的第五次追加中（总补贴金额 608 亿日元，其中岩手县 273 亿日元）山田和大槌地区 9 家企业、大船渡地区 8 家企业、陆前高田地区 7 家企业获得了支援。最终，几乎县内的所有水产加工业者都获得了集团支援项目的补贴。

宫城县在第一次追加阶段，仅有女川地区和南三陆町地区两个集团获得补贴，其中前者 58 家企业、后者 19 家企业。在第二次追加中也仅有盐釜地区的 48 家企业集团获得补贴。在第三次追加中，石卷地区两个集团（210 家企业、55 家企业）、气仙沼地区 120 家企业、名取地区 10 家企业、女川地区

10家企业以及大多数的水产加工业者都获得了支援。在第五次追加中，包括水产加工业者在内的两个集团获得了补贴。

国家对水产加工业者的支援不止这一项。作为水产预算，国家还实施了水产共同利用设施等恢复支援项目（以下简称共同利用支援项目）。这与公开招募竞争型的集团支援项目不同，只要申请内容符合项目条件，在预算范围内，所有的申请都会被通过。在资助率上，国家承担三分之一，所在县负担三分之一。但岩手县采取的体制是在此基础上县负担率再增加九分之一，自治体负担率增加九分之一。

如前所述，这个项目是缘于水产加工业界的强烈要求而从第二次追加开始正式展开。第二次追加准备了193亿日元、第三次追加准备了637亿日元。然而，这个项目是支援协同组合利用的共同使用设施的恢复，不具备像集团支援项目那样可用于个别公司的设施和设备恢复的自由支配的优势。换言之，虽说是双重贷款对策，但因为要获得支援就必须从属于水产加工业协同组合或批发出货业协同组合（根据中小企业等项目协同组合法成立的组织）等的协同组合法人，所以那些没有加入协同组合的项目人员不能获得此项支援。但在现场，没有加入协同组合的项目人员通过与水产加工业协同组合合作，建立了作为共同使用设施的体制，广泛灵活地利用了共同利用支援项目。并且也有项目人员为了获得预算措施的支援在震灾后加入了协同组合。

此外，以黑猫运输集团为母体的大和福祉财团的支援是对上述追加预算的一个补充。大和福祉财团在国家追加预算中设立了水产业共同利用设施等恢复支援项目（二次追加和三次追加），针对岩手县追加负担的九分之一和自治体追加负担的九分之一，以此减轻了县与自治体的财政负担。除此之外，大和福祉财团给岩手县提供了"岩手县水产加工业者生产恢复支援项目"，以一个项目2000万日元为限度，资助从业者设施和设备的恢复费用的九分之八。岩手县成为这一项目的收益主体，最终，大和福祉财团向岩手县内的107个水产加工业者提供了设施和设备的购入资金。

综上，除了国家的追加预算之外，还有县内补贴、基层自治团体负担以及民间财团的补充支援，因此双重贷款对策广泛应用于岩手县内的水产加工业者，许多水产加工业者也因此建立起了恢复设施和设备的信心。

但是，在不能确保用地和有足够适合的土地的情况下，金融机构对水产加工业者的贷款态度不太友好，据说甚至有一些从业者连再建计划都难以制定。毫无疑问，广泛支援对水产加工业产生了积极影响，但由于修复土地和重建设施都需要时间，在此期间经营者不仅失去了雇主还失去了买家和顾客。此外，核事故造成的放射性污染问题已经切断了出口和海外委托加工的路径。虽然也有经营者通过委托合作工厂来加工应对，但远达不到以往的项目规模。

另外，虽然在设施恢复方面有眉目的经营者开始准备重启，却很难确保有员工。受灾后，为了获得失业救济金不少企业解雇了员工，但也因此陷入了当前难以招到新员工的状况。再加上失业救济金的支付金额超出了招人的工资水平，失业救济金期限被延长，使员工招募变得更难。

在这种情况下，也有一些企业未受灾害并且获得了金融机构的支援，它们早早恢复并发展到了超出震灾前的项目规模。项目重启的差异是企业间产生差距的重要原因。

另一方面，围绕核电站和震灾的影响以及受灾地的企业优惠待遇制度，希望搬迁或进入岩手县内的水产加工业者大有人在。拥有基地渔港的地区，为了引进企业设置了开发适用土地的构想，致力于建设水产加工园区。

但是，要实现这一构想将会遇到许多困难，包括获得土地拥有者的迁移承诺等。土地收购、土地区划整理、建成用地、提高加固等行政处理和土木工程浩大，因此开发构想难以轻而易举地实现。一旦处理不好，基地渔港所在自治体的企划力和主导力将受到质疑。

6 形成鲜明对比的岩手县和宫城县的渔业复兴方针

在东日本大震灾复兴构想会议内阁决定阶段，一方面"创造性复兴"被提出，同时，在"对复兴的提议"中的前半阶段非常有意识地塑造"纽带""连接""社区"这些团结形象。虽说"创造性复兴"和"团结一致"未必就是相反的，但是如果说创造性复兴是从上开始的改革性复兴的话，可能会给人一种破坏掉过去创造新事物的印象。并且在这一理念之下，地震灾害发生后，推进开发行为的举动将会非常多。

水产业的复兴方针中"沿海渔业和渔村"正说明了社区的重要性。但同时，又有一个方针被推出，即给以渔业从业者结合体运营至今的渔业权制度制定特区制度。复兴方针的文本差异也是岩手县和宫城县之间对比鲜明的水产复兴方针的体现。

这种差异也表现在两县的复兴会议的委员构成上。如果说以复兴主体成员为委员的岩手县的复兴方针是"现场理论"的话，以有识之士组成委员的宫城县的复兴方针则是"桌上理论"，怎么看都像是隔着县界的"现场理论"和"桌上理论"在对峙。

另外，在背负着核电站灾害问题的福岛县，必须要等到放射性污染问题平息才能开始真正的复兴。在相马原釜地区，从2012年6月开始仅针对确认未被污染的一部分鱼类，进行了捕捞和贩卖的试验操作，除此之外看不到任何复兴的举措。如何审视不得不致力于与三陆两县完全不同复兴层次的福岛县，将在第九章中再次探讨。

与东日本大地震有关的水产业复兴预算（包括公共事业在内）在2年间超过了8千亿日元。平均到一年来看的话，已经超过了近年来水产厅的年度预算的两倍多。预算本身并不低，但是在预算承担者团体（如渔协和水产加工业协同组合或者基层自治体等）事务职员和技术性职员不充足的地区，预算覆盖并不全面。

虽说预算的拨出是为了复兴水产业，但因其主要目的是加快恢复，所以公共事业性的预算消化成为衡量恢复程度的一个标准，可是预算消化丝毫没有进展。如前所述，现场缺乏能够做渔村和渔港空间设计的设计师，并且负责实施项目的自治体的技术性职员极度匮乏。虽然国家已经派遣员工到基层自治体，但远远不够，现场还需要更多精通渔村计划的专家以及技术性职员。

注释

1 「東日本大震災復興構想会議の開催について」（平成二十三年四月十一日閣議決定）。
2 马场治「東日本大震災からの復興計画の検討過程とその課題」『北日本漁業』四〇（北日本漁業学会、一二 - 二七頁、二〇一二年五月）。

3 例如，有"复兴吸纳了6次产业化观念的流通加工体制，即充分利用鲍鱼等当地特色水产品的6次产业化"，不管是三陆还是常磐，鲍鱼都是这些地区内的渔村的近陆地渔业的代表性存在，价格高昂。不需要额外增加附加值。因为价格高昂，所以是非法捕捞对策的制定备受重视的资源。

4 「がんばろう！岩手」宣言（平成二十三年四月十一日）。

5 岩手県「東日本大震災津波からの復興に向けた基本方針」（二〇一一年四月一日）

6 宮城県「宮城県震災復興計画〜宮城・東北・日本の絆　再生からさらなる発展へ〜」（二〇一一年十月）

第五章
粮食基地构想和水产复兴特区

"粮食基地构想"是在东日本大地震灾害发生约一个月后刊登在报纸上的,"水产业复兴特区构想"则是在震灾发生两个月后的东日本大震灾复兴构想会议上由宫城县知事村井嘉浩提出的。这两个构想都是在渔民们毫不知情的情况下突然出现在媒体上的,那时他们正在受灾区挥汗如土地清除着瓦砾。

在媒体刊登这两个构想时,创造性复兴构想还未被提出,因此,大多数普通人都善意地接受了这些构想。但是,这些构想其实是要将改革的框架从"上"强加下来的创造性复兴构想,它们有可能导致受灾地的渔民社会分裂。

本章将对上述构想的内容和出现经过进行整理,探讨其问题点。

1 粮食基地构想登场

2011 年 4 月 17 日,朝日新闻在其晨报刊登了题为"东北地区粮食基地构想——集约农田和渔港,政府将提出法案"的文章。如题目所示,文章内容主要是将农业和渔业集约为生产基地、将农村和渔村进行职住分离、将村落搬迁到高地。即将东北的农业地带和渔业地带替换为大规模粮食工厂的地域开发构想。这一构想是想通过提高经济效益和效率,建立一个具有国际竞争力的农业和渔业地区。

标榜强大的农林水产业的改革论并不是在地震灾害后才出现的。为了增强日本国力，必须推进贸易自由化，因此长期以来一直都有认为应该提高农林水产业国际竞争力的探讨。此外，2010 年 10 月之后，围绕加入 TPP（环太平洋经济连协协定），国民被分成了两组。而粮食基地构想就是在这种情况下公布的，因此并不是与加入 TPP 无关的事情。梳理两者的关联的话，那应该是"粮食基地构想是在实现从惨痛中复兴的同时，消除加入 TPP 带来的农业、农村衰退的担忧"。当然，日本经团联也在"复兴和创生总体规划"中提出过"以加入 TPP 为代表，与其他国家和地区的经济联合是不可或缺的"。

粮食基地构想是要"集约化"生产基地，把产地空间"职住分离"，实现大规模化经营，反过来说也就是认为人们在自然之中生活、培育农作物、捕鱼这样的生活方式毫无效率。

关于农业用地集约化的讨论已经持续很长一段时间了，但对是否真的能在日本国土范围内建立起具有国际竞争力的农业多少有些存疑。身为门外汉的笔者所知道的农业用地集约化讨论的是是否该将不断增加的废弃耕地集中到农民手中。的确，通过农业用地集约化，可以提高生产效率，扩大经营规模，可以期待所谓的"规模经济"的作用。但是，这是否能与国际竞争力直接挂钩呢，对此笔者持有很大的疑问。欧美等农业大国的农业不仅拥有超出日本的稳定经营和促进出口的财政支援，农业用地面积和日本相比也是天壤之别。最终，掺杂着贸易自由化的农业用地集约化论怕是会成为没有任何可行性的、远离实际的桌上空谈吧。

粮食基地构想中的集约化对象不仅有农业用地，还有渔村和渔港。它主张渔业和养殖业也应该像农业一样，通过渔港集约化扩大规模，增强竞争力。

"应该摆脱生计"这一构想的矛头应该是范围广阔的、拥有很多小规模的渔村村落和渔港的里亚斯海岸沿岸地区吧？在该构想公布后的 4 月 23 日，宫城县知事在东日本大震灾复兴构想会议上提议"通过重构水产业聚集地和集约重组渔港实现新的城市规划"，提出将渔港合并到当前数量的五分之一到三分之一的方针，这也印证了上述构想（具体参照第四章第三节"宫城县的方针——选择与集中"）。

2 渔港集约化的问题

粮食基地构想是指将渔村村落中的渔港合并为核心渔村等据点区域，发展企业型业务，搬迁渔村村落，实现职住分离的一个构想。企业化是应对现代流通状况的必要之举，因此这一举措不会被人们指责，实际上它也在不断推进。而关于集约化，从由于受损规模太大，在恢复时不得不设定优先顺序这一现实来说，人们在一定程度上也能理解。然而，在粮食基地构想中，也有因对里亚斯海岸的渔村认识不足而产生的问题。

第一，即使渔港可以集约化，但渔场不能集约化，所以无法实现渔业的效率化反而会导致效率低下。渔港因渔场和村落的一体化而存在，它让住在村落的渔业从业者能够高效地进入渔场。渔业从业者每天看着海滩的养殖渔场和海岸的渔场生活着，日常在地区内进行清扫活动和造林活动努力保护渔场。渔场和渔村靠近这一点也利于监视非法捕鱼。所以我们必须从多方面来考察渔场功能。

第二，对渔村村落的选址条件和渔业从业者的活力认识不足。在渔村中，也有被认为条件不好的村落，例如半岛前方的村落等，但生活在其中的渔业从业者的活力却很高。这是因为条件不好的地区，市场条件虽然不利，但受益于渔场条件的情况却很多。在内湾的渔场，由于填埋、疏通和工厂布局等，渔场环境恶化的情况很多，另一方面，面向外海的地区有很多海潮通畅的优质渔场。因此，养殖裙带菜等，在越是面向外海的渔场生产量越高，品质越好。此外，在这些地区，因为渔业以外的就业很难，所以大家热衷于振兴渔业。岩手县宫古市的重茂渔协因海啸遭受了重创，但它靠"协作力量"迅速着手了复兴，该渔协正是处于重茂半岛的外海一侧，是条件不利的地方。

如果基于上述认知来看，企图向高地迁移村落和将渔村村落中渔港集约化为粮食基地构想的话，就能很清楚地认识到这是一份多么欠缺实地分析的构想了。如果将粮食基地构想原封不动地付诸实践，就有可能破坏那些渔场、人以及生产力强、潜在渔业活力高、有前途但市场条件不利地区中的优质村落。如果把复兴方针的制定委托给渔业现场，应该完全不会出现粮食基地构想这样的想法吧？

但是，这一构想未能实现法制化。不仅如此，最初宫城县当局提出的渔港集约化，也在不知不觉中换成了原则上保留所有渔港、合并渔港功能的内容。这些是 2011 年夏的事情。

对于遭受自然灾害破坏的公共土木设施，原则上是在核定其受灾程度之后，通过使用国库预算进行恢复。国家是否进行了指导尚不清楚，但是国家根据"公共土木设施灾害恢复项目国库负担法"制止了创造性复兴构想的扩散。

然而，渔港集约化改为渔港功能集约化这一点没有意义。与民间投资和公共土木设施等不一样，大多数渔港所具备的加工功能，是基于生产者负担的补贴项目（追加预算中准备的项目）中的共同使用设施，所以是否集约化是由水产加工业者或生产者来决定的。实际上，为了减轻震灾后的自我负担，也有渔村通过渔村内部对话选择将牡蛎处理场集约化。

但是宫城县却于 2011 年 12 月 8 日，在未与当地渔民协商的情况下单方面宣布将 142 个渔港划分为 60 个基地渔港和其他渔港。规定在 2013 年之前优先恢复基地渔港，并准备把基地渔港以外的渔港的加工设施等附带设施集约化，因此基地渔港以外的渔港的恢复止步于最小限度的功能恢复，其余恢复将推后。在原本定位为基地渔港的县管理的第二种渔港中，也有被划出基地渔港的。但由于未进行事前征询和意向调整就公布了，这份宣布引发了上述渔港利用者们的抗议。

3 欠缺熟虑的水产特区法的成立

水产业复兴特区构想于 2011 年 5 月 10 日召开的东日本大震灾复兴构想会议现场首次亮相，由宫城县知事村井嘉浩提出。其内容可以理解为从渔协或渔业从业者那里收回渔业权向私营企业开放，这给了宫城县内的渔业相关工作者极大的冲击。而以宫城县渔协为代表的渔业相关工作者都未曾收到过有关构想的相关信息。

在此公告之后，宫城县渔协于 5 月 13 日向宫城县厅发出了抗议。虽然宫城县厅和宫城县知事解释说："特区的主角是渔业从业者。我们不会剥夺大家的工作。不会以未征得渔业从业者同意的方式去做[1]",但其内容是吸引民间资本进入渔村,由民间资本成立的公司来给予渔业从业者工作机会,并把渔业权授予了这样的公司,因此宫城县渔协不仅不会接受这样的构想,对抗态度反而更加强硬了。

宫城县渔协组织了一次签名活动,要求撤回这一构想。并且在 6 月 21日,宫城县渔协的 6 名干部与知事村井嘉浩进行了意见交换,当面递交了集齐约 14,000 人签名的请愿书,要求撤回构想。之后,这份要求撤回的请愿书交由县议会讨论。

2011 年 6 月 25 日,东日本大震灾复兴构想会议总结并公布了提议,题为"对复兴的提议——悲痛中的希望"。正如在第四章"对复兴的提议"中关于水产的内容所述,这份提议中加入了下述表达:"在必要的地区,应该灵活运用'特区'方法实现下面的举措。具体来说,就是建立一个机制,让以当地渔业从业者为主体的法人与渔协一样有机会获得渔业权"。无需言说,这是知事村井嘉浩呼吁水产业复兴特区构想的措辞。三天后的 6 月 28 日,水产厅公布了"水产复兴总规划",其中明确记录了前述"特区"方法。然后在 7 月29 日,东日本大震灾复兴对策总部(之后为复兴厅)也发表了"复兴的基本方针",其中也注明"在必要的地区,创建特区制度,让以当地渔业从业者为主体的法人能够与渔协一样获得渔业权"。

宫城县当局于 9 月 15 日向宫城县议会提交了"县复兴计划草案",将水产业复兴特区定为"研究课题",导入时期定为"2013 年度以后"。因为渔业权的更新时期是 2013 年 9 月。因此,特区构想暂时销声匿迹了。

在 10 月 18 日的县议会全体会议上,要求撤回特区构想的请愿书没有被采纳。58 人投票,赞成票仅 20 票,结果未通过[2]。尽管在经济产业委员会上通过了。据悉,在常任委员会通过的案件在全体会议上不被采纳是前所未闻的[3]。

10 月 25 日"宫城县水产业复兴计划"颁布。其中,关于渔业权的特例,明确写道"致力于与渔业从业者及县渔协充分地协商和调整"。几天后(10 月28 日),内阁会议确定了东日本大震灾复兴特别区域法案。11 月 7 日,由于宫城县与宫城县渔协之间冲突显著，在水产厅的见证下，两者之间达成了"首先协力推进复兴工作"的共识。

12月26日，"东日本大震灾复兴特别区域法（以下简称特区法）"生效。在渔业法的特例（第十四条）中，特区构想被法制化。

回顾从水产业复兴特区构想被公布到特区法成立这一经过，其中有很多令人不能理解的地方。

震灾后、岩手县田老渔港的码头
和共同利用设施

在石卷市日和山上看到的门胁地区

首先是在2011年5月10日宫城县知事宣布构想之前，它们没有和渔协这一渔业管理团体有过任何协商。难道是已经预想到会引发混乱，所以有意避开反对意见？此外，在东日本大震灾复兴构想会议的研讨小组委员会中，尽管专家对特区构想发出警告，也未达成促进构想这一结论，但这一讨论完全被忽视了。在这一委员会中，由于村井嘉浩知事和高成田享委员的反复主张[4]，特区构想被写入了复兴构想会议提议书[5]。

然后，就在提议书公布仅三天后的6月28日，水产厅发布的《水产复兴总规划》中就记述了特区构想。在现行制度下，只要成为组合成员，外部企业就很有可能加入，关于这一点水产厅是最清楚的。虽说是受灾地知事的提案，"不经深思熟虑"就接受的做法，终归是让人疑惑。

4 渔业权与渔民自治

渔业法与渔业权

已颁布的特区法第 14 条赋予了那些在销售等方面不与渔协产生关联，而是直接和企业合作的渔民公司获得渔业权的机会。在极度村落化的渔村，有些渔民公司想要自主复兴极其困难，当它们想要引入民营公司的资金和技术时就成为该机制的实施对象。

特区法第 14 条的详细内容将在后面讲述，它放宽了渔业法中规定的渔业权取得机制。那么我们先来看一下渔业权。

渔业法的目的是"确立渔业生产相关的基本制度，通过运用以渔业从业者和工作者为主体的渔业调整组织来综合利用水面，从而发展渔业生产力，同时实现渔业的民主化"[6]。按制度对渔业进行分类的话，有"渔业权渔业""许可渔业""自由渔业"，在与行政厅的关系上三者互不相同，差异巨大。渔业权渔业限定在沿岸地区或内部水面经营的渔业，还包括离岸 3—5 公里海面部分经营的渔业，渔业权渔业的存在代表了生活在沿岸地区的渔民的渔业经营权利。它与解除了禁止行为并使其合法化的许可渔业的含义大不相同。

渔业权，是指有许可权利的都道府县的知事根据渔场计划给予合格者许可。渔场计划是指依据渔业法第十一条，行政厅直接听取渔民意见等，提前决定渔业权负责的部分[7]。具体来说，就是事先决定哪个地区的渔民在哪个渔场哪个时期进行什么样的渔业活动。在这一程序中，行政厅还将对渔民进行意向调查，这不仅是为了协调渔民关系，在这一过程中还会咨询海区渔业调整委员会。选举中被选出的渔民可以参与其中。

海区渔业调整委员会是在各都道府县设立的行政委员会，它是拥有渔业权许可权利的连知事也不能介入的政治组织。如果渔场计划存在问题，委员会负责仔细审查行政厅制定的渔场计划，例如听取利益相关者的意向等。制定渔场计划、获得渔业权的许可和更新这些工作，以委员会的批准为基本前提。渔业权就是通过渔民参与的调整组织获得许可。

获得渔业权许可的方式大致可分为两种，一是都道府县知事直接颁发给经营者的方式，二是颁发给渔协然后让其组合成员去行使的方式。前者被称为经营者许可渔业权，后者被称为组合管理渔业权。

经营者许可渔业权包括"定置渔业权"和"区划渔业权"（去除了特定区划渔业权渔业养殖的权利，例如珍珠养殖业），指将固定的区划给予个别的经营者占有，并让其经营的定置渔业和养殖业。这些每五年更新一次。

组合管理渔业权包括共同渔业权（在渔协管辖海域内，经营渔业从业者应该共同管理的渔业权利）和特定区划渔业权（在技术和资本方面渔民容易参与的贝藻类养殖和鱼类网箱养殖的权利）。渔协从都道府县知事那里获得许可，取得多个渔业从业者在指定区域经营渔业和养殖业的权利。然而，渔协只不过是获得渔业权管理权许可的承载体，权利的主体最终是渔民。换句话说，渔协是让渔民行使渔业权的法人，是协调分配渔业权的组织。这是立足于近代以来通过当地渔民的自治维持渔场的"渔场总有论"。许可更新的周期方面，共同渔业权是 10 年一次，特定区划渔业权是 5 年一次。

在许多情况下，定置渔业权的渔场和区划渔业权或特定区划渔业权的渔场都位于共同渔业权的海域。因此，各地区虽有不同，但每个地区在共同渔业权渔场进行的渔业类型都有 10 种以上，海面使用情况丰富多样。由于还涉及自由渔业和许可渔业，所以其利益关系极其复杂。在渔场，围绕着共同渔业权渔场的使用总是能够让渔民间的对立得以缓和。因此，作为许可权发放者的县在制定渔场计划时，不应将渔业权视为单一利益，而应考虑到与周边其他渔业的关系来进行利益调整。

在三陆盛行的牡蛎、扇贝、裙带菜、紫菜、银鲑鱼、海鞘等水产动植物的养殖权利属于特定区划渔业权。特区法第 14 条是实施特定区划渔业权的特例措施。

特定区划渔业权中的"渔业权行使规则"中详细规定了应该在哪一区域养殖哪种水产动植物，并写明了养殖方法；还介绍了如何利用渔场使用费等情况，以及与养殖技术和渔场管理相关的项目。该规则是渔协在组合成员达成共识后制定的，得到了都道府县的认可。因为规则由每个渔协（或渔业地区）或区划各自制定，所以内容各不相同。之所以形成这种情况，是因为渔场的自然环境和社会环境多种多样。由最了解自己地区渔场环境的渔民做制定渔业权行使规则的主体，每个渔协都形成了基于渔民相互监督和主体性的渔场管理体制。

此外，由于渔业权行使规则是针对渔业法中所规定的项目制定的，所以作为规则而言有其不足之处。因此，实际上在很多情况下，渔民会另外制定一份该规则以外的一些具体约定。这份具体约定成文后保管在渔协内部即可，不需要提交给行政厅。

渔民自治

虽然通常不为人所知，但在渔民之间围绕着渔场的利用方法一直存在着各种利益冲突。比如养殖渔场，作为使用者的渔业从业者每个人被划分到一块海面，如果没有上述的规则，每个渔民都可任意使用渔场的话，立刻就会引发渔场纠纷。这时候即使行政介入，也不可能在渔场进行监视和监督，纠纷很难简单化解。因此，渔民不仅要获得经营渔业和养殖业的"权利"，还要通过制定渔业权行使规则，履行培养秩序的"责任"，例如"参加"渔协内部小组活动等。[8]

如上，渔业权的权利中附加了"责任"，履行这份责任所必需的是渔民的"自治"。而自治的形成需要一个渔民"参与"的组织，这个自治组织是一个小组委员会，是每个村落都有的执行组合，是渔民出资运营的渔协。渔场使用的决定事宜和渔业权行使事项由小组委员会和执行组合调整和决定，然后由渔协内部的渔业权管理委员会和理事会等通过。也就是说，渔协拥有这种自下而上形成的自治，并且内置了含有冲突预防功能的渔场管理系统。这正是渔协也被称为渔场管理团体的原因所在。

但与仅允许渔协管理的共同渔业权不同，特定区划渔业权的管理权只是优先许可渔协，如果渔协放弃管理权的话，也可以直接许可给个别的经营体。这时候，特定区划渔业权就成为经营者许可渔业权，而不再是组合管理渔业权。在这种情况下，都道府县的知事不可以任意许可，要对申请者资格进行审查后许可。如果合格者多形成竞争的话，则根据渔业法规定的优先顺序，许可给排位靠前的组织形态的经营体。这一机制必须从特区法的角度来把握。

5 对资格和预防纷争对策的担忧

特区法第 14 条的内容是即使渔协不放弃管理权，个别的经营体也可以直接获得县知事许可。放宽了特定区划渔业权的优先顺序。

其具体内容是，在受灾地从事养殖业的渔业从业者依靠自己的力量难以恢复事业时，县可以把特定区划渔业权许可给努力推进复兴顺利且迅速展开的"适合之人"。即县把特定区划渔业权直接给予那个"适合之人"。当然，这个"适合之人"不需要隶属于渔协。

那么什么样的人适合呢？这个解释起来非常麻烦，而且隐含着问题。

按照形式上的内容，"仅限于排位在渔业法所规定的特定区划渔业权者的优先顺序的第二位和第三位的组织"。第二位是当地渔民的七成以上是出资者的法人，作为实体，这是一个与合并前的渔协相同的组织；第三位是由七人以上的当地渔民构成的法人经营体，是水产业协同组合法规定的渔业生产组合（协同组合法人）本身，或者接近于它的实体法人[9]。

换句话说，特区法并不是向所谓的民间企业开放渔业权，即使是接受了渔民以外的个人和法人投资的企业，它的经营轴心在当地渔民，并承诺其经济盈余的大部分留在该地区。因此，就许可的组织形式本身来看，当地渔业从业者拥有主导权，完全没有被该地区以外的企业剥夺渔业权的问题。

但是，特区法第 14 条的问题并不在上述许可者的形式方面，而是隐藏在如下五个资格要求这一条件中。

一、获得该许可后有负责迅速开展水产动植物养殖事业具体计划的人。

二、有充分进行水产动植物养殖事业的会计基础及技术能力的人。

三、有足够社会信誉的人。

四、与该许可相关的水产动植物的养殖事业扩大渔业生产，公认能切实帮助维持该许可关联地区内居住的渔民生计，创造就业机会和其他活跃该地区经济和社会影响。

五、该许可相关的水产动植物的养殖事业与在获得该许可的渔场所属水面上作业的其他渔业合作，同时不会有影响该水面综合利用的可能性。

值得注意的是"四"和"五"两项。四的内容是在预期经济效益的同时，不能对当地渔民的生计造成负面影响。到目前为止，在设定了特定区划渔业权的区划内，当把一起经营养殖业的渔民按照是否参加渔民公司分为参加者和不参加者时，就必须分割渔场。这时，关于渔场分割，绝对不可以侵犯未参加渔民公司的渔民生计。并且围绕渔场使用，渔民公司还表示一定不可以对其他同行业渔民造成困扰。渔场一旦被分割，一直存在的渔业权行使规则对渔民公司的渔场就失效了。如果增产体制过度，就会因养殖过密给邻近的养殖业者造成困扰，从而引发纠纷。"四"应该是担心上述有关渔场使用的问题而设置的条款吧。此外渔业调整问题必须由行政厅而不是渔协来解决。

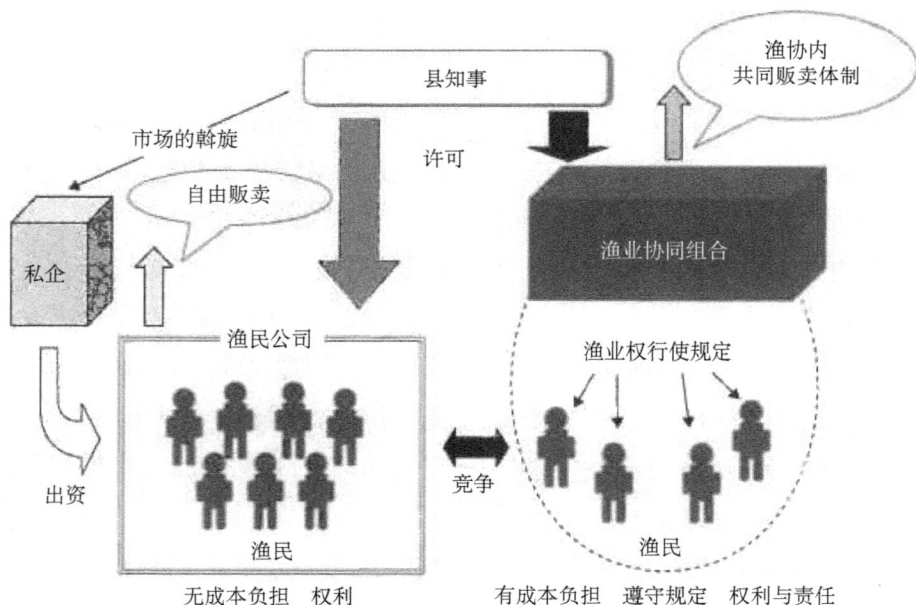

图 1 在特区的渔场，渔协体制下承担各种"责任"的渔民要与不承担任何责任的渔民公司竞争

"五"应该是考虑到当地以及相关地区的现有渔民，作为考察在渔场使用方面的协调性的资格要求被列举出来。但其字面表述有过度解读的可能，如何审查能否"与其他渔业合作"，并且审查标准如何等等，这些都含糊不清。"是否为能采取合作性行动的人"目前为止是通过参与该地区的自治行为来担保，但是这一自治在法律上被破坏，而且可以限定应该合作的其他渔业的范围，所以审查可能变得形式化。尽管资格要求这一条件对现有渔民而言是最重要的条件。

如果资格标准依然不能被明确的话，站在推进特区构想的立场上，宫城县应该会放大设定特定区划渔业权许可项目中的资格标准的范围。如此一来，资格审查变得形式化的可能性就无法避免。

导致渔民分裂的可能

关于特区法第 14 条，要被批判的还不止上述内容。组合管理渔业权提供的含有避免纷争功能的渔场管理系统不再涉及被许可一方，是条款"四"相关内容。这样下去就会形成如图 1 所示的被许可者和渔民之间的竞争。被许可者在特区这一保护伞下，不需要取得渔协组合成员资格就能获得"权利"，并且不需要承担支付渔场管理成本和遵守渔业权行使规则这些"责任"，而渔民要背负所有的"责任"。

不难想象上述两者的利益冲突将成为纷争产生的火种。因此，特定区划渔业权许可项目是一个有缺陷的项目，会导致渔民分裂。必须保证在该项目中加入某种能够替代渔业权制度中的渔场管理系统的其他系统。

宫城县作为水产业复兴特区构想的制定者，完全没有提及有助于预防纷争的渔场管理系统。作为承担县内渔业调整任务的行政厅，其应对毫无责任感。同时国家也有很大的责任，在未制定预防纷争的对策和许可对象的管理及监督方法的基础上就通过了特区法。

6 水产特区法制化后的动向——石卷市桃浦地区

　　法制化后，大概是为避免宫城县渔协的抗议，为实现水产业复兴特区的构想知事和县当局在幕后悄悄推进建立渔民公司。这一构想在 6 月下旬基本达成一致，但没有通知海区渔业调整委员会和渔协，朝着特区申请的目标在推进。

　　8 月 30 日，由石卷市桃浦地区的牡蛎养殖者 15 人出资建成的桃浦牡蛎生产者联合公司宣布成立。此时，桃浦牡蛎生产者联合公司的投资者还只是桃浦地区的渔民，但该公司同时也宣布，在仙台市内中央批发市场经营水产批发的股份公司计划参与经营。与此同时面向 9 月的县议会，宫城县宣布正在筹划基于县单独补助金的支援对策，旨在支持与民间企业合作成立第六次产业化的渔民公司。这一支援对策宣称是公开招募的支援，不是仅为桃浦牡蛎生产者联合公司准备的。然而，对于补助对象是在计划申请特区的桃浦牡蛎生产者联合公司一事，县当局在县议会的预算案审议过程中没有否定，尽管特区是一个意在吸引民间资本的制度。

　　支援内容包括引入水产养殖材料和设施（3.9 亿日元）、支援封装工厂的建设（1 亿日元）。作为县单独的项目补助金，补助率为六分之五。据报道，这一预算中的 5.5 亿日元计划用于支援桃浦牡蛎生产者联合公司。[10]

　　这个联合公司是震灾后新设立的法人。这一举措属于新成立不属于恢复。作为国家的支援，有基于重大灾害法的恢复支援，但是该联合公司属于新成立法人不能享受国家的支援。另一方面，仅靠民间出资的项目需要很多年才能收回投资。基于这些限制，宫城县如果不提供一些支援，估计水产业特区构想已经破灭了。

　　就在上述公告宣布的数日前，据说宫城县召开了海区渔业调整委员会，可没有看到县的任何报告[11]。在那之后的海区渔业调整委员会，宫城县当局遭到了来自委员的强烈抗议。

　　公告宣布后不久，在县议会的 9 月例会上开始了追加预算的审议。在环境生活农林水产分科会上，众人审议了县当局提出的上述支援对策的预算案。

在分科会的审议中，县议会对预算案提出了很多反对意见，但因为预算案主张"不忘实现特区的同时，促进第六次产业化"这一县的复兴方针，因此 10 月 1 日，预算案以大多数赞成通过。尽管在审议中沿岸地区的县议会议员强烈批判了这一预算案，但据说因为特区对象仅限于桃浦这一地区，县议会判断其影响较小所以通过了[12]。但是预算的成立增加了附带意见"要注意征得相关者的同意"。

10 月 5 日，桃浦牡蛎生产者联合公司召开了员工大会，正式宣布了仙台水产公司的投资（约 450 万日元）和参与经营，10 月 9 日进行了公司法人的章程变更。至此，民间企业出资的渔民公司诞生了。随后特区相关项目的预算也在 10 月 11 日的全体会议上通过了。留给县当局的唯一课题是根据特区法第十四条制定"复兴促进计划"并向复兴厅递交申请。

申请特区的公司加入渔协

当大家都以为桃浦牡蛎生产者联合公司会继续推进申请特区时，它却不知何故向宫城县渔协提交了作为法人组合成员的加入申请[13]。之后，10 月 25 日宫城县渔协对其进行了资格审查，10 月 30 日在经营管理委员会上对其进行了加入审查。最终，该联合公司取得了组合成员资格被获准加入。获准加入后，要求它做到以下三点。

一、桃浦牡蛎生产者联合公司协助宫城县渔协实施牡蛎卫生对策。

二、桃浦牡蛎生产者联合公司加入宫城县渔协的牡蛎小组。

三、关于其他事项，双方应在诚意协商的基础上来处理。

虽然上述文字中没有显示，其实桃浦牡蛎生产者联合公司也加入了设施保有渔协（为支援恢复共同使用设施而设立的渔协。具体内容参考 184 页）。如此一来，桃浦牡蛎生产者联合公司就能够以设施保有渔协作为承载体，利用其整顿的牡蛎处理厂设施了。

针对桃浦牡蛎生产者联合公司的法人组合成员申请，村井嘉浩知事也直接向宫城县渔协提出了申请。知事所提案的水产业复兴特区构想应该是为了那些即便放弃与所属渔协的关系也希望接受民间企业投资的渔民们而创建的，但却有了意想不到的发展。

根据补助金的性质、渔协的共同设施使用、渔协项目的利用或它们与投资回报率的关系来推理的话，可以想到各种各样的情况[14]，但在这时桃浦牡蛎生产者联合公司已经脱离了特区的宗旨，同时在宫城县渔协的管理和内部调整之下获得了渔业行使权[15]。但即便如此，桃浦牡蛎生产者联合公司和宫城县当局还是坚持着一贯的申请特区的态度。

在东日本大震灾复兴构想会议上，知事以外部企业出资与农民合作运营的农业生产法人为例，提出了不属于渔协的民间出资渔民公司的存在，但据说从事土地利用型农业的农业生产法人大多受制于严格的经营[16]。并且，顺利进行的都是和当地农协合作的事例[17]。如果选择自我承担所有的话，初始投资将会大大增加[18]。知事的发言是以偏离农业专家的错误认识为依据的。

如前所述，水产业复兴特区带来的最大问题是渔民的分裂。虽然这个问题在法制化过程中得到了一些改善，但即使运用特区法第 14 条，基于渔业权行使规则的渔民自治被破坏的危险性绝不曾消失。

在牡蛎养殖地区，随着牡蛎的生长渔场会相对应移动，并且存在确定移动场所的渔民自治。也有一些地区全员海底耕作，通过抽签决定渔场的分配。这样的渔场利用体系，是在每一片海滩上渔民之间花费时间和劳力来不断调整积累而来的。因此不管是什么理由，在联合公司成为法人组合成员的这一情况下，这样的渔场利用体系就要保持。如果是这样的话，以特区来划分渔民的优点在哪里呢？

在现行制度下，渔民公司或企业成为渔协的组合成员，从渔协获得渔业行使权的情况很多。在西日本，作为鰤鱼类养殖和蓝鳍金枪鱼养殖的经营体，一些大企业的分公司成为渔协的组合成员的事例也有[19]。也有县当局率先行动，介入要加入的企业和当地渔协之间，仲裁利益调整事宜。此外，结束利益调整事宜后，也有把特定区划渔业权直接许可给外部企业而不是渔协的事例[20]。

　　2013 年 2 月 19 日，与桃浦地区共用一个渔场的邻近海滩的渔民代表们向宫城县和海区调整委员会提出了意见书，指出一旦引入特区制度，"海滩的纽带就会被分割"。还要求宫城县渔协反对的态度更强硬一些。

　　为何宫城县如此需要水产复兴特区呢？早已经找不到客观的判断材料了。

注释

1　「水産復興特区　宮城県漁連が撤回要請」『河北新報』（二〇一一年五月十四日）。

2　「水産特区請願請求不採択」『河北新報』（二〇一一年十月十九日）。

3　背景有如下几点。首先，宫城县议会的自民会派系要求在全体会议表决中进行记名投票，而不是推动不施加派系束缚的自主投票（「水産特区請願請求不採択」『河北新報』二〇一一年十月十九日）；自民会派系成员的投票活动随着知事票的运作极其重要的县议会选举的临近而动摇；当时在日本共产党的选举传单上写的是"能够让我真心倾诉的是共产党"这一宫城县渔协骨干们的支持口号，这一口号传到自民党会议的议员处，视其为大义名分而动摇的自民会派系的议员投了反对票（「予期せぬ流れ、意外な大差」『河北新報』二〇一一年十月十九日）。然而，宫城县议会没有采纳要求撤销特区构想的请愿书，作为附带决议，希望渔协给予充分的理解，但也并非是同意特区构想。

4　在高成田享的『さかな記者が見た大震災　石巻讃歌』（講談社、二〇一一年十二月）中，高成田享讲到被"抽筋断骨"的事务局方案在东日本复兴构想会议上被淡化了。

5　東日本大震災復興構想会議議事録（二〇一一年六月十一日）。

6　渔业法第一条。

7　渔业法第十一条规定："都道府县的知事需要履行渔业许可权，这是渔业权的内容，以便在渔业方面综合利用属于其管辖范围的水面，维持和发展渔业生产力。如果我们发现即使这样做也不会妨碍渔业调整和其他公共利益，我们将询问海洋渔业调整委员会关于渔业许可的意见，并询问渔业类型、渔场的位置和面积、渔业时间和其他许可证内容相关事项、许可证预颁发日期、申请期限、定置渔业和区间渔业，我们必须确定当地区域（指根据自然及社会经济条件，被认为属于该渔业渔场的地区）共同渔业，我们必须确定其相关区域。"

8　"权利"与"责任"和"参与"与"自治"，参考了 Faulks, Keith『シチズンシップ－自治・権利・責任・参加』（中川雄一郎訳、日本経済評論社、二〇一一年五月）中的观点。

9　关于定置网渔业权以及特定区划渔业权的渔业权许可的优先顺序的考虑如下：无论是本地或非本地、个人或团体、有经验或没有经验的，优先考虑的是当地渔民投资和参与更多的团体。渔协按优先顺序排名第一，然后根据当地渔民的参与情况，依次为当地渔民投资 70% 的公司，7 名以上当地渔民投资的公司。

10　「水産業特区、動き本格化」『朝日新聞』（二〇一二年十月十二日朝刊）。

11 「水産特区反発なお　県構想で海区調整委」『河北新報』（二〇一二年十月十二日朝刊）。

12 「水産特区の予算案可決」『朝日新聞』（二〇一二年十月十二日朝刊）。

13 村井知事的发言："我们成立一家公司，先让渔协下属的组合成员进入公司，并希望在2013年转换渔业许可时得以独立。如果引入民间的技术和管理能力，实现从生产到加工、流通和销售的一体化，就能够增加附加价值。"（『朝日新聞』二〇一二年三月八日朝刊）

14 桃浦牡蛎生产商合资公司的总投资为900万日元，但估计需要6亿日元以上的设备投资，包括水产养殖设施、牡蛎处理场地、包装工厂等建设费。（島根文好「春夏秋冬㊱水産業復興特区その2」『御神船』一七六号、二〇一二年九月号）。如果由合资公司单独准备一切，公司向金融机构申请的融资额就会增加。融资额越大，债务就越多。如果能够生产出与债务相抵的销售额的话还好，但在特区法第14条中规定合资公司不允许侵犯周边渔民的业务，因此可用的渔场最大也只够参与经营的15人份。而15人份的渔场规模，考虑到基于牡蛎单价和15人渔场规模支出的利润率，即使增加5.5亿日元的补助金，也难以维系。

15 桃浦牡蛎生产者合资公司虽说是渔协组合成员所属的法人组合成员，原本来说一旦成为组合成员必须要做出一定的实际业绩。但在2012年12月中旬，宫城县渔协修改了渔业权行使规则，使桃浦牡蛎生产者合资公司可以立即行使渔业权。当然，宫城县当局也参与了这一过程。

16 例如，一家大型餐饮业公司参与其中，但这种由企业投资的农业生产公司的业务最终是靠地方政府的补助金才成立的，很难实现盈利。如果通过采购农作物这一核心业务实现盈利的话也是不错的。

17 坂下明彦・长尾正克・仁平恒夫・西村直树・小山良太・宫入隆・工藤康彦・清水池义治・庄子太郎『北海道における農業生産法人と農協‐地域農業との連携の視点から‐拠点型法人化』（北海道地域農業研究所、二〇〇七年）。

18 正因为第一产业的经营对象是自然，所以其经营的课题就是如何面对无法预估的风险。由渔民出资成立的渔协的业务正是为了分散这种风险。理论上讲，通过企业参与来实现养殖业的集约化和高效率，从而提高生产力，而实际情况是否符合理论则是另一个问题。因为最高效的利用一个地区的自然和社会环境的方法未必是企业投资或是企业参与。

19 例如，长崎县根据"长崎县金枪鱼养殖振兴计划"，在对新加入蓝鳍金枪鱼养殖业务的企业和渔协之间进行各种利益协调之后，要求双方签署协议书。

20 在石川县珠洲市，一家北海道的水产商社为了经营蓝鳍金枪鱼的畜养，从石川县获得了区划渔业权的许可。然而，该业务还未持续一年，事实上就已经退出进入了停滞状态。畜养采用的方法是，把大中型旋网渔船捕获的蓝鳍金枪鱼放入筐中运到沿岸进行养殖。据说由于海上蓝鳍金枪鱼的交付并不顺利，所以该业务未能持续。

第六章
水产业的恢复情况

　　向着复兴的目标，每个行政厅如何掌舵会因地区的历史和情况而不同，岩手县和宫城县作为两个相邻行政区在水产复兴方针和立案过程上的差异极其巨大。

　　尽管如此，由于水产业的复兴是依靠国库预算推进的，所以除了水产业复兴特区和渔港集约化这些宫城县的重点措施以外，各个受灾县的复兴方式之间没有太大区别。有差异也就是渔协和行政组织的援助带来的推动力度的大小而已。

　　那么，向着复兴的目标，日本的国家层面提供了哪些支援呢？受灾地区水产业的重启、恢复和复兴进展如何呢？

　　在本章，将在考察渔业、渔协、水产加工业者存在的经营问题和渔村整顿情况的同时，探讨震灾发生一年半后的现状。

1 渔业和养殖业

渔获量恢复七成

　　第四章中介绍的追加预算的效果应该在震灾发生过后的数年以后才能

清晰可见。但是，看到震灾发生 10 个月后的状况时，结果却让人意外和吃惊。

根据水产厅发布的"东日本大震灾对水产业的影响和今后的应对"（2012年 3 月 7 日），2012 年 1 月受灾三县的渔获量是上一年度的 71%，金额是上一年度的 66%。尽管受灾渔船中仅有四分之一（7525 艘渔船）恢复了。

如上所述，渔获量能够恢复到七成，其原因可列举如下。在北太平洋海域作业的大量生产型渔船、大中型围网渔船、近海拖网渔船，相对而言免于受灾，恢复的比较早；一些大渔港的市场功能恢复较好，那些遭遇了毁灭性破坏的大渔港也恢复了一定程度的市场功能，可以接收县外船只；此外大型定置网在不断恢复。

养殖业的恢复情况如下。截至 2012 年 4 月 18 日，在养殖设施方面，岩手县的裙带菜养殖恢复了约五成，宫城县的裙带菜养殖恢复了约六成，银鲑养殖恢复了约七成，紫菜养殖恢复了约四成[1]。然后在渔获量方面，截至 2012 年 9 月 11 日，与震灾前相比，岩手县的裙带菜养殖为震灾前的 75%，宫城县的裙带菜养殖为 85%，银鲑鱼养殖为 63%，紫菜养殖为震灾前的 20%[2]。上述均为单年生产的养殖物。因为裙带菜不会被低气压冲走培育状态良好，所以其捕捞收获率高于设施的恢复率。除了紫菜养殖，可以说震灾后的第一年是有恢复力的。由于紫菜养殖在 2011 年秋季开始的收获期之前需要昂贵的设备投资，如自动干燥机等，因此来不及做恢复准备的情况非常多。此外，扇贝和牡蛎养殖也有一些渔获量，但这些从采苗期开始大约需要 3 年的养殖，两年贝上市的正式开始要在 2012 年的秋季以后。震灾后采苗的幼贝长成 3 年贝上市要从 2013 年开始。

恢复了牡蛎养殖筏上的工作。宫城县唐桑。摄影：濑户山玄

渔业和养殖业的合作化及法人化

如前所述，几乎所有的地区都有渔船不足的问题。在许多已恢复的沿海渔业和养殖业中，多个渔业从业者聚到一起共享渔船的使用。在岩手县，像重茂渔协那样以渔协为核心完全建立了合作体制的地区不在少数。然而合作化的恢复，被认为是对材料、设备和渔船短缺的初步应对。

作为过渡措施开展合作化有如下几个理由。

第一，降低有意愿和能力的渔业从业者的生产积极性。渔业从业者的技能不同，合作化后很难认清自我成果。并且，当渔业从业者之间对养殖技术的想法不同时，该匹配谁的技术水平就成了问题。特别是有能力的渔业从业者被迫忍耐的时候，估计长时间的合作化很难。

第二，在许多渔协中，鼓励渔民协助合作的同时，有时预留了根据渔民的才智产生渔获量差异的竞争性环境。如果渔民没有同行之间的切磋打磨就不能磨炼彼此的技能，渔获量也无法增长。

虽说如此，也有想要以此为契机继续合作化和共同经营的动向。不是在渔协的指导下而是渔业从业者自发结成小组，利用共享渔船恢复了渔业和养殖业的经营体，有想要永久地以合作实体来发展事业的。这些都在宫城县内，例如，迄今为止每个人单独拥有自动干燥机的紫菜养殖业者的 8 个人通过共用四台大型自动干燥机进行合作[3]；各自持有两艘渔船和一套小型定置网的经营体把三套中的两套改为渔获能力高的大型定置网，与震灾前相比一半的渔船实现了合作化[4]；四个经营体的牡蛎养殖者在震灾后，通过合作协助开始了小型定置网渔业[5]等等各种情况。

此外，它还是一个合作化组织，根据第三次修订的重点项目"加油渔业·加油养殖"的复兴支援项目成立。截至 2012 年 12 月 10 日，关于"加油渔业"的计划认定数，青森县有 2 个、岩手县有 3 个、宫城县有 8 个、福岛县和茨城县有 5 个等；关于"加油养殖"的计划认定数，岩手县有 30 个（1267个经营体）、宫城县有 27 个（403 个经营体）、三重县有 1 个（13 个经营体）。

另一方面，也有合作体根据水产业协同组合法发展为渔业生产组合和符合公司法的联合公司的。例如，经营裙带菜、海带、扇贝和银鲑养殖的养殖业者的 10 个经营体的 12 人设立了渔业生产组合（南三陆渔业生产组合）[6]；经营牡蛎、扇贝、海鞘养殖的渔业从业者 4 人和经营餐饮外食产业的非渔业从业者的 4 人成立了联合公司，引入小微责任人制度（即渔民可以以相对较少的资金入股）来筹集资金（OH GATTU）；成立将裙带菜养殖渔场集约化的生产组合，开始自产自销（三陆渔业生产组合）[7]；6 名牡蛎养殖业者想要构筑牡蛎的生产、加工和贩卖一体化体制，为了能从市中银行获得融资成立了株式会社（株式会社宫城县狐崎水产六次化贩卖）等等。不管哪一种情况，第一步都是生产的合作化，而最终都以生产和贩卖的综合进行为目标。

合作化的过程可分为两种，渔业从业者们自愿开始的以及在渔协指导下或为了项目活用而选择的。前者的渔业从业者背负的风险很高，后者有一次性组织化的倾向。毫无疑问，积极活跃的一定是前者。

仔细考察渔业和水产养殖业的恢复举措的话，会发现民间支援也是不容忽视的存在。有来自全国同行业者的材料、渔船的供给，来自财团和市民团体的捐款、捐赠行为，基于所有人制度的资金援助等多种多样。即便灵活利用政府商业化了的追加预算中的恢复支援项目，自有资金也是必需的。而且援助资金被灵活利用的例子不少。

2 经营和雇用问题

由于东日本大地震灾害引发的海啸，不仅渔船，渔协持有的所有设施和建筑物都流失被毁，渔业从业者和组合成员遭受了巨大损失。鉴于这种情况，通过"共同使用渔船等的恢复支援对策项目"以及"水产业共同使用设施恢复项目"等的追加预算实施了对渔业相关设施的广泛支援（参照第四章，表1）。以此，设施和建筑物的恢复以及渔业和养殖业的重启开始缓慢的推进。

然而，即使是通过补助金来重建，也会产生自我负担的部分，而渔业从业者和渔协因为无法用自有资金来处理，所以不得不筹集资金，虽说是恢复，但固定资产税收一度超过震灾前。因此，虽然渔业从业者和渔协获得了生产资料和设施，经营问题并没有解决。想要以项目为基础改善经营的话，渔获物的数量和价格都需要超过震灾前。

在产地销售的鱼贝类，如果产地的流通加工业者的购买意愿不强的话，其价格形成能力就无法恢复。换句话说，即使有暂时性的复兴支援的需求，今后长期来看，受灾地的水产品需要的是在销售地区比震灾前更受欢迎更多被购买。

震灾后各主要鱼类的价格与地震前相比，几乎没有价格上涨的情况[8]。尽管在日常交易中，有些鱼类出现一时性的价格上涨，以及受地震灾害的影响日本国内的供应量变少，但是全年来看价格并未上涨。出现明显上涨的也只有裙带菜。产量恢复到震灾前 63% 的银鲑，价格暴跌到不到往年一半的水平，而出货量不及往年 10% 的牡蛎价格也没有恢复。当然，这背后有受震灾影响进口商品填补了销售空间以及销售目的地的需求低迷这样的原因。但可能更大的原因是当下水产品的销售低迷。今后水产品的需求能够增长多少尚不可知。反倒是受核灾难影响，人们抑制消费的倾向非常强烈。

由于渔业从业者急于获得渔船和渔具等生产资料，有些地方把经营问题就束之高阁了。

在共同使用渔船等恢复支援对策项目中，自我只要负担九分之一到三分之一就能购入新的渔船，所以对于有更新渔船打算的渔业从业者来说，这成了获得代船的难得的机会。

在地震发生之前，日本国内的渔业就一直存在着代船问题，即渔船没有更新，船龄老化。主要原因是由于 20 世纪 90 年代的通货紧缩萧条和金融检查的强化，担保评估和信贷管理变得更加严格，金融机构的贷款收紧，另一方面鱼价长期低迷的同时船价却上涨，难以建立还款计划。最初仅是近海和远洋渔业的代船问题显著，近年随着渔业从业者的老龄化，代船问题也影响到了沿海渔业从业者。

通过"共同使用渔船等恢复支援对策项目"入手的渔船至多算是从渔协借来的渔船。但渔船的规格可以由借用人即渔业从业者来决定，而且渔船超过了法定使用寿命的话，可以和渔协以旧换新。因此，作为组合成员的渔业从业者可以通过与渔协的信用关系获得代船。

渔业从业者需要向渔协支付共同使用渔船的租赁费。其中，有一些渔业从业者通过把震灾前的借款转换为制度资金来应对，应该是设置了转换期限的，一旦超过设置的转换期限，震灾前的借款等就必须继续返还，就要双重支付了。为了应对双重支付的问题，就必须有充足的渔获量。需要扩大利润幅度，为此必须扩大规模，增加行业种类，如果不做这样的努力，不仅个人的渔业经营陷入危机，对渔协管理也会带来不利影响。

因此，面对受灾县的沿海渔业和养殖业，渔协和组合成员必须团结一致共图复兴。从这个意义上说，"加油渔业和养殖复兴支援项目"是沿海渔业和养殖业再生的有效手段。这一项目的机制是渔协将渔业从业者的合作体和委托生产结合起来，从国家费用积累的基金中获得生产委托费用，然后支付给合作体，出售渔获物，再把销售金额返还给基金，采用这样一种资金循环型的方式，这样的话组合成员的生计和渔协的项目就能够同时获得新生了。因为需要专门负责计划申请和项目管理的渔协职员，因此在人手不足的渔协这个项目未能被利用起来。为了让项目机制更为有效地发挥作用，应该需要建立新型的渔协体制。

3 水产加工业

恢复情况

截至 2012 年 12 月 10 日，水产加工流通业者的业务恢复情况为岩手县 71%、宫城县 63%、福岛县 71%（包括计划在 2015 年度末前恢复的）。到了 2012 年，恢复生产的水产加工业者增多，但恢复情况并不乐观，虽说是恢复了，大多数商业实体的出货量都不及震灾前的一半。并且，各个县和城市之间存在差异。

在岩手县，拥有基地渔港的久慈地区、宫古地区、釜石地区、大船渡地区的水产加工业者的重建有所进展。许多加工场或在 2012 年夏季前恢复工场或购买土地建造新工场。此外，一些地区预测水产加工业者比震灾前会增多。例如，在釜石地区，根据渔业普查统计，震灾前的水产加工业者有 16 家工厂（包括协同组合的工厂），至 2012 年 7 月，除了一家公司没有任何恢复的迹象外，其余的公司都已经恢复经营或准备重新开始。已经有 9 家公司完成了恢复和新建工厂，剩下的 6 家公司中有 4 家在重建维护中，2 家正在计划重开。还有 3 家已经从大槌地区迁移至釜石地区重新开始，有 1 家正在准备迁移中。综上，16 家工厂中恢复重建的是 15 家，在此基础上有 4 家新公司计划加入。

然而，相邻的大槌地区因为地区内工厂流失，与震灾前相比工场数量大幅减少。在大槌地区，水产加工厂位于属于县有土地的渔港用地，但由于地震灾害，渔港用地地基明显下沉，因此县终止了"占有许可"，水产加工业者不得不寻求新的土地。

在宫城县气仙沼地区，位于渔港附近的鹿折地区、南气仙沼地区、赤沼地区的水产加工厂都是家家相连，海啸袭来几乎把所有的工厂都冲毁了。在气仙沼地区，截至 2012 年 6 月水产品批发市场的能力恢复到地震前的 50%，但该地区的冷冻能力恢复到地震前的 37%，冷藏能力恢复到 32%，恢复情况并不乐观[9]。280 家水产流通加工业者中重新开展业务的 80 家。据说在受灾工厂完成普及的还不到三成。再加上区划整理、土地整顿、城市规划等迟迟不能确定，也有一些在岩手县内设有工厂的企业扩大了岩手县的工厂，重新开始经营。

在宫城县石卷地区，仅在鱼町地区，恢复了包括仓储行业在内的水产加工业者的数量是 38 家（震灾前有 84 家）公司（2012 年 6 月）。其他水产相关业者是 46 家公司（震灾前 113 家）。石卷整体来看，水产加工业者的恢复情况据说在三成左右[10]。

如上所述，隔着一个县界的两个相邻地区，水产加工业的恢复和业务重开情况存在很大差异。

多重贷款问题

受灾地的水产加工业者在重建业务的时候，最头疼的就是多重贷款问题。所谓多重贷款，一般是指为了偿还债务而进行的借债行为多次循环发生，但在本书中含义不同。设备受灾后被损坏不能再使用，为了偿还设备债务就必须背负新的债务来买断设备，这种情况在震灾后被称为双重贷款问题。但是，债务的发生并不仅限于设施，因此采用了多重贷款这一表达。

在经营水产加工业时，借款的目的是多种多样的。除了建设设施和引进机械类的借款以外，还有下述情况。

首先是为了采购原料而发生的借款。特别是从市场购买时，有时付款期限很短且需要大量购买，这时就需要大笔资金。此外，原材料和产品还有库存存储的需求。除了自有冷库以外，使用商用冷库的情况也不在少数。还有劳动力成本。虽然水产加工业的员工人数有所差异但基本是雇用型管理，即不允许拖欠员工工资，即便是震灾后也必须要支付退休的正式员工的退休金。最后是租赁财产。像机械设备、设施类物品不仅有自有物，租赁物也很多。例如，叉车、营业用车以及办公设备（PC、复印机等）。由于是融资租赁，使用租赁物本身就是贷款，再加上水产加工业者还必须偿还这些被海啸冲走的租赁物。

不管是哪一种情形，借款都是短期借款而不是长期借款。有资金能力和盈利能力的经营体由于运转资金循环良好一般不会出现这种短期贷款，但如果收益恶化，甚至到了必须要偿还长期贷款的程度，短期贷款就会不断膨胀。2011 年 3 月 11 日大地震灾害发生了，与营业额息息相关的原材料和产品的库存流失以后，企业还面临着对原材料的进货方、商业冷库、企业员工以及租赁业者的支付问题。并且，为了重新开始，企业还需要对上述的营业资源进行再投资。当时，水产加工业者面对诸多问题必须要准备新的资金，因此陷入了多重贷款状态。他们必须面对这一异常严峻的形势。

针对这种情况，震灾后不久，立即创设了无担保、无利息等的制度资金以及应对上述双重贷款问题的两个政府支援（中小企业厅和水产厅的补助金）。可以肯定的是，这样的政府对策使金融机构更方便提供资金。

许多水产加工业者表示，金融机构的贷款态度非常严谨。对于重建情况或重启经营难以预测的经营体以及因项目规模缩小难以做出贷款返还计划的经营体来说，隐约可观察到它们很难获得新的融资。其根源还是多重贷款问题。

作为中小企业对策，在受灾各县设置了产业复兴机构，进行债券收购等，为企业准备好了再生方案。然而，由于担心方案会被附加各种条件，许多水产加工业者还没有利用这一方案。现在正在观望之中。

用地问题

在东日本大地震灾害中，地壳发生了变动，使日本国土向东移动了。渔港和渔港附近的用地地基明显下沉，大潮的时候完全被淹没，必须整体增高。水产加工厂位于这些用地上。许多水产加工厂被海啸冲走了，但也有一些工厂因为工厂设施的基础和支柱还在，具备再建的可能。

如前所述，在岩手县，有几个渔港在县管理的渔港区域内设置了加工用地（例如，大槌渔港用地），位于其中的水产加工业者获得"占用许可"长期作业。震灾后那些用地地基下沉，县里不得不应对增高问题，所以对使用着这些用地的水产加工业者保留了"占有许可"。因保留了"占有许可"，失去用地的水产加工业者，现在只能寻求新的土地[11]。

在宫城县，依据建筑基准法 84 条的建筑限制，截止到 2011 年 11 月 10 日，在气仙沼和女川町等市区有效。在气仙沼，水产加工厂林立的地区也是建筑限制区域。虽然恢复工作的延迟有各种因素影响，但建筑限制的影响非常大。建筑基准法 84 条规定，县强制性施加建筑限制的时长最长限定为 8 个月。在此期间，如果土地区划整理的计划确凿可行，那之后就确定可以建筑了。但是，从气仙沼地区的水产加工厂的恢复状况来看，还很难讲恢复和复兴情况有进展。

另一方面，岩手县依据建筑基准法 39 条，积极推动市町村设定了"灾害危险区域"条例，关于建筑限制，则完全把自主权交给了市町村，没有制定条例。但是，土地区划整理项目会如何发展没有人知道，水产加工业者的困惑无法掩饰。因为要与加工厂相接的道路的增高高度一致，因此无法判断应该给地基下沉的水产加工厂的用地增高多少。

最终，大部分水产加工业者为了不让用地成为低洼地带，通过增加高度来应对。在岩手县，也有地区因渔港用地的"占有许可"的终止迟迟看不到恢复的希望，但几乎都没有受到建筑基准法和土地区划整理法等的影响。

员工不足

震灾后，许多公司解雇了员工。这也是在无法确定何时能恢复业务情况下的无奈之举。解雇的时间点有多个。水产加工业者必须要清理受灾冷库中腐烂的库存原料，他们在清理工作完成前雇用员工，完成之后却不得不发出解雇通知。围绕着解雇，员工和用人单位之间应该发生了复杂的情感交锋。这件事对恢复业务产生了极大影响。

恢复业务的水产加工业者完全没有预料到的就是雇用问题。企业虽然想通过项目重启对就业做出贡献，却招集不够员工。据说是受到了失业补助延长的影响。因为失业补助的金额超过了水产加工厂支付给员工的工资。也有不少工人因为不愿意回到曾经被解雇的职场，而选择在其他工厂再就业。那些没有解雇员工，利用雇用调整补助金等顺延下来的企业则顺利地重新开始了项目。两者之间差异很大。

针对员工短缺的情况，企业能够采取的员工补充对策有两种。第一个是提高工资。事实上，有些水产加工业者已经提高了工资。在地震灾害发生前，该地区的最低工资为时薪 650 日元左右，到了 2012 年 8 月，在招聘员工的企业给出的时薪是 730 日元。另一个对策是雇用外国人。由于工作地点是受灾地，对外国人的接收没有进展，但到了 2012 年夏天，基于外国人研修实习制度的雇用项目终于重新开始。然而，由于根据该项目可雇用人数受业务规模限制，因此并不能完全弥补员工短缺数量。

水产加工业者即便完成了工厂的重建，重新开始的项目规模却受限于其所雇用的员工人数。

客户流失

震灾后，零售业和批发行业开始从受灾地区以外的公司或海外采购商品，受此影响，受灾地区的大多数公司在恢复以及项目重启后，已经失去了曾经直接交易的客户。

这是因为在震灾前曾经摆满三陆产的加工产品的货架上，有很多已经被替换为能够平替的其他产地的商品或是使用外国产原料生产的廉价商品。在通货紧缩经济萧条的情况下，选择从低价商品转向高价商品对于零售店铺来说太难了。

像裙带菜、牡蛎和银鲑等三陆特产加工品，在零售店的陈列货架已经被进口商品占据了。越是原本以自有品牌与零售业者直接交易的业者，其业务合作伙伴被夺走的情况越多。

其中，也有通过在未受灾的合作工厂生产产品来应对的业者，也有向受灾地以外区域的水产加工业者委托 OEM 生产（生产其他公司品牌的产品）来应对的业者，还有靠在受灾地以外地区持有的工厂来应对的业者等等，像这样勉强维持着供应链留住顾客的业者也是有的，但其数量仅是震灾前的百分之几。

众所周知，严峻的价格竞争正在零售店业内蔓延。虽然以三陆产这一品牌取胜，但一旦供应中断，且中断时期延长，客户流失就会加速。特别是在经营替代三陆产品的廉价进口商品和其他产地的水产品的零售店，顾客很容易流失。然而，这其中也有地区差异。在以东北为中心的东日本，牡蛎、裙带菜等三陆产的水产加工产品其品牌占有绝对优势。在这些地区，有许多店铺对经营三陆产品持欢迎态度。但是，越往西日本，这种品牌力度就降低了。因此，为了重建品牌就必须进行新的市场营销活动，也就需要对应的再投资。要找回这样的余力看起来还是需要时间的。

放射性问题

东京电力福岛第一核电站释放的核污水和放射性物质混入了河流流入水，舆论公认海洋污染已经扩散。因此，日本对鱼贝类进行了放射性污染调查，并将检查结果通过网络等公布。然而，即使上述公布中确认了这些海产品的安全性，消费者还是倾向于回避购买受灾地的鲜鱼和水产加工品。在水产加工品中，这种倾向特别影响到冷冻原料、低级加工产品和用于养殖饲料生产的冷冻鲭鱼和鳀鱼。

震灾后，铫子渔港、八户渔港、盐釜渔港等早早地恢复了，2011年夏由于围网渔业的恢复，青花鱼类和沙丁鱼类等多获性鱼类顺利捕捞卸货。此外夏季时三陆整体恢复了定置网渔业，冷库中保存了大量的多获性鱼类。当然，未遭到破坏的冷库中还有震灾前的库存。持有库存的主要是对大量捕获的多获性鱼类进行购买、甄选、冷冻并冷冻储存，即所谓的原料批发商。为了应对鱼类养殖产地的订单，小型鲭鱼类被保存在冷库，但由于没有订单进来，库存无法消耗。而另一方面，订单全部集中到受灾地以外的产地，市场价格不断高涨。

在鰤鱼、琥珀鱼和蓝鳍金枪鱼等养殖业中，需要冷冻鲭鱼等生饲料。据说如果水产养殖者在太平洋北区购入鲭鱼的话，客户就会投诉并停止交易。近年来，由于溯源系统的引入，使用饲料也会被记录留存。即使是震灾前已有的库存，水产养殖者还是不会从受灾地购买饵料用的鲭鱼类。

2012年4月开始，放射性铯的暂定标准值发生了变化。水产品的标准从每千克500贝克勒尔降至100贝克勒尔。这是为了提高安全性而做的标准变更。

政府的上述应对是为了让消费者安心，但流通业界的应对更严格。标准值变更后，顾客的要求也变得严格，标榜"每千克低于 10 贝克勒尔""零贝克勒尔"等的连锁店铺增加了。

此外，面向海外的出口也受到了阻碍。例如，中国停止进口宫城县和福岛县产的水产品。韩国虽然没有停止进口但要求出示放射性物质检查证明书，从 2012 年 6 月开始，检测极限值设定为每千克 0.7 贝克勒尔到 10 贝克勒尔。而在受灾地区无法构建那样的测量体制，所以这些事实上成为非关税壁垒。似乎量贩店也都在拒绝经营日本产。其实可以说，受灾地面向韩国的出口已经完全停止了。

各国的应对基本都是只允许进口符合本国放射性标准的食品，不仅需要提供产地证明和检查结果，有些国家还要在本国进行检查。如果从日本进口的产品中检测出超过标准值的放射性物质，就会采取措施，立刻停止从日本进口该产品。日本贸易商必须非常谨慎地对待出口，此外，对方国家的贸易商因手续的繁杂而放弃进口的情况也很突出。

核电站核泄漏事故发生后，许多国家在停止进口日本产品后又取消了这一措施，但并不意味着能够恢复到震灾前的状态。

4　渔港的恢复和渔村村落的去向

对于宫城县和岩手县中的渔村村落搬迁和渔港等生产基地的改善，据说需要三到五年的时间，可以说恢复进程才刚刚开始。

震灾后，为了达到可以使用的程度，受灾渔港的码头、临港道路、浮船桥、装卸场的维修得以推进。截至 2012 年 12 月 10 日，在 319 个受灾渔港中的 296 个渔港进行了恢复工作，除了宫城县的 5 个港口和福岛县的 2 个港口外，据悉 311 个渔港可以捕捞卸货了。

现场的状况却是，或是在破损的生产基础上挑选出能用的部分勉强重新开始，或是使用临时修复的码头。卸货码头岸线长度全部恢复的有 111 个港口，其中岩手县为 38 个，宫城县为 14 个，福岛县仅有 2 个。卸货码头虽然正在恢复，但因为防波堤等没有整修，外海的海浪会直接进入渔港，所以虽说是能使用了，并非代表绝对保证了其安全性。

青森县八户渔港、岩手县宫古港和宫城县盐釜渔港，虽然受灾了，但地震后地域内的批发市场很快重启，卸货量也顺利恢复了。原本接收大型的近海拖网渔船和围网渔船等的这些港口，由于码头的破损程度比较轻，所以可以较早恢复大容量卸货功能。在八户渔港就在即将建成之际受灾的高度卫生管理型（HACCP 对应型）的卸货场也于 2012 年 10 月恢复了。但石卷地区和气仙沼地区由于渔港区域内的用地和码头的地基下沉明显，要恢复到原本的功能，需要进行大规模的修复工作。

还有一个倾向就是优先恢复作为交易场所的基地渔港，小规模渔港往往被忽视。宫城县在选择优先恢复的渔港时，没有调查渔民的意向，而是以各渔港年度总卸货额为基准选定的。

小规模渔港是承担连接渔村和渔场两个空间的重要作用的社会资本，它的存在不仅是促进捕捞的基础，也是促进渔场保护的基础。虽然规模较小，但渔港是决定了渔场和渔村空间形态的重要存在。与村落搬迁和高地迁移的讨论也有很大关系，但渔港的恢复必须根据与渔民的生活和工作再生的关系来判断。

村落搬迁和加高

关于渔村的村落搬迁，震灾发生后都过了一年半了，许多渔村还未确定复兴计划。究其背后，是搬迁（如何搬迁）还是垫高、在维修海岸堤防确保安全性之后是否选择原地复兴等，不仅有这些大致方针都难以达成共识的问题，还有因为项目监督官厅不同公共事务的做法发生较大变更令人困惑的一面。例如，与村落转移相关的项目，有本质上水产厅进行项目管理的渔业村落防灾机能强化项目（以下简称渔业项目）、和国交省管理的"防灾集团迁移促进项目"（以下简称防集项目）。渔业项目"对受灾地区取得用地的支援仅限定在用于该地区的水产或是公共用途，没有对村落外迁后受灾者重建住宅的支援"，另一方面，防集项目"没有对受灾地区内搬迁地点利用的支援措施"。这些项目与支援搬迁地点和搬迁目的地的项目内容不同。

在与提高相关的项目中，有"渔港设施功能强化项目（以下，简称渔港项目）"和"土地区划整理项目"。渔港项目"提高对象仅限于渔港设施和与其一体化的渔港区域内的水产加工园区"，而土地区划整理项目"虽然通过了对土地增高的补贴，但要求有一定程度以上的计划人口密度等"。如果提高仅限于渔港区域内的话那么前者较好，但如果是渔港区域以外的地区，则后者较好。问题是该用地该用于何种用途。在这些项目活用之际，为了避免出现纵向行政的弊端，水产厅明文发出"与东日本大震灾受灾地的水产基地整顿和城市规划项目携手"，并将其分发给各个受灾自治体，然而到目前为止，该文件的效果好像还未显现[12]。

宫城县内有只有几个渔业从业者的极限村落，在那样的村落里必须把渔港恢复和村落迁移作为一体来考虑。到底应该进行怎样的重组？今后必须把这个问题放在受灾地的村落来探讨。

5 为何出现了恢复差距

由于县等各自治体的应对不同，在项目重启和恢复上已经出现了地域性的差距。这可能与渔协合并或自治体合并的规模有关。

不管是市町村还是渔协，过去宫城县都试图大范围的合并，与岩手县相比，这种合并规模的结构很难实现细致周到的行政服务，因为宫城县的行政组织和渔协组织的管辖范围特别广，同时这也意味着对各地区复兴的支援体制薄弱。

受海啸灾害影响的县中宫城县最严重。最需要人员投入来实现复兴，但因其复兴支援体制不充分，并且其主张的创造性复兴方针是在未与受灾者和水产相关人员共享的情况下就要进行的大改造，所以复兴现场始终是混乱的。

在岩手县，复兴已经有了眉目，有几个自治体已经准备利用复兴补助金的同时把追求新型渔港都市风格的计划具体化。然而渔港城市间的招商引资等竞争变得激烈。这时必须要注意不能因招商竞争而引入超出承受能力的对水产基础设施的投资。

注释

1 参考平成二十三年度『水産白書』四四頁。

2 水産庁公表『東日本大震災による水産への影響と今後の対応』（二〇一二年九月十一日）

3 目前有 4 个集团进行合作，其中有 3 个集团计划在完成材料和设备的准备工作后解散，剩下的 1 个集团的 8 个经营体将继续以协作体制进行紫菜养殖。详细内容请参照马场治的「漁業・養殖業の再建方案」『別冊「水産振興」東日本大震災特集II　漁業・漁村の再建とその課題 - 大震災から 500 日、被災地の現状を見る』（東京水産振興会、三 - 一四頁、二〇一二年八月）。

4 同 3「漁業・養殖業の再建方案」。

5 该合作机构于 2012 年 7 月获得民间支援组织的资助，这一民间支援组织通过会员制筹集资金。

6 同 3「漁業・養殖業の再建方案」。

7 把因生病无法出海捕鱼而不得不要背井离乡的渔业从业者留下来，吸收他们作为陆上作业人员而设立。

8 赤井雄次「被災被害地域の水産物価格動向」同 3『別冊「水産振興」』（東京水産振興会、九二 - 一〇三頁、二〇一一年八月）中有详细分析。

9 从气仙沼市渔协处听取的数值（二〇一二年七月）。

10 『石巻市の復興状況について』（石巻市、二〇一二年六月）。

11 2012 年 11 月，岩手县大槌町的渔港内新成立了一家水产加工公司。「大槌に水産加工業進出　釜石の平庄、新工場建設へ」『岩手日報』（二〇一二年十一月九日）。

12 富田宏「漁村集落の復興・再建～個々の多様性の尊重と次の千年の東北三陸の風土設計に向けて」『別冊「水産振興」』（東京水産振興会、二八 - 四二頁、二〇一二年八月）。

第七章
动摇的渔业协同组合

　　渔业协同组合（制度上称为沿海地区渔业协同组合，以下简称渔协）是指渔民出资成立的协同组合。根据水产业协同组合法开展合作活动的团体，有渔场管理团体和经济项目团体两种性质。此外，它还具有连接渔业从业者和行政之间的作用，以及行政代理功能。由于渔协实现了这些功能的一体化，所以对于经济上容易陷入弱势群体的沿海渔民来说，渔协本来就是不可或缺的存在。

　　然而，现代的渔协作为协同组合的姿态正在动摇。这是因为过去由内部发起的合作运动开始停滞，参加运营的组合成员越来越少。另一方面，例如，倡导"向企业开放渔业权"的渔业制度改革运动越加频繁，渔协被置于逆境之中[1]。此外渔协不仅面临着外部的指责，渔协内部的指责声也是接连不断。外部主要是批判渔协独占了渔业权，内部则是批判渔协俨然是一个"黑社会"般的存在，把组织防卫的经济负担强加给组合成员。就这样，来自内外的对渔协的批判产生共鸣，震灾后，渔协的危机进一步加剧。

　　为什么现代渔协陷入这样的状况？在全球化时代，渔协是一个古老的存在，还是一个强调会籍的协同组合在现代社会的残存？在本章中，将如实概述受灾地渔协的面貌。

1 国际协同组合年与渔协

如今，协同组合的存在引起了全世界的关注。协同组合是以建立一个基于"一人为万人、万人为一人"理念的互助社会为目标，并在协同组合组织中实践这一目标的运动机构。这一运动从工业革命时期开始，在英国、德国、法国等欧洲社会全面展开，之后发展到世界各地，时至今日还有许多国家在宪法中定位其存在的理由。

尽管如此，现代社会似乎并没有向着这一理想社会方向前进，反而感觉在向着相反的方向发展。这是因为所有领域都被引入过度的市场原理和竞争原理，参与规则也被放宽，人们的消费生活在物质上变得极大丰富，但支撑它的人类劳动却被疏远，人与人之间生活差距扩大，并且经济弱势群体之间的关系趋于分裂。为了换取物质的丰富，劳动被贬值了。

关于上述情况如果你向一个市场原理主义者发问，他会说，因为劳动力的价值与商品一样，由供需关系决定，赚得少的人是因为他只有那么少的市场和客户，问题就在于他努力不够，完全是他自己的责任。也就是说，经济萧条背景下一定会产生"贫困"的结构性社会问题都被归纳为一个"自我责任论"。不知是不是因为自我责任论的渗透，人们无论怎样被生活逼迫，始终是分裂的，无法走向团结的方向。现在，劳动组合的弱化清楚表明了这一状况。这样一来，这个社会只会方便于那些认为"一次性用人"也不错的阶层。

2012 年，我们迎来了国际协同组合年。联合国确立国际协同组合年的目的在于，通过在全球范围内普及协同组合及其原理，来努力改善市场原理无法解决的当今社会问题。

协同组合作为投资者的组合成员既是项目使用者又是项目运营商的一个组织。组织决策是以民主为基础的，因此大会上的组合成员拥有的表决权是每人一票，与投资金额或项目利用的多少无关。说到表决权，人们往往抱有多数票取胜这样一个印象，但在看重会籍和人的组合这一方面来说值得肯定。而且组合成员的加入与退出都是自由的，保证每个人加入协同组合都是基于其个人的自由意志。

协同组合的组织原理就是为了对抗潜在于资本主义社会或市场原理所产生的"贫困"的社会结构而开发的。它不仅促进社会结构改革，还能推动和展望人类与社会的发展。

那么渔协是怎样的呢？渔协是由处于错综复杂的利益关系中的组合成员们运营的协同组合，是日本贯彻会籍制和经济民主主义最彻底的组织。经济民主主义与完全依赖市场原理的经济自由主义不同，是通过协商来调整个体的经济利益。在渔协内部，既有制定规则的做法也有临机应变的临时做法，但不管哪一种，都是利益相关者通过面对面协商来努力调整各种利益。这种类型的协同组合在日本仅此一个。

渔协的上述特征是从渔业从业者协调渔场利用的经验中形成的。这些经验是自近代以来，在"一村专用渔场"的制度框架内长期积累而成的，现在在渔业法和水产业协同组合法的框架内得以实践。渔协从行政厅得到共同渔业权和特定区划渔业权这些组合管理渔业权利的许可，并允许组合成员行使组合管理渔业权，但同时渔协还必须承担制定权利行使规则以及协调与渔场利用相关的所有争端的作用。这些协调不仅要考虑各个地区各个村落的情况，很多时候还要顾虑到各个组合成员的情况。虽然渔协一直被称为渔场管理团体，但它不仅守护渔场，还通过协商对话来调整利益冲突的组合成员的经济活动。渔协会籍制的渊源也正在于此。

渔协也有作为企业实体的作用。它也是一个经营信贷、互助、采购和销售等金融业务和经济业务的实体。像这样拥有渔场管理团体和企业实体这两个面孔的投资制渔协出现在1933年（昭和八年）的制度修订中，但正式开始运作则是在二战后。许多渔协已经成为一个综合性的渔协体制，把渔业从业者从商人支配中解放出来，开展了有助于沿海渔业现代化，水产养殖业开发和发展的项目，也提高了渔业从业者的社会地位。换句话说，它还担负着全面性支持组合成员的经营和生活，把他们从"贫困"中解放出来的作用。

进入200海里体制时代之后，需要采取措施维护和保护日本周边海域的水产资源，所以渔协被定位为促进资源管理型渔业的核心。关于资源管理型渔业有各种各样的定义，作为渔业的一种，主要是指通过集体应对防止过度捕捞的同时实现收益性高的经营的渔业。渔协背负着维护和发展渔业，并持续性地为日本国民提供稳定的水产资源的责任。此外，它还担负着支持和促进渔业从业者的自主渔场保护活动，如海岸清扫、海底清扫和植树造林活动等。

今天，渔协作为一个企业实体的体制正在动摇，作为协同组合的存在方式不断被质疑。在长期通货紧缩经济萧条导致经营基础弱化的情况下，渔协实施了信贷业务整合、与渔协合并对应的市场整合以及职员削减。为了让渔协存续下去，实施这种经营合理化对策也是迫不得已，但渔协为组合成员提供服务的能力下降的同时，销售手续费率等被修订，渔民对渔协的支付负担却加强了。一方面组合成员对渔协的批判愈演愈烈，另一方面组合成员的项目利用率下降，在运营方面的参与意愿在不断减少。越是大范围合并的渔协这一倾向越强烈。曾经统一的组合成员，价值观开始多样化，不同时代、不同地域、经营不同渔业的行业间的想法差异很大，渔协合作治理变得更加困难。

组合成员既是渔协项目的利用者，反过来也是渔协的所有者和项目运营者。最初，组合成员承担作为所有者的责任，通过项目利用来维持渔协的经营，但组合成员这样的责任感是很难由官员和工作人员方面强加下来的。通过合并和信贷业务整合等渔协组织越是变大，作为所有者的组合成员的责任感就会越淡薄。

作为渔场管理团体的渔协，虽然时至今日渔协依然牢固地保持其作为贯彻了经济民主主义的渔业从业者结合体的性质，但其会籍制和企业实体之间已经产生了分歧。因为作为企业实体的协同正在动摇。现在渔协必须要直面这一问题了[2]。

2　受灾三县的渔协体制

包括受灾县在内，渔协的经营基础原本就很薄弱，在进入经济高速增长期之前，渔协的合并就已经开始并一直持续到今天。

二战后，受灾三县的渔协数量是岩手县 68 个、宫城县 69 个、福岛县 31 个。之后，不断的合并，到 2000 年，岩手县的渔协变成 38 个，宫城县是 42 个，福岛县是 10 个。现状是，岩手县有 24 个渔协，宫城县有 5 个渔协，福岛县有 4 个渔协（不包括行业类别和内水渔协）。

在岩手县，现状是进行小规模合并的同时，在县内统一信贷业务。尚未进行跨自治体的广域合并。因此震灾后的应对也是相对灵活，在受灾县中显得出奇得快。

2007 年，宫城县将县内全域纳入视野，进行了包括宫城县渔业协同组合联合会和宫城县信用项目联合会这些渔协系统组织在内的大合并(31 个渔协)，宫城县渔协（JF 宫城）诞生了。此次合并是为了挽救由于自有金融资产的暴跌和不良贷款的累积而出现管理危机的宫城县信用项目渔业协同组合联合会。之后，没有参加这次大合并的两个渔协也加入了合并，但并不是县内所有渔协都参与了合并。有四个渔协（牡鹿渔协、盐釜市渔协、气仙沼市渔协、石卷市渔协）没有参与合并。气仙沼市渔协和石卷市渔协实际上并不是沿海渔业的渔协，项目基础稳固，所以参与合并没有多大意义，组合成员为沿海渔业从业者的牡鹿渔协和盐釜市渔协在失去了县内的上层组织后成为独立的渔协。

福岛县内的广域合并是在 2000 年以后，岩木市内的七个渔协（久之滨、四仓、沼之内、丰间、小滨、江名町、勿来）在 2000 年合并，相马双叶地区的七个渔协（新地、相马原釜、矶部、松川浦、鹿岛、请户、富熊）在 2003 年合并，形成了现在的体制。没有参与合并的渔协有中之作渔协、江名渔协。然而，现状是通过合并并没有取得集约化和合理化的进展，批发市场等仍然保留着旧的体制。基于此，同时考虑到核灾害影响，相马双叶渔协和岩木市渔协开始讨论批发市场的整合。

渔协合并的意图在于让那些陷入经营困境的渔协与邻近的渔协合并，促进合理化，加强经营基础。渔协陷入经营困境的原因因渔协而不同，多种多样且错综复杂，但主要是对渔业从业者的贷款债权（融资）和购买债权（渔具、材料、燃油等应收账款）因渔业从业者的经营恶化变成不良债权的积蓄增多，以及组合成员的老龄化和减少使渔业和养殖业的渔获量减少，渔协从组合成员的渔获量中取得的佣金（销售手续费）收入减少等等。

很多对应县域的管辖行政厅采取了救济措施，加快了合并。在渔业从业者人数减少，渔获量减少的情况下，合并是迫不得已的举措。

然而，由于渔协经营的收入来源是销售事业，即委托销售组合成员的产品，合并本身并没有提高渔协收入和加强经营基础的效果。此外，从 20 世纪90 年代到 2000 年年初，由于通货萎缩经济萧条，水产品价格持续低迷。在对渔场使用进行重组的基础上，迫切需要渔协采取对策克服经营危机。

3 震灾后的渔协应对

对组合成员的初步应对和金融事业

在三陆地区，震灾后的一周到两周左右，渔协组织的活动重新开展。像岩手县的重茂渔协和宫古市渔协这样的建筑物位于高地的渔协，其事务所完全没有受到任何破坏，所以以渔协自有的鲑鱼孵化场设施和市民中心等集会场所为据点，渔协干部或职工干部召集员工进行了一系列工作，如把握受损状况，确认组合成员的安危，清理受灾的渔协事务所的建筑物内部等。也有像岩手县老町渔协和唐丹町渔协等渔协，虽然建筑物受损，但震灾后很快就自我恢复了。

位于牡鹿半岛的宫城县渔协的各分部选择在高地设置渔协的临时事务所，宫城县南三陆町志津川和岩手县陆前高田市选择在平原地区广阔且受灾面积大的区域搭建拼装房的临时事务所，釜石湾渔协和釜石东部渔协选择在市区街道设置事务所（租赁事务所）。

在福岛第一核电站周边地区的渔协，由于组合成员和渔协职员都分散到各地避难，无法做出像三陆地区那样的应对，渔协活动是过了几个月之后才恢复的。福岛县的相马双叶渔协以原相马原釜渔协为本部，从离福岛第一核电站最近的富熊地区到与宫城县的交接地区的新地设有七个分部（原本是独立渔协的富熊、请户、鹿岛、矶部、松川浦、相马原釜、新地）。所有分部的事务功能都被集中到相马市的教育中心，离承担着本部功能的相马原釜分部很近。

在渔协的项目中，紧急恢复的是金融事业的窗口，如"JF 共济""渔业灾害补偿（渔业共济）""渔船保险""海洋银行"等。据说，在恢复之后，这些项目窗口挤满了蜂拥而至的组合成员，但能够妥善应对这些业务的只有极少数的几个建筑物没有受灾的渔协。由于文件、保险箱和在线系统终端流失，以及服务器损坏等，金融业务无法立即恢复。

为了让组合成员从储蓄账户中取出现金，必须恢复海洋银行的窗口。岩手县信用渔协联合会中甚至有每周一次从盛冈带着金库来做业务的渔协。

在海洋银行恢复的同时，"JF 共济""渔业灾害补偿（渔业共济）""渔船保险"的事故评估也紧急展开。因为渔协是 JF 共济的原始受益者，所以在评估组合成员及其家人以及房屋的受灾程度时，据说是渔协的职员来对应的，但设置在各县的 JF 共济水产业协同组合联合会分部的职员也会在场。关于渔业共济和渔船保险，由于每个县的渔业共济组合和渔船保险组合是原始受益者，所以对受灾的组合成员所持有的渔船和渔具以及养殖设施或养殖物做事故评估时，除了组合的职员还有各个渔协的职员在场。然而，由于受灾规模太大，业务集中发生，渔协职员的人手不足问题立即暴露出来[3]。

尽管如此，各个渔协通过把人员集中配置到金融事业等手段，优先进行重开窗口和评估业务，在震灾后两个月左右的时间里，几乎所有的互助金和保险金都支付给了组合成员。对组合成员来说，这样的互助金和保险金是快速获取现金的唯一手段。不管是多么严重的灾害，靠财政支援的交付在如此短的时间内是无法做到的。只有作为综合商业实体发挥着作用的渔协，才能实施这样的举措。

其实 JF 共济和渔业共济的评估，未必都可以圆满解决。例如，在地震和海啸中遭到破坏的房屋的互助金额在全损的情况下，按照 JF 共济的标准提供受损额的 25%，而 JA 共济的标准是 50%。在养殖共济中，像牡蛎和扇贝等多年育成的贝类，只有长成为可出货尺寸的成贝才属于互助对象，而流失掉的正在培育中的贝类则不在互助金支付对象内等等。做评估的职员经常收到组合成员对签约内容的不满，也有过混乱。

作为协同组合运动，推广加入 JF 共济和渔业共济是极其常见的。在大震灾这样的悲惨境况中，能够实现"慰问金"被迅速支付等的应对，对于想得到现金的组合成员来说得救了。并且，在东日本大地震灾害中，JF 共济支付了针对 13,897 件评估的 229 亿日元，渔业共济支付了 64 亿日元，渔船保险针对 21,000 艘渔船的评估支付了 570 亿日元。

清除瓦砾作业

另一方面，渔协组织为了恢复受灾的渔港和海岸附近，进行了清除瓦砾的作业[4]。地震发生后不久，清楚瓦砾作业是由村庄社区独立完成的，但后来作为受灾组合成员获得现金收入的机会，改为财政支援项目。

最初，原封不动地应用了原本实施到 2010 年度的"资源恢复·渔场生产力强化项目"。这个项目积累的基金还有余额，准备了 10.4 亿日元作为受灾地对策的预算。NPO 水产业和渔村活性化推进机构负责整个项目的运作，渔协负责管理现场并雇用渔业从业者集团（也可以包括非渔业从业者）。

上述项目在岩手县、宫城县和福岛县的 25 个地区展开，有 8885 名渔业从业者、渔业工作者以及相关人员参加。预算的执行期限为 2011 年上半年，由于 2011 年 5 月 2 日成立的国家的第一次追加预算中，设立了与这个项目相同结构的"渔场恢复对策支援项目"，因此预算消化为 9.47 亿日元。

渔场恢复对策支援项目不仅包括对渔港内部和渔场的瓦砾清扫活动的支援，还包括对渔协实施的调查和清扫海底堆积瓦砾项目的支援。在岩手县，通过有效利用该项目，迅速实施了对养殖渔场和定置网渔场的调查和清扫。

该项目的预算（第一次追加）为 123 亿日元。之后，第三次追加也编制了该项目的预算。根据每个渔协的申请计划，国家把预算交付给渔联和渔协。包括事务体制在内，这是使各县系统成为一体的项目。

渔民们撤除了被烧后已锈迹斑斑的渔船　气仙沼、大岛·片浜海岸。　摄影：濑户山玄

环境省在 2007 年开始增加了"灾害等废弃物处理项目"，旨在支援进行漂流物等废弃处理的市町村的补助项目预算，作为震灾对策，在第一次追加预算中被添加进来。

清除瓦砾项目对于失去收入机会的组合成员来说，是获得现金收入的机会。但资源恢复·渔场生产力强化项目中日薪一律为 12,400 日元，在渔场恢复对策支援项目中日薪一律为 12,100 日元，与此相对，灾害等废弃物处理项目只能采用对应地区的平均日薪，约 7000 到 8000 日元（例如岩手县釜石市的日薪为 7500 日元），因此据悉灾害等废弃物处理项目中负责清除瓦砾的组合成员抱怨与其他项目的日薪差距，对所属渔协的对应管理人员发泄不满，频发混乱。在许多渔协，清除瓦砾的渔业从业者集团都是以村落为单位组织的，对体力完全不同的老年人和年轻人一律平等对待。

如上，清除瓦砾项目不仅是为了恢复渔场和海岸，作为渔业从业者的失业对策和生活补偿来说也是不可或缺的，但大约半年左右才开始有了眉目。希望尽早清除瓦砾重新开始渔业和养殖业的渔业从业者以及单纯以领取工资为目的的老年渔业从业者混合在一起的状态下，有些渔协判断如果继续清除瓦砾，渔村会陷入一种不健全的状态，所以在夏季结束了由渔业从业者集团承担的清除瓦砾项目。但也有一些地区因为瓦砾量庞大，不得不在整个项目期间持续清除瓦砾。这些地区受损程度较大，渔协的项目重启有延迟倾向。

负责瓦砾清除现场管理和运营的渔协面对的是一个大课题，即在顾虑到有分裂倾向的渔业从业者集团的同时，如何放弃清除瓦砾项目。

渔船的采购

在日本全国被巨大海啸冲走的渔船超过了 28,000 艘。但渔船的受损状况因县和渔港的规模不同而不同。

在八户渔港、气仙沼渔港、小名浜渔港等特定第三类渔港和第三类渔港，近海和远洋用的大型钢铁渔船的受灾异常明显。受灾情况多种多样，有的渔船冲到岸上，有的渔船因火灾烧毁，有的渔船被冲走沉没或触礁。

在只有当地渔船可以使用的第一类渔港和县内渔船都可以入港的第二类渔港，有养殖渔船、定置网渔船、刺网渔船和矶船等不满 10 吨渔船受灾了。这样的小型渔船受灾情况比较严重的是岩手县、宫城县和福岛县，青森县和茨城县的情况则没有受灾三县那么严重。

地震发生不久，我走访了各个渔村，根据我的了解，大多数地区仅剩了10% 左右的渔船。那些渔船是定置网渔船，在近海作业 10 吨以上的中型渔船和养殖渔船，大概是地震发生后，率先冲出去的了。几乎所有的渔船都被冲走了，那些被找到的船只也都是全损或近乎全损的状态。

震灾后，组合成员个人很多早早就购入了渔船，渔协在把握渔船的受损状况和残存状况的同时，进行渔船保险的评估，加快下一步的应对。如回收泄露的渔船，维修受损的渔船，或从全国采购二手渔船等。

许多渔协为了确保有渔船从早期阶段就开始奔波于信息收集，不仅如此，如果回收的渔船或二手渔船不加改造，组合成员很难利用它们，所以许多渔协与小型造船厂的专业人员和铁工厂的专业人员联合，整合出了能为组合成员提供渔船供给的体制。还有为渔协用地和渔港用地提供造船用地。昭和八年（1933）三陆大地震发生后，当时的渔协组合（例如广田渔业组合）采取的初步对策是召集全国的船工，设立造船组合，加快保证渔船的供给。

参照这些历史性事实，我们就能明白渔船作为核心生产工具，确保渔船的供给对渔村的复兴来说至关重要。所以渔协首先确保渔船供给是理所当然的举措。

5月2日第一次追加预算通过，设立了"共同使用渔船等恢复支援对策项目"。其中包括"根据重大灾害法，补助渔协建造小型渔船的建造费用以供给渔协组合成员共同使用"项目，和"对于单独无法弥补的地区和渔协的自营渔业业务中的渔船和定置网等渔具，根据渔协制定的共同计划，补助引入费用"项目。虽然两者都是渔协作为实施主体的事业，但之所以像这样准备两项，其原因是"重大灾害法"[5] 中只设想了对流失掉的未满5吨的小型渔船的代船建造支援项目。因为准备了第二个项目计划，所以可以从国库中获得5吨以上的渔船建造支援以及未满5吨的渔船恢复支援（修缮支援）。两个项目的预算在第一次追加预算通过时为274亿日元，第三次追加预算通过时为113亿日元。

该机制是，只要将项目费用于建造或维修，无论是组合成员个人使用的渔船还是组合成员个人拥有的渔船，渔协都会负责支付用于购入渔船的自我负担部分。重新购入的渔船所有权属于渔协，为共同使用渔船。因此，组合成员需要支付使用费，从渔协处借出渔船。在渔船的寿命超过法定使用年限时，组合成员可以退租购买该渔船。

项目规定国家补助率为三分之一，县补助率为至少三分之一。因此，剩下的不足三分之一的部分需要自我负担，而这一部分的多少因县不同。

岩手县在6月的议会中确定县的补助率为九分之四，各自治体为九分之一，自负担率为九分之一。最初，由于对渔船上安装的设备等作为补助对象的限制也放宽了，在岩手县希望获得共同使用渔船的组合成员纷至沓来，多的地方甚至出现一个渔协申请500艘，申请额度超过了追加预算（给岩手县的分配额度）。补助对象和补助率是衡量受灾渔业从业者是否继续渔业和养殖业的一个标准。

鉴于上述情况，岩手县为了使补贴覆盖范围扩大，决定缩减对渔船舾装类的补助，从当时的申请来看，实际补助率约为三分之二。即便如此，再加上第三次追加的申请，仅岩手县一地，5 吨以下渔船的新建申请为 4933 艘，5 吨以上的申请为 104 艘，买入二手船或修缮为 1066 艘。

在宫城县，大多数沿海渔业从业者都加入了宫城县渔协，按理应该会有大量的"共同使用渔船"的申请。然而，由于宫城县渔协同时也是从事信贷项目的金融机构，地震后特别损失等的发生导致财务状况恶化，无法持有新资产。宫城县渔协的资本充足率已经低于 BIS 标准（10%，为海洋银行基本方针的独立标准）。

最终，宫城县渔协基于信贷项目重组强化法，在 2012 年 3 月从保险储蓄机构和 JF 海洋银行支援协会获得资本注入得以勉强维持了其金融功能，但未能成为共同使用渔船等恢复对策支援项目等与获得资产相关的补助项目的承载体。各个地区的分部或办事处不仅没能像岩手县的各个单独的渔协那样推出各自的财政利用方针，反而实施了包括信贷项目联合会在内的大合并，可以说这成了复兴的桎梏。

但是，宫城县从早期阶段就开始着手为组合成员供给共同利用设施。设立了"设施保有渔协"，以获得共同使用设施或共同使用渔船等新资产。2011 年 11 月在宫城县的北部（气仙沼）、中部（石卷）、南部（盐釜）分别设立了设施保有渔协，截至 2012 年 5 月合计共申请了 2649 艘（包括二手船）的共同使用渔船。

在其他渔协中，气仙沼市渔协和石卷市渔协共同使用渔船的申请数量分别为 1 艘和 0 艘，与此相对，牡鹿渔协的申请多达 80 艘。盐釜市渔协的组合成员中虽然有紫菜等养殖业从业者，申请数量仅为 9 艘。

根据共同使用渔船等恢复支援项目的申请状况（截至 2012 年 5 月 7 日，包括二手船），岩手县是 6103 艘、宫城县是 2811 艘、福岛县是 106 艘。截至 2012 年 3 月底，通过此项目恢复的渔船数量分别为岩手县 2466 艘、宫城县 514 艘、福岛县 21 艘。

在岩手县，渔协的体制重整迅速，行政支援力度较大，项目的进展状况良好。而在宫城县，与其他县相比海啸灾害严重，经营基础动摇，再加上因资本注入不得不削减职员，渔协为组合成员提供服务的能力显著下降，与岩手县相对比，可以说项目的进展状况不佳。此外，在由于核灾害影响而没有渔业恢复预期的福岛县，相马双叶渔协充分利用了这一项目，面向复兴开展试验作业，然而即便是现在还是有很多渔业从业者对重新开始渔业感到困惑。

在宫城县和福岛县，最初的补助率设定是三分之二，当地方特别交付金的国家支持明确化时（2011 年底），县的补助率在原本三分之一的基础上增加了六分之一，项目利用的门槛也降低了。据说自治体也有进一步的补充。由此，自我负担部分降至不足六分之一。据说在福岛县接下来将会有这一项目的申请者。

渔业生产组合

宫城县内沿岸渔业从业者们相继新设立了"渔业生产组合"。所谓渔业生产组合，是指由 7 名以上渔业从业者联合出资建立的协作组合，主要设立定置网渔业经营体的法人形态[6]。如果是渔业生产组合，可以成为震灾后追加预算中准备的补助项目的实施主体，获得共同使用设施和共同使用渔船的补助。最初，渔业生产组合是由持有秋刀鱼舷梯网渔船等受灾的大型渔船的经营者设立的，但在宫城县，受宫城县渔协现状影响，出现了由干劲满满的沿岸渔业从业者设立的情形。截至 2012 年 11 月有 13 个组合，其中有两个组合申请了 10 多艘的共同使用渔船。

这些渔业生产组合最初是作为代替渔协的组织设立的，但由于这一法人形态的出资者们在同一个项目计划下必须既承担经营责任又要承担生产责任，所以一个个生产者聚集起来，相当于一个开展项目的企业实体。由此，这一组合单纯的作为补助金的承载体存在，渔业和养殖业的生产者们不是单独进行，而是将项目合作化，像一个企业实体一样展开项目。

养殖业的恢复

养殖设施的类型因养殖种类或地区而不同。裙带菜、海带和扇贝是延绳式的设施，牡蛎有延绳式的，也有筏式的。银鲑鱼是小切割式鱼塘。不管是哪一种都会采取一种设置，即将重达数吨的混凝土水泥块沉入海底以防养殖设施移动，并在水泥块上系上固定用的绳子，以防养殖设施的构造毁坏。

养殖设施的设计是能够承受快速潮流的，但不能承受海啸。实际上，2010 年 2 月 27 日发生的智利地震引发的海啸袭击了太平洋东北沿海地区，当时三陆各地的水产养殖设施都被冲走了。就在从这一次海啸的破坏中恢复过来之时，巨大的海啸又发生了。

整个三陆地区的养殖设施基本全部毁坏，几乎所有的养殖船都流失了，牡蛎处理厂和裙带菜盐藏加工场等陆上作业设施和紫菜干燥机、扇贝相关机器类等加工机器类也几乎都在海啸中被损坏、流失。

为了恢复养殖，首先要做的是回收因海啸冲击而散落的材料。也有收回来附着牡蛎种子的原盘和养殖牡蛎的情况。像这样能实际收回正在养殖中的东西并将其重新安置在海面上继续养殖业的情况也有，但非常少。

为了恢复养殖，各个渔协实施的内容是启动"特定区划渔业权"行使者的空白化和再行使的程序，并相应的推进养殖材料的购买和养殖设施的铺设准备。

关于渔业权的行使，在招募希望恢复的人员的同时，征集关于渔场位置和设施规模的意见。这时，由于恢复共同使用渔船和养殖设施的追加预算（共同利用设施恢复支援项目）等的支援项目相关的手续同时发生了，所以在渔协和组合成员之间约定了支付项目费的自我负担部分和养殖业的持续年数（5年以上）。作为渔协一方，虽然不能单方面地分辨是否为希望恢复重建的组合成员，但只要利用了财政支援项目预算，通过支援购买的材料和设施还在折旧期内的养殖业是不允许放弃的。因此，以没有后继者的老年渔业从业者为中心，重新开始的决心被质疑。这里的老年渔业从业者指的是 70 岁或 75 岁以上的渔业从业者。

在养殖设施方面，岩手县渔协和宫城县渔协的对应也不同。在岩手县，为了充分利用"以渔协为核心"作为复兴方针的国家预算，渔协成为水产养殖设施的所有者，通过收取使用费把设施租给组合成员。在折旧期结束后，计划将设施退还给租用的组合成员。在这种情况下，水产养殖设施将应希望分配给各个组合成员，但它们属于共同使用设施。还有一些渔协，将这种所有与使用的关系形式扩大到养殖机器类和作业设施，制定了它们也属于共同使用设施的方针。

但是，如果当前每个成员持有的所有设施都定为渔协的共同使用设施的话，渔协在税收和手续方面负担将会增加，因此也有很多渔协的方针是将养殖机器类等定为个人负担。渔协应该为组合成员做到何种程度除了考虑渔协的财政情况，还要根据组合成员的恢复情况决策将门槛降到何种程度。在灾后恢复没有任何进展的情况下，在受灾地区的现场，正在进行渔场利用调整以恢复水产养殖业，重组对组合成员的材料、设备和设施供应的所有权关系。

关于渔业权的行使

在应对渔业权的行使方面，宫城县和岩手县是相同的。宫城县渔协是县内 33 个渔协的合并，各个分部都在积极应对渔业权的行使。因为渔场管理和渔业权管理是在旧渔协单位下运作的，所以就采取通常的应对。但是，在有些地区，渔协的分部和办事处的渔场管理能力从震灾前开始就已经下降了。在这些地区，负责管辖的分部掌握不到的地方，渔场利用的重组正在发生，组合成员之间或交换渔场或租用渔场等。

不管是宫城县还是岩手县，渔场管理的实践如下：对养殖渔场区划内使用者的选定完全交给了设置在村落里的养殖小组（或执行组合）自治。然后小组自治决定的内容报告给设置在渔协内部的渔业权管理委员会并被通过。但是，以渔业管理委员会为核心的渔场利用体系由于村落内或村落间的组合成员之间相熟，无法严密地被执行，在这样的地区，以震灾为契机，在分部出现了加强渔场管理的动向。事实上，渔场的管理确实比震灾前收紧了。

另一方面，在宫城县，出现了 5 家旨在进行企业型经营的渔业从业者集团法人化并开始经营养殖业。设立了渔业生产组合的有 3 家（渔业和养殖业的组合），联合公司有 2 家（只养殖紫菜、养殖业的组合、但不包括桃浦牡蛎生产者联合公司）。如上所述，渔业生产组合的成立主要倾向于作为辅助项目的承接体，以获得共同使用设施和共同使用渔船，但为了实现企业型的应对，在销售等方面实践先进的措施。这些渔业生产组合和联合公司是各自所属地区中坚力量的渔业从业者。在渔船和养殖设施等不足的情况下,只有通过合作的方式重启项目,因此,不是在那里光等着渔协的支援,而是接受志愿者和外部项目人员等的支援恢复业务,之后,进行法人化,最后三个渔业生产组合和一个联合公司也成为宫城县渔协的组合成员。但不管是哪种情况作为法人都不行使渔业权。围绕着渔业权的行使应该是和当地的渔协分部谈妥了,但仅限于一个一个的渔业从业者作为行使权拥有者来利用渔场。在网络上招募业主回收资金的渔业从业者集团也大量涌现,但这些集团也是渔业权行使者的集团,作为企业实体行使渔业从业权的到目前(2012 年 11 月)还没有听说过。

停止养殖业的从业者情况因地区而异,据说有 1—3 成左右的停业。工厂一方来不及制造养殖材料,震灾以来虽然已经过了一年半了,由于材料短缺,养殖渔场的使用还很空,因此养殖密度低,养殖得以在良好的环境中展开。

目前,虽然一些渔业从业者仍在犹豫是否重新开始水产养殖业,但已经恢复重启的热忱的渔业从业者也有很多,还有一些年轻的渔业从业者新加入进来成为渔业权行使者。另一方面,停业的大部分渔业从业者是老年人和长久以来零星经营养殖的人。在东日本大震灾之后,在每个渔场都出现了优先中坚力量的渔业从业者使用的情况。

看不见的赤字

震灾后,前后三次追加预算的成立充分确保了用于恢复支援的财政。此外,通过第三次追加,还启动了通过财政资金重建渔业和水产养殖业的软性项目(缩写为"加油渔业""加油养殖"),可以说推动受灾地区渔业和水产养殖业复兴的政策清单至此都出来了。各个渔协为了支持组合成员的生活和项目的重启,尽可能地充分利用了这些项目。如果不利用这些项目,渔业和渔村不可能恢复和复兴,所以比较确切的说法应该是只能充分利用。

此外,渔协大量恢复了养殖作业设施、冷库、渔具仓库、装卸场等共同使用设施和共同使用渔船之类的资产,可以想象到渔协所负担的固定资产税会达到一个前所未有的额度。并且，通过沿海结构改善项目等整顿的共同使用设施在海啸中受灾，被认定为全损，之后通过恢复支援项目进行修补并恢复了使用，但由于渔港用地的增高改造，当这些设施再次废弃时，必须将补助金中未偿还的部分退还给国库。今后关于固定资产税（受灾的代替资产的固定资产税减半，但共同使用渔船不适用）的负担和补助金的返还这两个问题，越是受损大的渔协这些问题显得越严重。

在岩手县的某个渔场，原本应该在 2010 年解决结转亏损，但由于东日本大震灾遭到了更为巨大的破坏，背负上了巨额的"特殊损失"，结转亏损比上一年度还要多。这个渔协在震灾后解雇了临时职员，全力争取尽快恢复养殖业，恢复自营定置网和加工场，重新启动这些。震灾过后一年，虽然结转亏损被从 27 亿日元压缩至 13 亿日元，但如果继续这样发展的话，在完成灾后恢复工作后，渔协也会无法承受随之出现的"隐形赤字"，即固定资产税和返还补助金的负担。

因此，为了服务于组合成员，渔协越是利用作为救济措施罗列的清单中的对策项目，越会受到人手不足的困扰，也会进一步积累"隐形赤字"。如何走出这一困境是现在渔协需要解决的问题，但恐怕这不是单独的一个渔协的应对就可以解决的情况。截至目前，虽然还未搞清楚"隐形赤字"的具体金额，但有可能导致县内渔协系统的信贷体制崩溃。

固定资产税是地方自治体的收入来源。《复兴特区法》（第 37 条）规定，仅限东日本大震灾中浸水的地区，指定这些地区为复兴产业集中区域，向自治体减免其修复设施、机器设备的固定资产税。是国家减免固定资产税收的补充制度。如果沿海地区的相关自治体充分利用这项复兴特区法第 37 条的话，多少可以填补"隐形赤字"。但是，在只有与水产相关的复兴支援引人注目的情况下，在各自治体的议会上要根据特区法第 37 条制定条例未必能够顺利进行。

虽然政府对渔业和渔协的复兴支援准备得极其充分，可是如果利用了这些支援就有可能自己把自己套牢，所以在恢复现场，大家仍然在犹豫是否利用政府支援。

4 协同的动摇

今天，呼吁制度改革的压力越来越大，组合管理渔业权制度的存续受到威胁。

渔协面临的危机也有来自当前渔协内在的"协同的动摇"。在这里，将探讨在三陆进行的非投饵水产养殖和渔协项目相关的问题。

紫菜、牡蛎、扇贝、海藻、海带等非投饵水产养殖与投饵养殖类型在与渔协的关系上，情况极为不同。在许多无投饵的水产养殖中，养殖业和渔协的项目是一体化的。包括从二战前开始进行的紫菜和牡蛎养殖，大多数非投饵类型的水产养殖都是在特定区划渔业权登场渔业法的 1962 年以后，和渔协的项目（包含系统的销售、采购、互助、信贷）一起扩大发展起来的。作为渔协项目，最具特色的是销售方面，共同销售项目系统（以下，简称共售项目）是主流。通过这一项目体制，贝类、藻类养殖业和当地具有采购权的批发商、流通加工业者一起成为了支持渔村地域经济的存在。

组合成员的不满

对渔协的项目体制抱有不满的组合成员不在少数。不满的内容和程度各不相同，在这里列举几个比较常听到的有代表性的内容。

第一个不满是抱怨"渔协和系统组织不做任何努力光拿钱"。由于组合成员没有价格决定权，随着价格下降趋势的加强，这种不满往往会进一步放大。

在共售项目中，渔协或系统工作人员无条件地接受组合成员的销售委托，开展销售活动以防货物出现滞销，履行货款结算功能，承担货款回收风险，实施共售项目。它还承担着销售对象的信贷管理。

因此，组合成员可以在短时间内确实拿到销售价款，并且销售对象的破产不会直接打击到组合成员的经营。换言之，共售项目不仅承担着组合成员的销售代理功能，而且还实现了安全网的功能。此外，在收获前必须投资的渔具和材料等的购买利用支出，通过共售项目在收获期时就可以从销售价款中扣除了。渔协项目系统的这种结算功能有助于防止组合成员的资金周转恶化，促进渔业经营的维护和发展。

此外，收集每个海滩的生产概况信息并披露给指定买家，在收集地点收集每个海滩的产品进行投标等，根据规格形成每一天的市场价格（合适的价格）。而承担着与交易成本相关的信息收集、货物收集和形成市场行情工作的正是渔协。当然，负责地域品牌宣传活动的也是渔协。因此，宫城县和岩手县的渔协系统团体负责的共同销售项目中，指定买家要支付给渔协或系统团体额外的佣金（经营额的 1.5%）。

通过这种方式，渔协作为生产者团体介入组合成员和指定买家之间，协调产地水产品的交易。即共售项目是实现竞争价格和维持地域交易秩序的机制，有利于创造健全的地域经济。

但是，在渔协中享受的这些服务对组合成员来说是理所应当有的。这些服务中也包含着风险替代服务，但很难被意识到。组合成员能够清楚确认的就是，向渔协支付了从销售金额中按一定比例扣除的佣金等。因此，共售项目应该很容易被认为是渔协和系统团体赚取佣金的机制。

另一个不满是抱怨个别组合成员的精细化生产努力在出货价格中很难有所反映。在许多共售体制中，商品的规格和等级划分是被规定好的，商品的价格至多取决于各个地域的不同等级，因此个人的努力只被反映在这样的一个小范围内。在这一机制中，即使有地域的品牌力，但个人的品牌力很难反映到价格之中。而且村落中同行业者的品质如果不好的话还要受到负面影响。

有组合成员表示在这种情况下没有生产热情，开始自己直销。东日本大震灾以后，相当多的渔业从业者集团开始致力于直销。然而，这些组合成员中的大多数即使是直销，也要向渔协缴纳相当于佣金的介绍费。

有一种观点非常强烈，认为为上述这样的自销支付介绍费是不合理的。因为是靠自己的努力在销售，渔协没有承担任何风险。而且从协同组合原则来看，项目利用至多是权利而不是义务，所以看起来更加不合理[7]。站在外部人员的视角上，渔协看起来就像一个"收取场地费的黑社会"，在直销的组合成员中也有人吐露不满。

　　然而，作为综合项目体的渔协以销售项目和采购项目等为盈利项目，并通过其收入支持非盈利型项目。非盈利性项目是指那些靠员工支撑的所有工作，如对组合成员的经营指导、种苗的生产与放流、行政手续与应对（渔船登录和许可手续等）。这些非盈利型的员工工作支持着渔民，守护着渔村和渔场，这些正是作为协同组合运动的渔协的原点。正因为如此，形成了一种思想，认为渔协的运营是靠其最主要收益来源的销售项目来支撑的。我们有必要认识到销售项目的意义绝非仅仅是为了接受来自组合成员的销售委托。

　　当前的情况下，组合成员处于个人的努力很难被反映出来的一种环境中，不管是对自己有利还是不利都必须和渔协的项目打交道。组合成员不仅是项目利用者，因为原本他们还是渔协的所有者和项目运营者，所以他们还背负着支持渔协经营的命运。但随着时代的变迁，"所有"和"经营"被分开，理解变得模糊，感觉渔协内外都出现了对共售项目体制的质疑。而且随着个人的利害关系越强大，世代更迭越推进，这种质疑之声就越多。特别是在那些组合成员和员工之间产生了距离的合并渔协，这种倾向越强烈。并且在这样的渔协里"协同的动摇"出现了。宫城县的水产业复兴特区构想正是关注到这样的"协同的动摇"的构想[8]。

5　渔协能成为复兴的核心吗

　　东日本大震灾发生在迎来值得纪念的国际协同组合年这一年之前，未曾预想到协同组合的存在方式开始被质疑。

　　震灾后，在受灾地陆续推出了政府支援政策，但因事务功能瘫痪，出现了无法接受那些支援政策的渔协和分部。体制不够健全，渔协与组合成员之间的关系被测试的同时，作为政策承载体机构的功能也在被测试。

　　也有在政府支援确立之前就早早以渔协为核心推进复兴的事例。例如，岩手县的重茂渔协在震灾发生后，迅速召开了组合成员集会，并立即启动了共同使用渔船与合作化体制。岩手县立刻将其确立为复兴模型。在重茂渔协，日常中就实践了很多"具有协同特色的"活动，如员工培训、组合成员教育、组合成员集会和保护海洋活动等，举办活动使职员和组合成员之间的信赖关系不切断，并且经营稳健，因此组合长发出的复兴方针立刻就能被组合成员全员接受。受此影响，都不用等待国家支援，员工们利用渔协内部保留的数亿日元资金为了采购渔船等奔走于全日本，在震灾发生两个月后的五月，天然裙带菜渔业通过合作重新开始了[9]。

协同组织是通过组合成员的会籍这一结合体和执行项目的职员组织这一项目的社会关系构成的。这两个社会关系必须各自牢固，并且双方是因信赖关系而结合在一起的。组合成员自治和职员组织之间出现间隔就不能发挥协同的力量。震灾后不久，也能看到组合成员分裂的渔协（或者办事处），但随着时间的推移，各地的渔协都在朝着统一的方向前进了。

接下来才是协同的能力真正被考验的时候。今后，要从东日本大震灾中复兴的渔村面临的重大课题将是如何克服"协同的动摇"导致的渔协的治理危机以及如何恢复渔协会籍。

注释

1 渔协先是出现在 2006 年由日本经济调查协会设立的高木委员会的『「魚食をまもる水産業の戦略的な抜本改革を急げ」水産業改革高木委員会緊急提言（エグゼクティブサマリー）』（日本経済調査協議会、二〇〇七年），之后又在自民党政权下的"制度改革会议"和民主党政权下的"行政刷新会议"中被提及。

2 参考了拙著「国際協同組合年と漁協」（『漁協（くみあい）』）一四五、三 - 六頁、二〇一二年）。

3 岩手县有 24 名职员遇难了。此外，地震发生后，由于临时工作人员被解雇，也有正式职员因精神上的痛苦而离职的情况，人手短缺超出了想象。具备随时应战能力的正式职员的离职对渔协运营来说是一个巨大打击。据说灾难之后，对渔协职员来说最痛苦的就是面对来自组合成员的冲突。

4 渔民清除的瓦砾碎片要由工业废弃物处理业者来进行处理，因为这些碎片与海啸危害中产生的一般废弃物不同，被视为工业废弃物。基础自治体等地区行政监督了这一处理。

5 北海道西南近海地震（1933 年）引发的海啸灾害导致大量渔船流失，而在这次灾害复兴中渔船的采购是重大灾害法单独应对的。

6 渔业生产组合是一个渔业组织，由现役渔业从业者出资合作经营渔业。因为投资者们背负着无限责任，所以必须谨慎地开展项目。

7 从历史背景来看，水产养殖业和渔协的项目是一个整体发展而来的。从中孕育了渔业从业者集团（组合成员）的纽带（成员关系），并以此形成了保证金制度（圈内规则）。

8 这一节是对拙作「危機に立つ漁協と協同の揺らぎ」（『漁業と漁協』二月号、二〇一二年）进行补充和修改后的内容。

9 古川美穂「協同ですすめる復旧復興　なぜ重茂漁協が注目されるのか」『世界』（二二六‐二三五頁、二〇一二年十一月）。

第八章
媒体报道带来的灾害

东日本大震灾发生后，受灾地的状况时刻通过报纸、电视传达给日本国民。然而，随着时间的推移，有关灾难的报道不再是现场的信息，而是加入了新闻媒体的解读。关于核电站利弊的讨论，据说主要媒体都受到了言论控制，甚至一时能感到广播和媒体行业的危机。

在本书中，像这种新闻媒体的行为使社会陷于混乱的情况，我们称其为媒体灾害。在本章中，我们将讨论那些涉及渔业领域的媒体灾害是如何引发了一系列问题的。

1 渔业权开放论

地震发生后不久，灾区各县的行政机关（水产担当部门）和业界团体的上级团体（渔联等）讨论了复兴方针。然而，作为前宫城县渔联的宫城县渔协的总部位于石卷市，而石卷市受巨大海啸袭击遭受了极大的损坏，并且与宫城县本厅所在的仙台市有一定距离，所以不要说进行复兴方针的讨论，就连联络机制好像都还没有充分建立起来[1]。就在这期间，宫城县当局稳步推进着制定"水产业复兴特区"和"渔港集约化"方针的准备工作。

在这里虽然不把如何制定复兴方针作为讨论的对象，但由于是雷曼危机后的通货紧缩、经济萧条造成的封闭感蔓延之中发生的震灾，因此对于国家和受灾县提出的复兴方针，一定被渴求有一些能够打破封闭感的东西的存在。

在这种情况下，象征着创造性复兴的水产业复兴特区构想和渔港集约化这些复兴构想被颁布了。由于渔村和渔港城市遭受了毁灭性的破坏，不仅有以小政府旗号持续呼吁放宽限制的阵营，就连平时对水产业毫不关心的日本国民也开始关注到一些令人惊讶的内容。"渔协独占渔业权""阻碍企业参与""海洋不是渔协的所有物"等这些宣传短语通过媒体一下子就传播开来。这些宣传短语中提到的内容，其实是民主党政权诞生前的自由民主党政权下设置的监管改革会议上讨论的对象，即所谓的"渔业权开放论"。

2 知事与渔协，以及媒体

围绕水产业复兴特区构想，宫城县渔协猛烈反对，于是渔协和知事这一为政者之间的关系中，对立的一面被无限放大。这种对立的局面对媒体来说是一个很好的素材。因为知事和业界的代表者围绕着一个复兴构想发生冲突是前所未有的。

关于这对对立的局面，大多数媒体的报道话语如下：

①渔业权优先给予了渔协

②这成为企业参与的障碍

③即便成为组合成员能够参与，因为会被渔协的安排束缚住，所以企业无法自由开展项目

媒体捕捉到的知事发言中也包含上述内容。媒体发出的"渔协独占渔业权"言论也是以上述内容为依据得出的。

①到③的话语作为表达是消极的，但不算是与事实相反的内容。理由阐述如下：关于①，在渔业法中，许可人的优先顺序上第一位是渔协；关于②，既不是渔业从业者、过去也没有在当地选址的企业如果取得渔业权，由于优先顺序靠后，要解决相当多的难题；关于③，参与企业作为渔业权行使者必须遵守渔业权行使规则，不能擅自采取业务形态。

然而，这些话语都是无视了渔业法的背景，并大大扭曲了渔业制度的内容。特别是，为何渔协这一存在在渔业权许可优先顺序中靠前，渔场使用是否受渔业权行使规则和其他地域制度的限制或束缚等等，渔业制度的意义则完全被抛弃了。

一般来说渔民是一个个单独的经营者，所以为了维持自己的生计都想尽可能自由地利用海面。但如果让渔民们完全自由地去使用的话，由于渔民们的利益相互对立，冲突就会不断，渔村将最终荒芜。因此，围绕着渔场使用，渔民之间的关系是即便有利益冲突，但始终努力共享利益一致的部分。

那么，一致的利益是什么？有水产资源和渔场的保护、渔民间作业冲突的预防、海难的防范等。这些都是为了将自由经营渔业的权利以一定的框架束缚起来的规则、协定或者习俗。这些规则和习俗存在于渔村和渔协的内部，是维持渔村和渔协中形成的社会关系和社区的重要事项。因此现行的渔业制度是以这种自主形成的社会关系为前提的。

换句话说，所谓的渔业法中渔业权许可的优先顺序，是为了维护渔村健康发展，立足于下述优先给予许可的思路：
- ·地域内的人优先于地域外的人
- ·有经验者优先于无经验者
- ·集团和团体优先于个人

但是它还有这样一种机制，如果按照特定区划渔业权和定置渔业权当地没有符合资格的人选的话，则该地区以外的项目人员也将获得许可，并且即使是该地区以外的企业，只要在渔村设立法人并成为组合成员，也可以行使渔业权。

渔业法，并不是不假思索就把渔业权许可优先给予渔协这一法人，也不是对企业参与一律加以阻止，而是对一个普遍性问题的应对制度。即解决将有限的渔场给谁如何让其使用才能对渔村社会的地域经济有益这一问题。

那么为什么渔协在共同渔业权和特定区划渔业权的许可中被优先给予了呢？关于这一点正如在第七章中所述，因为渔协是以渔场管理为目的设立的渔民组织。它的体制不是自上而下的控制，而是基于渔民自治的自下而上。

　　然而，虽说是渔民自治，但仅靠渔民群体无法调整和解决所有的利益冲突。经营各种各样渔业的渔民再加上复杂的利害关系之间，必须有渔协的职员介入进行调整。因为担当此项工作的职员所属的渔协是不产生任何利益、以调解为工作的民间非盈利性法人，所以职员的人工费用必须由渔民来承担。承担的方法则因渔协而各不相同。

　　因此，经常听到这样的话语："明明海洋不属于渔协所有，渔协却垄断了渔业权这一既得权力，还向渔场使用者非法收取钱财"，其实但凡了解一点儿情况的人，不管是谁听到这样的话都会产生强烈的违和感。

　　这些媒体方面带来的对渔协的抨击，加剧了宫城县知事和渔协之间的对立局面，煽动了日本国民的感情，面向公众舆论形成了"渔协性恶说"。"渔协事实上垄断了渔业权"这一表达被固定下来，渔协和渔协系统方面一旦抗议说"反对渔业权开放"，渔协就仿佛是今天水产业界的官僚制一样被评论为"保护既得利益的集团"。

　　这样一来，渔协和渔业权的关系仅是被套进了媒体的固定"模式"。这和媒体对放宽限制论以及对官僚、行政机关的批判是如出一辙的论法。

　　然而，即使脱离了本质，这一局面对推进水产业复兴特区立场来说也是有利的。渔协越是抗议，媒体越是煽动"渔协垄断渔业权"，论点就被调换了。原本水产业复兴特区成功的关键就是一点，即宫城县当局可否介入特区对象者和有利益关系的周边渔民之间实现渔业调解？但现在已经不止这一点了。可以说这与仅考虑受众而进行断章取义报道的媒体体制的问题也有关系[2]。

3　与渔协自营定置网渔业和鲑资源相关的报道

　　例如，2011 年秋天，全国报纸报道了渔师向岩手县渔业当局控诉要求解除通过刺网渔捕捞鲑鱼的限制，以及渔协通过自营定置网渔业（以下，称渔协自营定置）垄断鲑资源两件事。补充说明一下，刺网渔从业者对岩手县水产当局的改善要求在震灾前就提出了，只不过通过媒体正式被公布出来是在震灾后。

根据报道其论点可总结如下：

①在岩手县，捕获鲑鱼的定置网渔业盛行，是仅次于北海道的鲑鱼产地，定置网渔业权的 65% 授权给了渔协，岩手县鲑鱼渔获量的近八成被渔协垄断。

②通过刺网进行鲑鱼捕捞虽然在青森县和宫城县被认可，在岩手县却不被允许。

③北海道虽然也禁止通过刺网渔业进行鲑鱼捕捞，但是定置网渔业权只授予渔协 5% 的许可，民间资本的参与蓬勃发展。

上述每一点中的表述差不多都是事实。然而，继续这样报道的话，就只是片面的看到岩手县长期积累起来的鲑鱼的栽培渔业，成为故意引导批判的断章取义的报道，进而引发误解。接下来将讲述一下构成报道的背景事件，即岩手县禁止刺网渔业捕捞鲑鱼始末的实际情况。

禁止刺网渔业捕捞鲑鱼的背景

在岩手县海域，刺网渔业（正式名称为"固定式刺网渔业"）属于"许可渔业"。所谓许可渔业是指，根据该县渔业调整规则，原则上不能自由进行渔业，需要知事许可。并且对知事许可渔业主要是限制捕捞。在刺网渔业中，有"禁止抓捕鲑鱼、鳟鱼、母蟹以及甲长 7 厘米以下的公蟹"的规则。

在岩手县，一直致力于振兴鲑鱼产业，即使是在渔村所属的海面上进行的小型刺网渔业[3]，在知事许可限制刺网渔业之前就开始被禁止捕捞鲑鱼。因为刺网渔业可以每天变更设置场所，又是一种高效的捕捞方法，如果把刺网设置在返回河川的鲑鱼的洄游路线上，鲑鱼就可能会被一网打尽。一旦鲑鱼的洄游减少的话，就无法确保有足够的孵化放流的亲鱼。但如果换成是定置网，就可以根据设置位置来防止鲑鱼的一网打尽。所以从资源管理上来说，把鲑鱼渔业委托给定置网更好。即便是在岩手县的知事许可的刺网渔业中，也是沿袭了这一想法。

这项限制正式写入岩手县的渔业调整规则中是在刺网渔业成为许可渔业的 1979 年[4]。北海道和青森县也和岩手县一样，对于知事许可的刺网渔业，禁止捕获鲑鱼。然而，在青森县，对于在渔村海面上进行的小型刺网渔业，是允许捕捞鲑鱼的。但其产量不及全县鲑鱼渔获量的 1%。

此外，刺网渔业成为知事许可渔业之后，东北地区的刺网渔船急剧增加。进入 200 海里体制后，在北洋渔业等开始了减船项目，由于失业的渔船船员大多来自三陆的渔村，所以刺网渔业成为他们工作的接盘手之一。然而，在岩手县，鲑鱼的孵化放流刚刚走入正轨，因此，在渔业调整方面，必须努力防止刺网渔船增加带来的鲑鱼过度捕捞。

渔协的定置网渔业和孵化放流项目

接下来，我们将探讨关于渔协垄断鲑鱼收入来源不给予渔民任何好处的争论。

投资规模较大的定置网渔业，在沿岸地区如果有回游鱼大量靠岸就可实现大量捕捞，带来巨大效益，但若回游鱼没有靠岸或因低气压和急潮流使网面塌陷，则会造成巨大损失。即所谓的高风险、高回报的渔业。过去在岩手县沿岸，定置网渔业靠捕捞金枪鱼而繁荣，在金枪鱼不再来游后，接着又靠捕获鲥鱼而繁荣。然而，鲥鱼的来游减少后，定置网渔业的经营开始陷入低迷。在这种持续的艰难状况下，甚至有渔协放弃了自营定置网渔业，渔村也失去了活力。

另一方面，从 20 世纪 70 年代后半期开始鲑鱼孵化放流项目成功，定置网的鲑鱼捕获量开始增加。扩大鲑鱼渔业开始作为渔村振兴对策被推广，有这样一个过程。

当时，该项目的核心是各个港口都有的渔协。鲑鱼的孵化放流需要资金和技术的积累，岩手县当局让渔协来负责这些，同时在新渔场安装定置网的渔业权也集中给予了渔协。

经过这样的发展进程，鲑鱼的来游量增加，到 80 年代渔协的自营定置的经营完全走上了正轨。对于所获渔利，渔协除了为巩固渔协经营的基础[5]而留存于内部一部分以外，本着回馈地区的方针，还向所属地区自治体捐款，用于建设渔港、振兴水产或发展当地的教育机构 [6]。给组合成员发放投资分红的情况也有很多。

当然，鲑鱼的渔获收入不仅来自定置网，也会从其他渔业的鲑鱼渔获收入中抽取一定比例（征收金〈过去的合作金〉为渔获收入的 7%）用于孵化放流项目的运营费用，促进鲑鱼资源的再生产。

岩手县能够发展扩大为鲑鱼产地是因为它将鲑鱼栽培渔业的功能和责任都集中在了渔协。原本的定置网渔业的鰤鱼捕捞业衰退的时候，也正是因为它是渔协才能够生存下来。而在北海道情况完全不同，在北海道是由行政厅和民间出资组建了"鲑鱼和鳟鱼增殖项目协会"，单独来运营和增设孵化场。

就这样，渔协自营定置和渔协的孵化放流项目成为两个轨道，一直到 90 年代初，渔协都起到了回馈地区的作用，但是 90 年代中期开始，由于鲑鱼进口急速扩大，再加上大渔获持续，鲑鱼价格暴跌，遭遇了丰产不丰收的窘境，定置网经营一下子严峻起来。与此同时，渔协的经营也变得严峻，困难局面一直持续到 2003 年左右。但自 2005 年左右以来，鲑鱼出口扩大，价格上涨，定置网经营得以重生。

然而，从 2010 年秋季开始，大概受气候变暖影响，整个秋季三陆沿海区域海水温度始终较高，鲑鱼难以靠岸，有些地区的渔获量不见增长。定置渔业就是因为网规模很大，只要鲑鱼来游，就能获得巨大的利润，但一旦渔获量停滞不前，负面影响也会加大。据说在 2012 年 1 月破产的大槌町渔协，自营定置再生的延迟是他们做出放弃继续经营决定的原因。

因为有这样一段历史，所以"渔协垄断鲑鱼"的说法，其实就是无视了渔协在地区经济发展中所起的作用和所承担的角色，即扩大就业、培育鲑鱼资源、实施回馈地区的渔利分配机制。如果仅是个别的渔业从业者进行鲑鱼的捕捞，是无法实现这样的鲑鱼产业化发展的。因此，作为应对当前形势严峻的自营定置网渔业的对策，重要的是重组定置网的设置数量和孵化放流项目体制，同时关注岩手县沿海区域渔场整体的状态。

宫城县和北海道的鲑鱼产业

在宫城县，刺网渔业是认可渔业[7]，但由于它原本是自由渔业，所以没有鲑鱼捕捞限制。宫城县也有鲑鱼孵化场。但是，拥有数量是 20 个设施，约为岩手县孵化场地数的一半。虽然宫城县的鲑鱼孵化放流数量每年都有所不同，但整体而言不足岩手县的九分之一到六分之一，没有岩手县那么大的规模。并且，岩手县沿海的孵化场几乎全部是渔协运营的设施，与此相对，宫城县沿海地区的孵化场多为町营孵化场[8]。换句话说，在宫城县，不是像岩手县那样用渔协自营定置网的收益来支持渔协的孵化放流项目，振兴鲑鱼孵化放流项目的定位也没有岩手县那么高。围绕孵化放流，刺网渔业和定置网渔业之间几乎没有利益冲突，所以在渔业调整中没有必要设置渔获限制，刺网渔业从业者也可以捕捞鲑鱼。在没有渔协自营定置网，不通过渔协进行孵化放流的青森县，也和宫城县一样的应对。

在日本本岛，岩手县一直遥遥领先致力于鲑鱼的孵化放流项目，虽说鲑鱼资源会回归到出生的河川，但因为鲑鱼回游会和邻县之间产生麻烦和调解。例如，在岩手县和宫城县县界的海域，宫城县的刺网渔业从业者捕获了鲑鱼，但渔场位于唐桑半岛的唐桑御崎正东线以南，而唐桑半岛处于和岩手县陆前高田市相邻的县界。所以根据鲑鱼的回游路线，宫城县刺网渔业从业者捕捞的鲑鱼有可能是岩手县放流的资源。在岩手县渔协方面来看，就会觉得自己的鲑鱼资源被抢了。像这样的渔获行为会让两个县之间产生摩擦，因此宫城县町营孵化场从流入广田湾的气仙川的孵化场购买鲑鱼幼鱼，并进行放流。

在北海道，渔协自营定置的数量仅为 5%，虽然新闻报道中说是民间参与非常热烈，但不如说北海道其实只是在回避由渔协来负担定置经营的风险，至少不是推进民间参与。虽然承担定置网渔业的经营体也有原网具的公司，关于鲑鱼定置网渔业[9]，有由渔协主导将组合成员集团化共同经营的情况，也有在行政厅指导下通过合作方式经营的情况，但绝不是要推进民间参与。此外，在渔协合并的时候，为了将定置网的经营风险让旧渔协的组合成员负担，只将经营转移到渔民公司（要求构成成员七成以上是当地地区渔民而设立的公司）的情况也有。这一情况证明了定置网属于渔村村落所有。

在北海道，行政厅管辖的鲑鳟鱼孵化场，有由渔协和定置网经营者出资、由各分厅内部运营的"鲑鱼和鳟鱼增殖项目协会"，几乎看不到渔协独自进行孵化放流项目。即便如此，渔业调整在发展，禁止刺网渔业的鲑鱼捕捞。如果刺网渔业从业者捕捞鲑鱼，违反渔业调整规则，那个渔业从业者就会被判刑或罚款[10]。

渔业调整视角的欠缺

在岩手县，除了定置网以外，小型渔船的延绳渔业也在进行鲑鱼捕捞。延绳渔业过去是一种自由渔业，所以可以自由捕捞鲑鱼。但现在，由于延绳渔船的数量增加，渔业调整就变得必要了。之后，经过调整，还组建了"岩手县鲑鳟鱼延绳组合"，延绳渔业于 1981 年成为认可渔业，1987 年成为许可渔业。

延绳渔业与刺网渔业相比，渔获效率较低。除了钓钩不如渔网这一技术上的差异外，由于产卵洄游，靠岸鲑鱼的钓获率也比较低。这也是大家判断延绳渔业不可能将逆流而上的鲑鱼一网捞尽的依据所在。但将延绳渔业变更为认可渔业和许可渔业，比起说是为了缓和与定置网渔业的竞争，首要的还是为了形成延绳渔业的渔场利用秩序。当时，资源管理型渔业运动被大力推进，因为对渔业经营的稳定性来说，资源管理型渔业的配置被认为是不可或缺的。

就这样，延绳渔业成为许可渔业，延绳渔业的鲑鱼渔业限制（例如渔场限制、时期限制、渔具限制）被写进岩手县的渔业调整规则中，形成了渔场使用秩序[11]。

当前的鲑鱼资源利用体制就是由这样一个又一个渔业调整的结果而形成的，是从综合性渔场利用的视角不断摸索的结果。这些体制中才有考虑到地域性的视角，完全合理。"渔协垄断"这一报道的内容并不是在纵观渔业调整的实际情况和历史之后得出的结论，只是将要求解禁鲑鱼渔获这一资源获得机会的一方，即刺网渔业从业者的主张强烈提出而已[12]。

"渔业法"中，将渔场让谁如何使用这一根本问题是指"比起渔场的综合高度利用为了优先发展渔业生产力，不能让每个人随心所欲地发展各种各样的渔业，而是从整体的角度出发，把它放在适合它的位置上[13]"。特别是竞争激烈的渔场和鱼类，根据渔业法第 65 条[14]，行政厅可以通过进行渔业调整来决定渔业限制和禁止事项（渔业调整规则）。并且，这些调整首先是基于渔业从业者们，即当事人之间达成共识。越是重要的资源，就越需要这样的调整和达成共识。因此，即便是定置网渔业和刺网渔业这种混获捕鱼法，渔业权和许可也决定了主渔获鱼类。

因此，为了取消对刺网渔业中鲑鱼资源的捕捞限制，有必要在汇总了"岩手县定置渔业协会"和县内的孵化放流项目的"岩手县鲑鳟增殖协会"和刺网渔业从业者之间努力达成共识，并在此期间培养两者之间更加信赖的关系。也正因为如此，不能正确把握这一问题的人不应该插嘴煽动这种对立。

报道中的"渔协垄断"这一表达，是把依赖于现行制度和既得利益的组织（这里指渔协和行政组织）与受渔协及制度阻拦无法参与的项目人员（这里指有热情和能力的渔业从业者）之间视作对立的关系了。但是，如果仔细考察的话，仅一个鲑鱼刺网渔业的内容就非常不符合这个"模型"。就像渔水产业复兴特区的报道一样，这个内容最终只能被视为基于"渔协性恶论"这一既定结论，把历史和实际情况淡化的论述。

加深的隔阂

近年来，在岩手县，振兴养殖和振兴定置网取得进展，经营刺网渔业等渔船渔业的渔民和经营养殖业的渔民相比，原本与渔协就有距离。因为渔协的事业是以自营的定置网渔业和养殖业为中心组成的。震灾后，渔协和刺网渔业从业者之间的隔阂进一步加深了。

在过去，从事渔船渔业的渔民一直在走扩大路线，他们中的一部分一旦渔业经营变得艰难，就会推迟向渔协支付购买债务和信贷债务等，因为这部分人一直不支付，渔协职员长期苦于无法收回这些不良债权[15]。

　　就在这时，东日本大震灾发生了。随后的报道继续煽动双方之间的对立。大多数使现场越发混乱的媒体报道都有一个特征，即这些报道寻求观点的对象尽管冠着大学教授等头衔，但怎么看都不是渔业制度的专家，或者思考偏激的评论者。甚至还有一篇报道是由一个与渔业专业完全不相关的评论者所做的论述。如果这就是新闻业的话，那我们还能对新闻业期待什么呢？

注释

1　引用宫城县渔协管理者的话"震灾发生后的第十天，宫城县厅要求我们做复兴方针的提案，但由于还在确认受灾人员的安全问题，所以无法回应这一请求"。

2　地方性报纸对水产业复兴特区的报道比较慎重，而全国性报纸多是引人注目的煽动性报道。

3　小型刺网渔业是渔协管理的共同渔业权第二种的渔业。作业水域是渔协管辖的水域，也有属于多个相邻渔协的渔民集中进入的渔场，但可作业水域有限。许可渔业的刺网渔业的作业水域是渔协管辖水域以外的岩手县内全部海域。

4　刺网渔业成为许可渔业的前一年召开了"沿岸鲑鱼·鳟鱼渔业调整联络会议"（1978年1月）。这次会议是岩手县向水产厅、东北水研、北海道、青森县、秋田县、宫城县、山形县、福岛县、新潟县、茨城县、富山县和石川县发出邀请而召开的。此后，联络协议会每年举办，持续探讨鲑鱼捕捞问题。

5　渔协运营中为了组合成员的发展鼓励利用各种项目，同时渔协还要负责那些陷入管理不善的成员未偿还或无法偿还的不良贷款（或抵押金），所以必须具备作为风险对冲的基础经营。虽然自营定置本身是高风险的，但在岩手县，自营定置比较容易发挥基础经营的功能，因为它与鲑鱼孵化放流项目结合为一体。

6　山内爱子「漁業自営定置網を中心とする漁業権所有形態の変化と利益配分の実態—岩手県大船渡市三陸地域を事例として」『漁業経済研究』（漁業経済学会五一卷一号、一 - 二二頁、二〇〇六年）中阐明了鲑鱼定置网渔业带来的地域反馈的实际情况。

7　认可渔业是由行政委员会的海区渔业调整委员会批准的渔业，对渔场、捕鱼期、渔具和渔船等施加了限制。为了渔业的持续，即缓解竞争，将原本自由进行的渔业变更为知事许可渔业。但在此以前，需要进行各种调整，包括与其他渔业的关系等。还需要继续观察。在许多情况下，这种渔业被认为是批准的渔业。一旦转换为知事许可渔业，这个许可就会被定位在该县渔业调整规则之中。

8　在河流的上游地区，河流渔业合作社等（也有生产组合）拥有孵化场并开展孵化放流项目。

9　依据渔业法，定置渔业权仅以设置在水深27米以上的定置网为许可对象，但在北海道，设置在少于27米浅的渔场中以鲑鱼捕捞为对象的定置网也有资格获得许可。

10 2011 年秋，北海道罗臼地区的刺网渔业从业者捕捞鲑鱼并擅自卖给了水产加工业者，涉嫌违反了北海道渔业调整规则而被书面送审。「秋サケ刺し網で密猟」『釧路新聞』（二〇一一年十二月十日）。

11 荒屋勝太郎「岩手県さけます延縄漁業の漁場自主管理」『漁場管理と漁協』（漁協経営センター出版部、七八 - 八八頁、一九八三年）。

12 鲑鱼延绳渔业已经无法捕获到鲑鱼，因此经营渔船渔业的经营者们开始呼吁解禁刺网捕鱼方法。为了维系经营，想要捕获鲑鱼的请求本身没有任何问题。最重要的还是改善与渔协的关系并制定出经营对策。

13 平林平治・浜本幸生『水協法・漁業法の解説』（漁協経営センター出版部、第一四版、三一三頁、一九九一年）。

14 渔业法第 65 条 "农林水产部门部长以及都道府县知事为了管控和调整渔业，可以禁止经营特定类型的水产动植物并且是农林水产部门条令或法规规定内容的渔业或是通过指定渔业方法并且是农林水产部门条令或法规规定方法进行经营的渔业（仅限于与水产动植物捕捞有关的），同时可以规定这些渔业根据农林水产部门条令或法规，必须获得农林水产部长或都道府县知事的许可方可经营。"

15 不仅仅是三陆地区，全国各地渔协经营的恶化总的来说多是由于经营渔船渔业的渔民们的采购债务以及无法偿还贷款所致。近年来，鲑鱼定置网渔业也开始下滑，一直在修补过去鲑鱼渔业中渔船渔业带来的渔协经营的恶化。

第九章
放射性海洋污染和常磐的渔业

　　东日本大震灾引起的东京电力福岛第一核电站核事故给日本的渔业带来了前所未有的破坏。在处于自行停止作业的福岛县，不仅海洋污染极其严重，围绕重新开始作业的混乱也使渔民产生了分歧。具体为在向东京电力索赔赔偿金事项上意见不一，担心检测到放射性物质，以及无法进行试验作业的渔业从业者和希望早日恢复作业的渔业从业者之间意见出现分歧。在核电站选址于此时虽然渔民社会也出现过分歧，这将是自那时以来的分歧。在临县的茨城县，自行停止作业的渔业和重新开工的渔业是分开的，并且县内的北部和南部的应对也是分开的。虽然也受到了海洋污染的影响，但却与福岛县呈现出不一样的面貌。

　　有关赔偿金的索赔行动，不光是福岛县和茨城县，宫城县、千叶县和北海道地区也有所波及，并且发起行动的不仅有渔业从业者，还有水产流通加工业者。这是因为渔业的自律停止作业使流通中止，威胁到了流通加工业者的生计。以人与鱼为纽带的地区经济完全被分割了。

　　面对走投无路的渔业从业者，地区应该怎么做呢？在本章，我们将实际记录渔业从业者们为应对核电站事故所做出的努力，近距离考察核电站核事故带来的社会灾难的本质。

1 常磐渔业的特性

毋庸置疑，东京电力福岛第一核电站核事故造成的海洋污染首当其冲打击了福岛县的渔业。海洋污染的影响波及了太平洋北部海域的各个沿海县的渔业界，茨城县的渔业界被迫采取立刻自行停止作业的形式来应对。

为了考察核电站核事故的影响，首先需要了解核电站选址地带所在的常磐（从福岛县到千叶县外房）的渔业特征。

常磐是常陆国和磐城国的总称，现在主要指的是茨城县和福岛县的沿岸地区。它与宫城县和岩手县所形成的三陆一样，具有类似的社会环境和自然环境。因此，像三陆一样，茨城和福岛两个县的主要渔业种类相似。同时又有与三陆不同之处。

常磐的渔业和三陆相比，有一点大为不同。具体来说，在三陆沿海地区发展了各种水产养殖业，形成了养殖地带，而在常磐，沿海地区几乎没有水产养殖。并且在三陆地区，海藻渔业是沿海渔业的主力，在常磐则是次要的。

从福岛县和茨城县的统计数据来看，数量上形成一定规模的仅有紫菜养殖。紫菜养殖主要是在位于福岛县相马市的松川浦这一咸水湖进行，有数个经营实体。也有其他的养殖，如比目鱼、牡蛎和其他的贝类，但每一种也只有一两个经营实体，完全没有作为产业的存在感。

从 2010 年海藻渔业的数量来看，岩手县和宫城县的渔获量分别是 2766 吨和 1383 吨，而福岛县和茨城县分别只有 92 吨和 49 吨，差距大到无法相提并论。之所以产生如此大的差距，原因为下述三点：首先三陆和常磐的自然环境极为不同，三陆是错综复杂的里亚斯式海岸，而常磐则是一望无边的单调平浅的海；其次与三陆相比，常磐的渔业从业者数量少；最后，在三陆，只要是属于渔协的组合成员几乎全员都有权行使海藻渔业的渔业权，而在常磐，有一个当地的规则，即只有那些附近的鲍鱼组合等不从事近海渔业的组合成员才可以继承渔业权。

在常磐，什么样的渔业是主力呢？渔获量份额占比较大的是大中型围网渔业、近海拖网渔业、小型拖网渔业、秋刀鱼舷提网渔业、船拖网渔业、远洋鲣鱼·金枪鱼渔业和刺网渔业。其中，把福岛县海域和茨城县海域作为主要渔场的有船拖网渔业、刺网渔业、海上拖网渔业、小型拖网渔业和贝桁拖网渔业。而对大中型围网渔业、秋刀鱼舷提网渔业、远洋鲣鱼·金枪鱼渔业来说，不管是作为渔场还是卸货港口，不需要限定在常磐，根据鱼价定位，可以在全国的三类渔港卸货销售。接下来，介绍一些关于上述渔业的一些特征。

船拖网渔业是拖拽细眼袋状渔网捕捞幼沙丁鱼（鳀鱼等的幼鱼）、银鱼（鲑形目银鱼科）、玉筋鱼（玉筋鱼的未成鱼）、肉棍子（玉筋鱼的成鱼）。这种渔业虽然用的是一艘不足 5 吨的小渔船，但对舾装和渔具材料的投资巨大。投资金额为数千万日元。

"船拖网渔业"是一种只要资源回收没有问题利润率就很高的行业，在全国范围内一直被视为优良部门。在常磐，幼沙丁鱼和玉筋鱼等或油炸或晒干，近年来生食用的加工也在增多，仅次于相模湾和骏河湾。专门从事这一加工的从业者，主要集中在与福岛县县界相邻的茨城县境内的大津地区，在各县境内海域捕获的幼沙丁鱼和玉筋鱼也从两县集中到大津地区。但是福岛县北部和茨城县南部距离大津有些远，这些地区的船拖网渔业从业者捕获的沙丁鱼一直是销售给位于福岛县相马地区和茨城县日立及大洗地区的加工业者。就这样，船拖网渔业的生产和流通都在常磐一带完成了，是交易额超过 30 亿日元的重要渔业。

海上拖网渔业和小型拖网渔业都是通过拖拽袋状渔网捕捞在海底栖息的鱼类的捕鱼方法。由于这些渔船的规模和许可不同，作业海域也不同。海上拖网渔船与小型拖网渔船相比，更多在近海作业，也可在县外海域作业。而小型拖网渔船仅限于县内海域，可作业的水深是有限的。

渔船势力最大的是福岛县相马原釜地区，然后是以小名浜渔港为基地的福岛县磐城地区。在茨城县平潟地区和茨城县日立久慈浜地区仅有数艘。双船底拖网渔业除夏季外可全年作业，除比目鱼和鲽鱼外，还捕捞常磐特产的玉光鱼和鮟鱇鱼等各种各样的底栖鱼类。这种渔业不仅捕获的鱼种类多样，还能捕获高价鱼类，因此优良渔船的销售规模非常大。

刺网渔业的主力是被称为固定刺网的渔业，指在海底铺设刺网过夜捕鱼的渔业，主要捕获比目鱼和鲽鱼等底栖鱼类。虽然常磐整体都在进行刺网渔业，但刺网渔业从业者人数却是福岛县北部的相马原釜和新地地区等比较多。

贝桁拖网渔业是一个具有常磐特色的地区渔业。在福岛县的全区域内都可以捕获到北寄贝。在茨城县的鹿岛滩也曾大量捕获到北寄贝，但近年来的捕获物以蛤蜊为主。从资源管理的角度出发，为了防止过度捕捞这些贝桁拖网渔业引入了池子制度，并一直努力合作。在福岛县，相马市矶部地区的资源管理工作和四仓地区的做法，即把进行贝桁渔业的渔业从业者全部集中到一个合作体的努力，闻名于日本全国。

从统计数据来看，在茨城县大规模渔业的大中型围网渔业的综合数量多于福岛县，所以海面渔业的产量也是茨城县更多。但在福岛县，鱼价比较稳定的秋刀鱼舷提网渔船比较多，而且还经营着远洋鲣鱼和金枪鱼等远洋渔业，所以两个县的海面渔业的生产金额（2010 年根据从业者属地进行的统计，养殖除外）大体均衡。福岛县约为 182 亿日元，茨城县约为 179 亿日元。除北海道外，39 个都府县的平均生产金额为 191 亿日元，因此可以说两个县的渔业生产金额略低于全国平均水平。在发展了远洋渔业的宫城县，海面渔业的生产金额（养殖除外）是 523 亿日元，位于国内第 3 位，岩手县是 283 亿日元。

全国第一和第二的继任者确保率

如上所述，不管是看全国的平均值，还是和三陆相比，常磐的渔业生产金额绝不算多。但是，实际上在两个县也有统计数据上值得炫耀的数值。那就是在渔业从业者的继任者保有率上来说，福岛县和茨城县在全国数一数二[1]。

根据第二次渔业普查（2008 年），日本全国自营渔业从业者（个人渔业经营体）数量为 109,451 家，有接班人的自营渔业从业者为 19,929 家（18%）。从自营渔业从业者总数来看，福岛县为 716 家，茨城县为 462 家，远少于岩手县的 5204 家和宫城县的 3860 家；但有继任者的自营渔业从业者数量，福岛县为 244 家（34%），茨城县为 166 家（36%）；从占比率来看，两县的数值不仅远远高于全国平均水平，还超过了拥有发展稳定的养殖业的岩手县的1750 家（20%）和宫城县的 1241 家（32%）。

有继任者的自营渔业一般意味着接班人已经开始从事渔业，并且在许多情况下，它指的是子承父业，父子共同作业。但不包括那些当前尚未进入渔业，将来可能长子或次子等辞掉公司工作开始渔业的自营渔业从业者。福岛县和茨城县的继任者保有率高也可能和两县自营渔业从业者数量少（基数小）有关系，但在稳定导向型的养殖业没有得到发展的地区，能像这样确保有一定程度的继任者，当地一定是有什么能让渔业经营易于稳定的因素[2]。

然而，整个渔业和日本全国的趋势一样持续缩小重组，每个渔港背后的流通加工业也在弱化。而且，常磐产地市场的活力比三陆还要停滞不前。这是因为尽管常磐的渔业规模很小，市场的数量却很多。根据 2008 年渔业普查的结果，从三陆批发市场总交易金额的构成来看，岩手县约为 454 亿日元，宫城县约为 1494 亿日元；批发市场的数量分别为 11 个和 14 个。另一方面，从常磐批发市场的总交易金额来看，福岛县为 137 亿日元，茨城县为 84 亿日元；而批发市场的数量福岛县和茨城县分别有 12 个和 11 个。与三陆相比，常磐的市场交易规模特别小。因买家明显减少所以价格形成能力不断弱化[3]。在常磐有继任者的渔业从业者的比率比较高这一现象也可以说是渔业经营体的淘汰进展快速的证据。换言之，可以说应该留下来的那些剩下的渔业经营体得以再生，而应该被淘汰的渔业经营体已经被淘汰掉了。

为了应对产地市场的活力低迷，在相马原釜地区，渔协通过销售公司购买组合成员的产品，再直接销售给餐饮大公司和量贩店等，取得了一定的成效。然而，这样的事例很少。在现场形成的一种强烈的认知是，如果不把分散的市场集中整合，增加单个市场的买家数量，削减市场运营成本的话，地区的水产业只会越发萎缩。但如果采取的对策不是对渔业从业者和买家两者都有利的话，市场整合很难推进。而如何做好这一调整也是困扰常磐产地的问题。

2　核事故和渔业

海洋污染的扩散

放射性物质开始大规模地从东京电力福岛第一核电站扩散出来是在 2011 年 3 月 15 日。当时因为风是从东南吹来，所以内陆地区的放射性污染令人担忧。但实际上，放射性污染当时已经开始向海洋扩散了。3 月末，在排水口就已经检测到了超出限制浓度 1000 倍以上的放射性污染。然后在 4 月 4 日，虽然是低浓度的，但有 1 万吨的放射性废液被排放到海里。之后，又接连发生了多次核设施裂缝导致污染水泄露并流入大海的事情。

从 4 月 5 日开始，包括全国渔业协同组合联合会在内的渔业从业者团体多次向东京电力进行抗议活动。就在抗议活动如火如荼地进行之时，放射性物质造成的海洋污染也在不断扩大。污染波及的范围很广。污染源毫无疑问就是东京电力福岛第一核电站，从其所在地排放出来的核污水不仅从近海扩散到了外海，还有扩散到内陆地区的放射性物质通过降雨等落入河川，河川再流入大海，在离岸流和沿岸流的作用下又进一步扩散[4]。

通过检测海水、海底泥和海鲜藻类中的放射性物质证实了放射性污染。第一次检测到放射性物质，是在震灾发生 10 天后的 3 月 21 日，从东京电力福岛第一核电站的南排水口附近的海水中检测出放射性碘元素为限制浓度的 126.7 倍。受此影响，茨城县和千叶县开始对鱼贝类进行监测。

日本政府于 2011 年 3 月 17 日，将核安全委员会指示的指标值（基于食品卫生法的数值）暂定为食品中放射性物质的限制值，并通知了相关自治体，不可提供超过暂定限制值的食材用于食用。在当时，鱼贝类所标的暂定限制值只有铯，数值为每千克 500 贝克勒尔。4 月 1 日，在北茨城冲采集的玉筋鱼被检测出了相当于食品卫生法规定的暂定限制值 2 倍的放射性碘。之后不久，在北茨城冲采集到了超过标准值的玉筋鱼。但是在这个阶段，核安全委员会还没有设定放射性碘的指标值，所以不能进行流通限制。到了 4 月 5 日，根据食品卫生法，设定了鱼贝类的放射性碘的暂定限制值为每千克 2000 贝克勒尔。各自治体以此为基准，采取了限制超出此暂定限制值的食材在市场流通的措施。

　　4 月 13 日，从福岛县磐城冲采集的玉筋鱼中检测到相当于暂定限制值 25 倍的放射性铯，之后也多次采集到这种受高浓度污染的玉筋鱼。这些玉筋鱼的分布范围是东京电力福岛第一核电站以南 30—70 公里处。

常磐渔业界的应对

　　在福岛县，不要说重新开始渔业了，整体处于停止作业的状态 [5]。

　　茨城县因为没有遭受到福岛县那么严重的海啸灾害，所以有几个能够重新开始的渔业，但被海洋污染阻挠了。茨城县的玉筋鱼也无法再作为渔获对象，由此船拖网渔船不得不自行停止作业。

　　除了玉筋鱼渔业之外，对于其他渔业并没有实行全面自行停止，而是一边密切关注检测结果一边持续作业，这种状况一直在持续。作为受灾现场，一定是期望恢复以往的作业体制，但即便是检测结果没有问题，产地市场中间商的购买意愿降低，价格毫无起色，即销售对象质疑放射性污染的安全性，规避购买。即使捕鱼作业也没有收益。因此作业实质上成了抽样调查。当然这样的话就无法继续渔业经营，只能向东京电力要求营业补偿来维持经营和生活。如上，茨城县的渔业并没有像福岛县那样全面自行停止作业，是一部分自行停止、一部分继续作业的状态，是一种试验性作业状态。

　　海上拖网渔业是自行停止作业和重新开始作业反复交替的状态，一直持续到 2011 年 4 月。4 月以后，在对有一定深度的近海的底层鱼类的监测调查中几乎没有检出放射性物质，因此作业得以持续进行。然而，到了 9 月，在茨城县北部海域的大泷六线鱼中检测出超过限制值的放射性物质。因此从位于茨城县北部的日立市川尻近海（北纬 36 度 38 分）到福岛县边界的茨城县北部的海域（以下，称为茨城县北部海域）设为自行停止作业海域。这是因为虽说是底层鱼类，但在靠近福岛县的北部海域，推测有很多鱼类是从福岛县洄游来的。

　　平潟渔协、大津渔协和川尻渔协并称为茨城县北部三渔协，隶属于这三个渔协的拖网渔船因为不能在所属地区附近渔场作业，只能在日立市川尻近海以南海域作业，并在当地卸货。当然从许可角度来说，在这些海域作业是没有问题的。但是，对于那些已经被指定为检测出的放射性物质超出政府暂定限制值的鱼贝藻类，根据出货限制指示，进行了自行停止出货。拖网渔业一直持续着"茨城县北部海域为自行停止作业海区，对超出暂定限制值的鱼类自行停止出货"这一形式的作业（至 2012 年 10 月依然在持续）。

接下来，我们来看一下茨城县的主要渔业之一的沙丁鱼渔业。沙丁鱼主要用作银鱼干的原料。捕捞沙丁鱼的是船拖网渔船，春天捕捞玉筋鱼，夏天到冬天捕获沙丁鱼，有时也捕获银鱼和磷虾等。玉筋鱼是属于出货限制的对象鱼类，但并没有从沙丁鱼中检测出放射性物质。然而，属于北部三渔协的50 艘渔船，截至 2012 年 8 月一直处于自行停止作业状态。这就是最初沙丁鱼里混合着玉筋鱼的原因，当然也有渔业刚刚恢复难以维持的情况所在。这是因为对北部三渔协所属的船拖网渔船渔获的沙丁鱼，那些定期购买的沙丁鱼加工业者的购买意愿不高。即使在检测中没有检测出放射性物质，来自消费地市场的询盘一直很弱。应该是震灾前的销售渠道尚未恢复。

如果就这样下去的话也不是办法，于是北部三渔协所属的船拖网渔船从2012 年 8 月开始恢复了在北部海域的作业，加工业者也开始定期购买并加工销售。但仅限于一周一次作业，实质上是伴随着对原料和加工品的放射性物质检查的试验性作业。要全面正式恢复作业应该还需要时间。

几乎所有海域的鲍鱼渔业都重新开始了。尽管没有检测到放射性物质，但价格依然低迷，并没有达到完全恢复的状况。其他重新开始的渔业的状况也大致相同。

生产水域标示

核电站事故后，食材的安全性一直受到质疑。消费者最为敏感的就是食材的产地，因此，食品的产地标示显得更为有意义。

我们先来参考一下对福岛县的农业受损比较了解的小山良太先生的见解[6]。福岛县境内大致分为浜通、中通和会津三大区域，但在中通地区农作物已被确认含有放射性物质，被限制出货。这是实质性的受损。另一方面，会津地区距离福岛第一核电站 100 多公里，放射性物质造成的污染程度低于其他县，据说即便对农作物进行检测，其数值也都低于检出限。尽管如此，会津的农作物也会被标示为"福岛县产"，所以会津地区的农作物依然不好卖。此外，会津地区制造的工业产品也被迫停止交易。

与农作物不同，鱼贝藻类的产地标示有两种类型。一种是标示生产水域的名字，另一种是标示卸货港口所在的都道府县的名字。零售业长期以来一直要求标示生产水域名称（众所周知的地名＋海域名，或者为大众所熟知的水域名）来流通。针对这一情况，水产厅于 2003 年 6 月颁布了"标示生鲜鱼贝类生产水域名称的指导方针[7]"。

在近海展开作业的渔船并不是停留在一个地方，大部分是跨县作业。这种情况下，渔船上的鱼艚内混装着在多个生产水域渔获的鱼贝类。也就是说，将鱼艚内混合在一起的鱼按生产水域进行分装是不可能的。从产地出货到消费地的买方，大多数情况下是从同一个县内的多个渔港采购鱼贝藻类，集中打包、包装。这是因为如果不整合一定量的批次的话，在消费地市场是不被理睬的。而且如果按照渔港分别标示产地的话，需要花费大量的成本和精力。因此以渔港所在地的都道府县名称来标示"～县产"的占一大半。作为零售业界，因为想要尽可能便宜的采购，所以很多情况下也就妥协于这种标示了。

在核事故灾害发生之后，零售业界要求用生产水域名称标示产地的呼声再一次高涨。因为以福岛第一核电站为起点，在哪里的水域渔获的鱼贝类对于消费者来说非常重要。由于这一要求与整个流通过程相关，所以和零售业界同时，来自处于流通渠道中心的消费地市场批发业界的呼声也很高。被要求的一方当然是受灾地的产地批发市场和生产者。

这对产地市场和生产者来说无疑是一种压力。因为灾后恢复工作才刚刚开始，产地市场在人员削减后人力不足的情况下，还要成立放射性检查体制，最为关键的是并不清楚标示生产水域对于生产者来说能带来什么。进入大量流通、大量消费的时代，水产品流通的主导权掌握在零售业界的手中，上述压力虽然并不是现在才有的。

生产水域名称的标示体制没有得到统一的应对，对此，零售业界和批发业界难掩焦躁，将诉求的矛头从产地改向了政府。

2011 年 10 月 5 日，水产厅发布了"关于东日本太平洋中生鲜水产品的产地标示方法[8]"，对产地和流通业界做出了指示，按洄游性鱼类和沿海鱼类的分类来采取不同的标示方法。规定洄游性鱼类，其生产水域名称如图 1 所示。虽然没有法律约束力，但对介于零售业界和批发业界之间的流通来说，可以说采取这种标示实际上已经被义务化了。

作为生产者团体也主动发布信息，公开放射性检查的结果，自行停止作业等，推进安心安全体制的建立。即以太平洋北部海域为作业海域的围网行业和秋刀鱼舷提网行业。

秋刀鱼舷提网行业做出如下对应，在距离福岛第一核电站半径 100 公里范围内自行停止作业，并在全国秋刀鱼渔业协会的官方网站上公布每个月进行的抽样检查结果。其作业海域从北海道根室冲到房总半岛冲广泛分布，但从渔期中期开始，改为在从宫城县冲到茨城县冲以外的海域渔场进行作业。日本本岛的卸货港口主要在受灾地，如气仙沼渔港和女川渔港等，再加上产地功能尚未恢复，为了避免因核电站核事故造成的风评影响，秋刀鱼的卸货港集中到了根室花咲和钏路等北海道的渔港。在北海道，则由于大量集中卸货，秋刀鱼的产地价格也是比较低迷的时期，和往年相比情况也是大大逊色。

到了 2012 年，对包括秋刀鱼在内的洄游鱼类进行的检测中，没有检出放射性物质。秋刀鱼舷提网渔业界基于 2011 年的经验和放射性检测结果，虽然还在继续公布抽样检查的结果，但不再对作业海域进行限制。

福岛和小名浜渔港的重启

在福岛县，在沿海和近海作业的渔业全面执行了自行停止作业体制，但在县外海域作业的福岛籍渔船重新开始了作业。受灾渔船的重启是在修缮后或取得代船后开始的。福岛籍渔船在县外海域作业的有大中型围网渔船、秋刀鱼舷提网渔船和远洋金枪鱼延绳渔船。大中型围网渔船和秋刀鱼舷提网渔船以太平洋北部全域为作业海域，根据时期更换渔场进行作业。对福岛县唯一重新开启的小名浜渔港来说，这两种渔船是赖以生存的渔网。

大中型围网渔船捕获上岸的是鲭鱼类和鲣鱼。鲣鱼的捕捞仅限于4月到9月。秋刀鱼舷提网渔船也有8月或9月卸货的情况，但正式卸货上岸是从10月到11月陆续进行。

震灾后，小名浜渔港的批发市场于6月16日重新开启，而原本定于这一天围网船团进行首次卸货的计划被放弃了。这是因为在东北一带持有店铺的当地的大型超市拒绝采购。原本准备卸货的鲣鱼其实是在伊豆诸岛捕捞的。最终，在小名浜渔港进行的首次卸货是在8月29日。是围网船团在气仙沼冲捕获的18.5吨的鲣鱼。在市场上的平均交易价格为每公斤154日元。鉴于上一年度8月份的平均价为184日元（每月约600吨），再上一年度8月份的平均价格为458日元（每月约88吨），所以（2012年的）价格较低，即便从全国市场行情来看也是如此。当天卸货的鲣鱼好像很多都被福岛县内消费了。但其中一部分作为测试产品出货至县外。在出货地对象之一的筑地市场很难找到买家，最终以低于产地购买价格的每公斤100日元被交易掉了。即便不是在福岛冲捕捞的渔获物，并由福岛县的试验机构进行了放射性物质的检测证明没有问题依然如此。补充说明，由于2011年鲣鱼的供需关系紧张，与往年相比产地的价格出现飙升。

秋刀鱼是从10月开始卸货上岸。当地的秋刀鱼舷提网渔船进入小名浜渔港，大量的秋刀鱼开始上市。到当年年末的平均价格为每公斤91日元（总数量为2283吨），相比上一年同期的95日元（总数量为4117吨），这一数值并不逊色于以往的业绩，但无论福岛境内境外，大型的食品超市好像还是回避购买卸货在小名浜渔港的水产品。

从小名浜港出港的北海鲑鱼鳟鱼渔船。

图 1　昭和三十一年（1956 年）磐城地区　江名渔港。昭和三十年（1955 年）

　　图 2 是按照月份对 2010 年和 2011 年的卸货量做的对比图。2011 年 8 月鲣鱼只有一次卸货上岸，那之后开始控制捕捞。从 10 月到年底，秋刀鱼的卸

货量陆续有所增长，因此，与上一年相比，最终的卸货上岸数量为上一年的36%，卸货金额为30%。福岛县的磐城地区拥有8艘秋刀鱼舷提网渔船，有1艘受灾。在没有其他县的渔船来来回回的情况下，当地的秋刀鱼渔船受灾很少已经被认为是不幸中的万幸了。当然，大量生产型渔业的大中型围网渔业的两支船队能够恢复作业也是如此。

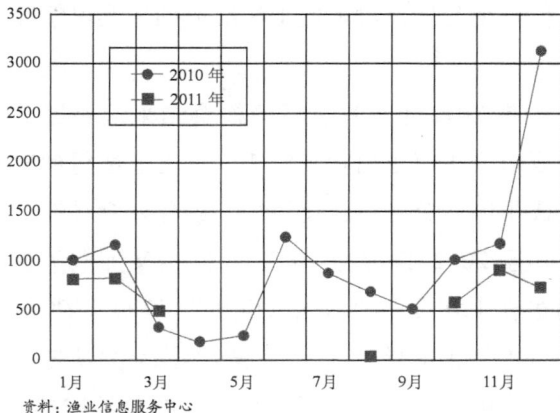

资料：渔业信息服务中心

图2　2010年和2011年小名浜渔港的月打捞数量

新标准的引入和茨城县渔业界的对应

政府表示，虽然暂定标准值也可以确保安全，但为了进一步确保安全，引入了新标准。暂定标准值是按照食品被辐射的年允许计量为5毫西弗计算出的，而新标准中年允许计量是1毫西弗。此外，由于人体内的辐射剂量取决于饮食习惯引起的摄入量差异，例如吃什么吃多少的差异，因此新标准是照顾到了最容易暴露于危险之中的年龄层（13岁到18岁）群体。该计算是以受辐射污染的食品已经被食用了一定数量为前提的[9]（流通中的50%被污染）。

尽管政府在新标准中把限制值设定得更为严格了，但作为自主限制值茨城县设定的数值更低，为50贝克勒尔。这是茨城县当局和渔业从业者团体一起决定的数值，实施者是渔业从业者团体。在抽样检查中即便是一个样本检测出的数值超过50贝克勒尔，渔业从业者将自主停止该鱼类的出货，即"自我约束"。这样做的理由是通过这样的抽样检查后出货，流通到市场中的鱼贝类超出 100 贝克勒尔的概率将大幅降低。应该是想要以此宣扬流通中的茨城县的水产品是安全的，但这一措施并不是要立竿见影地促进茨城县水产品的消费，而是通过自我控制流通来确保安全性，以此来赢得消费者的信任，因此不如说是在放射性物质造成地海洋污染尚未得到解决之前所采取的尽量减少出货的举措。但一个月后，对于低于标准值的鱼类可解除自我停止出货的约束。

在茨城县，根据 2012 年 3 月以后的检查结果，超过 100 贝克勒尔的汤氏平鲉和河豚被要求自主停止出货和销售。加上已经得到限制出货指示的石鲽鱼、斑鰶、陈氏平鲉、黄姑鱼、比目鱼和鲈鱼，合计有 8 类鱼已实质性地受到出货限制（截至 2012 年 10 月 10 日）。之后又加上了真鳕鱼。再之后又增加了检出数值虽在 100 贝克勒尔以下但超出 50 贝克勒尔的 11 类鱼。这些是生产者进行的自主停止出货，目标鱼是按照海域来决定的。然后，根据检查结果，按照标准有的鱼类解除自我约束，有的鱼类被加入自我约束[10]。也有鱼类在成为自我约束对象和解除自我约束之间反反复复。截至 2013 年 2 月 6 日，属于自行停止生产的对象鱼类如下：北部海域有六线鱼、短吻红舌鳎、带斑平鲉、许氏平鲉、黑鲷、豹纹东方豚，县中部海域有赤魟、日本平鲉、豹纹东方豚，南部海域有赤魟、带斑平鲉、蓝圆鲹。

牙鲆是茨城县的特产之一，是对拖网渔业和固定式刺网渔业的销售额贡献较大的鱼类。近海拖网渔业和小型拖网渔业会把被捕捞的比目鱼再次放流，但固定式刺网渔业如果不能出货比目鱼，渔业则难以维持，因此自行停止了作业。对于积极热情的渔业从业者来说这应该很难接受。那之后，因为比目鱼在一个月的检查中数值都在标准值以下，2012 年 8 月末，县中央和南部海域的出货限制被解除了。基于此，县中部和南部的固定式刺网渔业也得以重开。然而，由于北部海域还未解除，属于北部三渔协的刺网渔船还处于持续休渔状态。以比目鱼为主要渔获对象的钓鱼渔业也是如此。

新标准风波

政府一宣布从 2012 年 4 月开始执行的新标准，在零售业界就掀起了风波。零售行业的大型个体已经建立了自己的检查体制，并制定了独有的限制标准。当然其独有的限制标准没有超过政府的暂定限制值。然而，随着政府新标准的公布，又出现了要设定低于标准值的独有的限值标准的举动。这看起来像是降低标准的竞争。例如，将鱼贝类和水产加工品的独有标准设定为 50 贝克勒尔的事例非常引人注目[11]。茨城县的自行停止作业的自主标准看起来像是与此相呼应。已经出现了作为极端对应的"以放射性 0 为目标[12]"，以及不经营在福岛县和茨城县卸货的鱼贝类等这种苛刻应对，然而新标准的制定又加剧了严酷的竞争。面对零售业界，政府通知零售业界团体停止设定独有标准，但没有看到任何效果，反而是回避购买受灾地产食材的态度变得更加强烈了。

不仅是零售业界，在流通相关业者中也有不购买受灾地产食材的从业者。这些从业者处于流通渠道的中间，只能通过询问来确认，虽然无法确定，但应该是为了回应流通下游的从业者的需求。

千叶县铫子地区在各地区的受灾地恢复延迟的情况下，作为其他受灾地的替代地，水产加工业的开工量有所增加，地区经济向上。也因此铫子渔港 2011 年的卸货量超出了 2010 年。然而在引入新标准后，铫子地区的流通业者的销售陷入了低迷。并不能确定新标准是否是直接原因，并且当时有铫子近海的海底泥被放射性污染的报道等，也可能受报道影响，据说销路急转直下。就连在铫子近海捕捞的比目鱼，尽管长期以来在放射性检查中从未超出标准值，在消费地也被回避购买。因此铫子的拖网渔业从业者和刺网渔业从业者不得不开始自主休渔。

这些是零售业方做出的应该回避从可疑产地采购的判断吗？

3 "鳃呼吸的每一天" ——撤离渔民的痛苦与选择

警戒区的渔村与渔协

东日本大震灾后，让渔业从业者最痛苦的事情是他们在海上的工作场地被剥夺了。但在三陆，可以做清除瓦砾等的海滩工作，还可以利用剩余的渔船进行合作体制的作业。在自主休渔和自行停止作业这些名目下，工作场地不断被剥夺掉的是福岛县和茨城县的渔业从业者。此外，常磐的状况和对未来的展望也不同。再加上原本一直在警戒区域内生活的渔业从业者连家乡都无法返回，到现在还在远离家乡的地方生活着。

福岛第一核电站半径 20 公里以内除了工作目的的许可以外，是不允许人进入的警戒区域[13]。2012 年 4 月以后，这一范围的区域被划分为撤离指示解除准备区域、居住限制区域、回家困难区域和计划性撤离区域，原本生活在这些地区的居民开始渐渐能够返回这些地区，但有附加的限制条件。

警戒区域内的渔村又如何了呢？位于浪江町请户渔港周边的渔村和位于富冈町富冈渔港周边的渔村都在警戒区域内。前者位于福岛第一核电站的北侧，后者位于核电站的南侧，但这两个渔村至今仍属于警戒区内，预计短期内无法恢复。

旧请户渔协和旧富熊渔协分别位于浪江町和富冈町。但在 2003 年从县中部到县北部的 7 个渔协合并了，上述两个渔协现在成为相马双叶渔协的请户支部和富熊支部。

这两个分部的地区因为都与核电站相邻，所以在与核电站的关系上有相同之处。如从事核电站相关工作的居民比较多，其中还有渔家的家庭成员在东京电力工作的情况。然而，不管是震灾前还是震灾后，这两个分部的组合成员的状况却大不相同。

请户地区的渔民

请户支部有正式组合成员 144 名，准组合成员 69 名，其规模在相马双叶渔协的 7 个分部中排名第三。并且在震灾前，请户渔港只使用本地船，但因为是第三类渔港，所以也是可以接受外县船的港口，有相应的规模。渔业方面，以比目鱼和鲽鱼等为渔获对象的固定式刺网渔业、捕捞沙丁鱼和玉筋鱼的船拖网渔业、章鱼笼渔业以及一条钓渔业非常繁盛。2008 年，根据渔业普查，在请户分部的管辖区域内（浪江町、南相马市小高区），约 30% 的渔业从业者有自己的继任者。虽然不及相马原釜分部的 50%，但已远远超出全国平均水平。根据乾政秀的调查结果 [14]，震灾前正式组合成员的年龄分布如下：20 岁年龄段的有 3 人、30 岁年龄段的有 16 人、40 岁年龄段的有 25 人、50 岁年龄段的有 23 人、60 到 65 岁有 37 人、65 岁以上的老年人有 40 人，从全国趋势来看，年轻的渔业从业者不算少。这一地区因震灾造成的人员损失包括死者和下落不明者 27 人（正式组合人员 16 人、准组合人员 11 人），震灾后病死者 8 人（正式组合人员 3 人、准组合人员 5 人）。死者和下落不明者主要是老年人，30 到 40 岁年龄段的也有 4 人，此外在父子两代共同经营的 21 个经营体内，有 4 个经营体失去了父亲，有 3 个经营体失去了孩子。

幸存的渔业从业者撤离到县外躲避灾难。除了邻近的宫城县、山形县和新潟县以外，还有撤离到熊本县、爱知县蒲郡和东京江东区的。和其他受灾地不同，撤离的渔业从业者已经无法返回家乡。不仅是渔业从业者，渔协的工作人员也是如此。

撤离到东京都江东区的渔业家庭有四户，从浪江町撤离出来，集体疏散住进叫作东云住宅的公务员宿舍。东云住宅是一座高层建筑，位于一个一眼就可以看到北部湾的地区，但对于渔业从业者来说，这里好像是一个难以生活的空间。根据富田宏的调查显示 [15]，这些渔业从业者希望今后也继续从事渔业，但他们觉得如果不能返回家乡是不可能实现的。换句话说，如果不是他们熟悉的海域，如果那里没有相同行业的社区，恢复作业是难以想象的事情。作为一个思路，他们也考虑过在福岛县内的其他地区重新开始，但只要还在东京都内生活，就不会有任何进展，也没法决定任何事情，这些都成了他们的压力。这种感觉大概疏散到福岛县外生活的其他渔业从业者也一样吧。

撤离到当地附近生活的请户分部所属的渔业从业者们开始准备恢复作业。震灾后，冲出港口剩下的渔船有 11 艘。利用追加预算（共同使用渔船等恢复支援对策项目）订造新船的渔船有 6 艘。作为二手船修复的渔船有 3 艘。虽然完全没有重新开始的眉目，请户分部的可用渔船预计达到 20 艘。

2011 年 7 月，震灾后如一盘散沙般分散在四处生活的组合成员因要进行瓦砾处理项目返回到了请户附近。追加预算中制定的瓦砾清除项目实际上三陆在 4 月份就已经开始了，福岛县内开始的比较晚。有 39 名请户分部的组合成员参与其中。但是，也有从福岛市内和二本松市内通勤的组合成员，所以很难说这个由 80 到 90 户渔民构成的社区已经恢复了。

不断推进重开准备工作的渔业从业者们，未来的目标是在请户渔港重新开始渔业。幸运的是，请户渔港周边虽然在警戒区域内，但是空间吸收剂量比福岛市内低。因此，还是有希望的。而且在请户分部的管辖区域内，南相马市小高区被从警戒区域解除，指定为撤离指示解除准备区域。该地区的渔业从业者将来返回当地重新开始渔业的可能性已经出现了。

然而现状是，即便有前景，在当地重新开始渔业这件事也不可能立即实现。作为切实可行的应对，请户分部的目标是以真野川渔港为据点重新开始，真野川渔港位于南相马市小高区北侧的南相马市鹿岛地区。当然是与鹿岛分部共同合作。

真野川渔港是连接着真野川的渔港，河流和渔港之间的航线被海啸带来的泥土所掩埋。目前正在进行疏浚等渔港的修复工程。码头虽然还没有工厂厂房，但当地造船厂的运营已经恢复，复兴的迹象开始出现（2012 年夏季）。以往在请户分部的批发市场购买打捞水产的买家，也在鹿岛分部的批发市场进行采购，所以从流通方面的关系来看，在鹿岛分部重新开始渔业是合理的判断。福岛县内的沿海渔业无法重启，甚至连具体的复兴计划都无法制定，但请户分部的这一构想应该能够推进。

建有两个核电站的富熊分部

在富熊分部，有正式组合成员 15 名和预备组合成员 24 名，其正式组合成员人数低于水产业协同组合法的法定人数，是通过合并才作为分部保留下来的。主要的渔业有北极桁杆拖网、刺网渔业和钓渔业。

富熊分部在原富熊渔协时期，1970 年以前其组合成员数都超过了 70 个，但由于它位于东京电力福岛第一核电站和第二核电站之间，随着核电站选址的确立，许多渔业从业者放弃了渔业，转身从事与核电站相关的工作。到了 1991 年，正式组合成员数减少至 23 人。

根据秋谷重男 1991 年对富冈地区的调查，据说当时的富熊渔协没有工作人员，仅以一个叫作小良浜港的被悬崖峭壁包围连码头都没有的天然港为基地，一直在持续传统的小渔业经营[16]。然而它就在现代科技的结晶——核能发电所的脚下。秋谷把这一幕称为"现代童话"。

之后，基地转移到建成的富冈渔港，留下的渔业从业者走上了努力与休闲产业和核工业共存的道路。富冈地区被两个核电站的布局搅乱，地区渔业犹如风前残烛，但该地区有县中部唯一的旅游导向型休闲渔业，根据渔业普查结果，有继任者的自营渔业从业者有 4 人。作为福岛县沿海渔业主力的小型拖网渔船有 3 艘。这也许可以说是一个极限村落，但渔业并没有消失。

受灾后的富冈渔港

从富冈渔港望向东京电力福岛第二核电站

东日本大震灾又让这些地区的情况雪上加霜。受海啸影响，在富熊分部地区生活的组合成员（正·预备）2人死亡，24名下落不明。幸存者仅有13名。富冈地区处于警戒区域内，今后会怎样也是完全没有头绪。渴望重新开始的渔业从业者现在和磐城市渔协的久之浜分部的组合成员们一起作业。虽然所属渔协不同，但久之浜渔港位于距离富熊分部约20公里沿海岸线向南移动的地方，据说富熊分部的组合成员长期以来一直在久之浜渔港卸货上岸。基于这样的缘由，如果重新开始渔业的话，久之滨有望成为基地。

警戒区域外渔业的困境

警戒区域外渔民的状况，因县北（相马）和县南（磐城）而大不相同。县北部的相马原釜地区不仅在福岛县内，在日本全国范围内也是屈指可数的有活力的地区。不仅年轻的渔业从业者多，前面提到的继任者也比较多。渔协的青年部和女性部的活动也很活跃。这是一个充满活力的地区，并且与县南部相比，放射性污染程度较低，因此有许多渔业从业者积极地想要尽早重新开始渔业。

特别是渔业主力的近海拖网渔业对于重启极富热情。之后也会讲述，相马原釜地区的近海拖网渔业在福岛县内进行了首次试验作业。

该地区的近海拖网渔业在震灾前的渔船有 29 艘。受海啸影响，几乎所有的渔船都被损坏了。其中有 19 艘通过修理得以恢复，再加上购买的二手船 1 艘和建造的新船 1 艘，共有 21 艘渔船可以重新开始作业。此外，2012 年 8 月，还有 1 艘渔船正在建造中。据说此时也有渔业从业者正在犹豫是否建造新船，整体来看，今后渔船势力接近震灾前的可能性很大。

另外，还有拖网渔业、刺网渔业和北极渔业。但由于这些渔业的作业海域是比较沿海的区域，所以还没有试验作业的眉目。

在县南，震灾后不久，很多鱼类都被检测出超过暂定限制值的放射性物质，海洋污染非常严重。到 2012 年 8 月，低于暂定限制值和新标准的鱼类开始增多，鱼贝类的污染逐渐减少。但仍没有任何要进行试验作业等的迹象。除了县北的近海拖网渔业从业者，其他渔业从业者也是这一趋势。

为什么会出现这样的意识差距呢？首当其冲的第一点理由就是相马原釜地区的近海拖网渔业是特殊的。虽说是试验作业，但从渔获物中检测出超过新标准的放射性物质也是不允许的。海上拖网渔船的渔船规模相对较大，可以捕获污染较小的近海深海鱼类，因此很容易进行试验作业。而其他渔业是在沿海地区附近作业，所以试验作业很有可能自惹麻烦。此外，由于担心风评影响，当地买家和加工业者的购买意愿不高。其次，因为有瓦砾清除、抽样调查用船和休渔补偿这一系列的现金收入，渔业从业者的生活并不困难。即便是试验作业，如果捕捞到的鱼贝类检测结果超过新标准，也一样会被市场抛弃，只会让正式重启变得更晚。因此，大家认为没有必要冒着风险去进行试验作业，有这样的判断也是理所当然的。

然而，每周仅做两到三次的瓦砾清除或抽样调查的工作，并且这样一个状态今后还要长期持续，这对渔业从业者来说，无论是身体方面还是精神方面都是不健康的。当然，渔业从业者和渔协相关人员也都明白这一点。然而，渔业从业者即使从事其他产业也不合适，不能持续。事实上，有些渔业从业者在震灾后转行从事建筑行业和公司职员，但那之后的情况听说是很多人连三天都持续不了。

如果有办法让渔业从业者继续做渔业从业者就好了，然而现状是除了下述的实验作业的措施以外，"没有办法"。

4 试验作业

与三陆不同，认为福岛县的渔业重启要在几年以后的想法比较多。这是因为核灾难造成的海洋污染比较严重。但随着时间的推移，超过暂定限制值的鱼贝类检测物越来越少。因此，相马双叶渔协的相马原釜分部在 2011 年 10 月召开的福岛县内渔协会长会议上提出了试验作业的要求。这是相马原釜分部的主力渔业，即近海拖网渔业的要求。但是，在会议上因一句"为时尚早"没有被通过。在那之后，也提出过试验作业的要求，但没有任何进展。

只要是渔业从业者，任何一个人都强烈渴望恢复到震灾前的状态。这也是当地流通业者和消费者的心愿。然而，因核事故造成的海洋污染带给公众的打击太大了，即使在抽样调查中未发现超过暂定限制值的检测体，如果在试验作业期，销售地出现超出暂定限制值的鱼贝类，福岛的渔业将会被完全驱逐出市场。为时尚早说的就是，在不具备能 100% 保证不会发生上述情况的条件之前，即使是试验作业也不应该进行。

于是，在综合了渔业从业者团体、行政机关、试验研究机关、地方流通加工业者、消费者团体、零售业界和有识之士的意见基础上，负责制定试验作业实施计划的福岛县地域渔业复兴协议会于 2012 年 2 月成立，并在成立后第二个月开始了讨论。在这一协议会上制定的实施计划如果在福岛县内的渔协会长会议上通过的话，就可以实施试验作业了。

2012 年 4 月以后，为了能立即开展试验作业，该机构开始行动起来。第一弹是在计划恢复作业的相马双叶渔协的相马原釜分部的努力。在相马原釜，批发市场附近配备了预制板装配式检查室（配有两台碘化钠闪烁光谱仪和五名受过培训的工作人员），并完善了试验作业体制。试验作业分别于 2012 年

6 月 14 日（第一次航行）、22 日（第二次航行）、27 日（第三次航行）由相马原釜地区的近海拖网渔船实施。

　　在这个试验作业中，捕捞对象为生活在深水海域的栗色蛸（相马市原釜称为 Amadako）、北太平洋巨型章鱼、蛤蜊（白线卷贝）[17]。试验作业的内容具体为：渔业从业者团体委托加入了相马原釜鱼市场买家协同组合的加工业者将渔获物加工为熟食后保存于冷库中，在检查通过后销售给买家流通到市场中。在产品上，作为原产地名称标注福岛县相马，还会标注原材料、含量、消费期限、生产日期、保存方法、制造商、销售商的名称（相马双叶渔协）。

　　第一次航行中，试验作业完成了加工前的流程，在第二次和第三次的航行中，试验作业进展到了流通测试。参加试验作业的船有 9 艘，渔获成果分别为：栗色蛸 327 千克、北太平洋巨型章鱼 2284 千克、蛤蜊 1020 千克。从作业渔船规模即 9 艘近海拖网渔船来衡量的话，渔获成绩差强人意，但由于捕捞对象鱼仅限 3 类，其他种类的鱼即便捕获了也只能放生，所以才有这样的渔获成绩。

　　最后作为终端的销售目的地，即流通业者的交易范围定在了福岛县内。虽然也确定了每一样产品的价格，但据说面向消费者的销售价格，与县外产的同类商品相比便宜两成到五成。最终商品全部售罄。

　　2012 年 7 月 14 日，进行了近海章鱼笼捕鱼业的试验作业。章鱼笼捕鱼法是指在大约 2 千米的干绳上每间隔 20 米放置装好了诱饵的鱼笼，然后将其铺设至海底。这一方法与近海拖网渔法在捕捞方法上完全不同，但试验作业的方法以及作业海域与近海拖网渔业所进行的试验作业相同。出海船只为 11 艘，渔获物分别为北太平洋巨型章鱼 33 吨、蛤蜊 11 吨。销售目的地不仅有福岛县内的批发市场和零售店铺，还扩展到了仙台市、东京和名古屋等的批发市场。渔业从业者团体向买家的销售从 7 月 19 日到 8 月 8 日，前后分 9 次进行。并且和 6 月份试验作业阶段相比，渔业从业者团体（相马双叶渔协）交付给买家的价格每千克上涨了 100 到 200 日元。与销往县内外的其他产地生产的同类商品交易价格相同。从渔获到运输销售都非常慎重。

2012 年 9 月之后也进行了近海拖网渔业的试验作业。作为捕捞对象候选的鱼类，除上述 3 种鱼类外，还增加了自抑峨螺（白螺）、毛蟹、太平洋褶柔鱼、虾夷峨螺、礼凤唇齿螺、枪乌贼和大翅鲷鲉，共 10 类鱼。当然，增加鱼的种类或是变更试验方法都是以福岛县地域渔业复兴协议会的协商和会长会议的共识为基础的。此外，从 2012 年 11 月开始，捕捞对象鱼类还增加了大眼青眼鱼、日本小口鲽和越前蟹 3 类。作业海域也扩大了（2012 年 6 月开始的试验作业海域为距离福岛第一核电站 20 公里以上的北纬 37°53.4' ～北纬 37°37.2' 海域，2012 年 11 月开始作业海域扩大到北纬 37°27.8'）。

然而从 9 月份开始的试验作业中，捕捞对象实际上只有北太平洋巨型章鱼、栗色蛸、太平洋褶柔鱼和毛蟹。其他的鱼类也只有在 11 月的作业中捕捞到的自抑峨螺和蛤蜊，所以捕捞的实际成果还不到 13 类候补鱼类的一半。

从 9 月到 11 月底的卸货量补充说明如下：北太平洋巨型章鱼 21 吨、栗色蛸 20 吨、太平洋褶柔鱼 338 吨、毛蟹 2.8 吨、虾夷峨螺 0.1 吨、蛤蜊 0.8 吨。因为仅是每月 2 到 3 次的试验作业，所以和震灾前相比，不得不说卸货量是极少的。

最初，仅是将渔获物煮沸加工进行流通，随着太平洋褶柔鱼和毛蟹等的捕捞，生鲜流通也开始了。在试验作业中捕捞的鱼类只有 3 种，制造和销售也仅在限定范围内进行，但相马原釜地区的渔业从业者和流通加工业者的重启意愿很强，每计划一次试验作业，渔业种类、参加渔船数、对象鱼类和作业海域都会有所扩大，销售目的地也不断增多。

根据福岛县水产试验场等长期进行的监测调查和饲料等的污染调查结果，试验作业规模在不断扩大。虽然目前还看不到什么前景，但长远来看应该会推进解除出货限制指示对象鱼类的程序 [18]。

然而，由于试验作业的扩张，原本预想到的现场矛盾也出现了。在渔业中，全数检查是不现实的，那么什么样的检查体制是适当的？在 6 月份进行的试验作业中，3 种鱼类的样本数量为 18 个，但通过 6 人体制的检查到汇总结果需要 18 个小时。因此，即使增加渔获对象的鱼类，上述检查体制仍是一个发展瓶颈，实际上有一半的鱼类未能卸货。

　　现在的试验作业是有补助金和补偿金支援的，而且作业只是断断续续地进行，所以成本不会追加到产品上，而且渔协有很多项目还未重启，所以职员的配置也是来得及的。为了更加确保"安心"，必须通过细分样本来增加样本数量，例如每艘船、每种鱼、每一天等等。随着渔获量和鱼种类的增加，花费在检测上的时间和费用变得庞大。商业基础来看，必须把成本控制在符合核算标准的范围内，所以不可能过于细致地去应对。今后，在不断扩大试验作业规模的同时，还必须要考虑如何解决"安心"与"成本"的问题。

　　在福岛县，面对上述挑战的同时，人们正努力通过逐步扩大试验作业渐渐过渡到实际作业，从而实现渔业的复兴。然而，针对这些试验作业也有否定的声音。例如"没有显示测量仪器的检测极限""只检测了铯，没有检测锶"等等。这是因为不仅有放射性物质的散播，发生了绝不该发生的核电站灾害，还未能准确地向国民传达正确的信息，所以有上述否定的声音也是在所难免的。

　　还有一个问题不容忽视，即产地的利益相关者、研究机构、政府和消费者之间没有进行良好的风险沟通。今后在试验作业中，包括解决"安心"与"成本"的问题，需要稳步推进真正的风险沟通体系的建立。

5 核事故的社会灾害带来的分裂

　　常磐的渔业、特别是福岛县北部的渔业状况，仅海啸造成的破坏已经非常严重了，雪上加霜的核事故灾害成为复兴路上最大的障碍。核事故本身造成的灾害就已经很严峻了，而从中衍生的与放射性危害相关的社会灾害因为很难表面化，所以很难估量其规模。并且社会灾害寄生于信息社会之中，所以随着舆论及社会风向的变化，它会时而膨胀时而收缩，反反复复。

　　这一社会灾害包括实质损害和风评影响。实质损害是指核事故产生的放射性污染造成的损害。不仅有农作物和鱼贝藻类的污染，还包括这些物品无法销售的事实也属于实质损害。这一损害的直接受害对象是生产者，而流通部门则成为间接受害对象。并且如果受污染的食材没有被发现的话，这种损害还会波及消费者。

另一方面，风评影响是指由于核事故造成放射性污染，受灾地的农作物和鱼贝藻类被回避购买的损害。这种损害主要影响到生产者和相关的销售者。

在考虑这一社会灾害时，判定是实质损害还是风评影响这件事除了要求损害赔偿之外，没有任何意义。消费者和零售行业回避购买受灾地食材的行为是为了避免实质损害，而这一行为的社会性累积造成的食材销售萎靡现象，站在生产者的立场来看则是风评影响。

如前所述，政府于2012年4月推出了新的放射性物质标准，但零售业界和生产者团体又分别做出了要制定低于新标准的独有标准的应对。设定比国家更低的标准并尽量减少损害，从这一点来看二者所采取的行动是相同的，但零售业界是为了避免实质损害而采取的行动，另一方面生产者团体比起避免实质损害，更多的是为了得到消费者的信赖、防止风评影响的发生而采取的行动。降低标准这一对应方式，其意义是表里一体的关系。

像水产品由于其流通和消费的特性，需要时间和高成本的全数检查在这一领域不切实际，消费者为了完全回避实质损害，只能远离受核事故灾害的受灾地。另一方面，生产者受上述消费者行动的影响，只能控诉遭受了风评影响。

原本生产者和消费者之间是卖方和买方这样的利益冲突关系，特别是价格上的利益冲突。关于放射性物质的出货限制标准其实也是一样的，两者的接收方式完全相反某种意义上来说也是理所当然的。

原本在生鲜食品流通中，分享自然恩惠的人与人之间存在关联，生产者和消费者之间也应该存在着丰富的交流链。然而，在人们开始呼吁食品安全以后，两者的关系开始依附于标准和标示，陷入了风险沟通的世界，演变为冷静的关系。核灾难正是在这种状况下发生的。

最悲惨的是，这一社会灾害引发了社会的分裂。在生产者之间，围绕着渔业的重启出现意见冲突，分裂正在蔓延。此外，围绕着是实质损害还是风评影响，生产者和消费者之间的分裂也在扩大。越是想制定标准，越是要依靠科学依据，离社会灾害的解决之路就越遥远。要解决社会灾害，唯有首先认知到社会灾害的本质及其结构。

注释

1　根据 2003 年渔业普查统计，福岛县以 29% 位列日本第一，茨城县以 27% 居日本第二。2008 年，茨城县和福岛县排位转换，分别为 36% 和 34%。另外，茨城县在 2003 年时有继任者的渔业自营业者是 156 人，而 2008 年是 166 人，所以人数上是增加了。

2　这仅是相较于其他县的一个对比情况，所以并不意味着一定出现了新的从业者或顺利恢复了区域渔业的生产，也不能断言说渔业比其他县发展的好。

3　县外的近海渔船频繁使用的港口很少，三陆有很多大型固定网渔业，常磐只有一个经营体。

4　乾政秀「原発事故と福島県漁業の動向」『別冊「水産振興」東日本大震災特集Ⅱ　漁業・漁村の再建とその課題—大震災から 500 日、被災地の現状を見る』（東京水産振興会、一〇四 - 一一六頁、二〇一二年八月）：向海洋排放的放射性物质的负担是由"①为降低反应堆安全壳内压力所设置的举措和容器的破损、氢气爆炸释放到大气中的放射性核素下降到海洋，②反应堆建筑物地下积聚的高浓度污染水的泄漏和有意排放的低浓度污染水，③下降到陆地并通过河流等流入海洋。"这三种途径带来的。另外，水口宪哉「福島原発の事故は海のチェルノブイリ……安心で美味しい魚をどう選ぶ？」『食品の放射能汚染　完全対策マニュアル』（宝島社、七四 - 八九頁、二〇一二年三月）：福岛第一核电站造成海洋的放射性污染的原因，除有意为之以外，至少还有以下三项。①含放射性物质的气流在核电站向西的海面上流动，然后随雨水降落到海洋，数量是降落到陆地上的数倍之多。②渗透到福岛第一核电站的地下，与地下水一起从海底进入大海的放射性物质。③虽然降落到陆地上，最终随着河流和雨水流入海洋的放射性物质。

5　福岛县内的受灾情况也不一样。县北部海啸灾害影响较大，县中央和南部地区受放射性物质污染的影响较大。要了解福岛县内的具体受灾情况可以参考下述文献。井上健・阿部高樹・小山良太「福島県の海面漁業における被害状況と現状について」『北日本漁業』（北日本漁業経済学会、三九 - 四八頁、二〇一二年三月）。

6　小山良太「原子力災害と福島県農業」『放射能汚染から食と農の再生を』（小山良太編著、家の光協会、八 - 九頁、二〇一二年八月）。

7　详见水产厅官网。

8　详见水产厅官网。

9　厚生劳动省医药食品局食品安全部标准审查科"关于食品中放射性物质的新标准值"。

10　例如，2012 年 7 月 31 日，茨城县的县中部海域解除了比目鱼的生产自我约束，同年 8 月 24 日在县北部海域的比目鱼又成为了生产自我约束的对象。同年 10 月 10 日，解除了县北部的比目鱼的生产自我约束，同年 9 月 6 日解除了县北部海域的鲂鮄的生产自我约束。

11　Pal-system 联合会、生活 club 生协联合会和大地守护会等限定了每公斤 50 贝克勒尔作为自己的标准。

12 例如，Aeon Retail 在 2011 年 11 月打出了"零辐射宣言"。但是 Aeon Retail 一直通过交易支持着受灾地区，如从 2012 年 6 月末开始从福岛县小名浜渔港购买鲣鱼，2012 年 9 月开始采购秋刀鱼等。其中鲣鱼是在八丈岛近海捕捞的，秋刀鱼是在北海道近海捕获的。

13 在此基础上，放射性污染比较严重的饭馆村、葛尾村、浪江町全区、川俣町和南相马市的部分区域被指定为计划性避难区域。

14 同 4、乾政秀「原発事故と福島県漁業の動向」。

15 富田宏「"陸に上がった漁師"の無念と決意 属地性を否定された沿岸漁業と漁村の再生シナリオを考える」『脱原発の大義 地域破壊の歴史に終止符を』(農山漁村文化協会発行、七二 - 八八頁、二〇一二年五月)。

16 秋谷重男「原発のある風景と、漁業のありかた」『漁協（くみあい）』(八巻三号、全国漁業協同組合連合会、一九九一年)。

17 最初，除上述三种鱼类外，日本桥鱼、墨鱼（石斑鱼）、河蟹、日本石莼（青目鱼）、日本介子鱼（日本鳗鲡）、毛虾夷鲻鱼（日本鳗鱼群）、日本剑虹鱼（枪乌贼）、枪乌贼、墨鱼卵、饭蛸等鱼类也被列为候补捕捞对象。出于更安全的目的，最终还是缩减到三种被认为更安全的鱼类。

18 截至 2012 年 10 月 3 日，指定为限制出货对象的鱼类共有 40 种。

第十章
区域渔业的未来

　　考察受灾地的复兴之时有几个不同的视角。分别是地域视角、产业视角和人的视角。这些视角相互关联，密不可分。这是因为在一个地域，人们生活在此，劳作在此，又因为人的生活与劳作不断复制，从而形成了地域独有的产业。

　　在考察水产复兴的时候，这种视角也是不可或缺的。然而，就拿受灾地这一地域视角来说，情况却不尽相同。每一个县、每一个市町村、每一个渔村村落情况都不同。唯一能够说的就是，从震灾前开始整体上都在推进缩小重组的进程。渔业从业者数量的减少趋势以及继任者的延续因渔村而异。

　　渔业的再生是在不同的条件和状况下各自去实现的，所以如果不把握这一动向则无从谈起。

　　在本章中，我们将考察水产业结构重组的进展表现，以及在这一过程中显露出来的渔协的内部问题、震灾前就已开始的现场的改革措施和水产加工业的努力举措，并探讨地域渔业的复兴方向。

1 缩小重组的加速

日本国内的渔业从业者人数一直在减少，现役渔业从业者的平均年龄一直在上升。更不用说继任者等新加入从业者的人数也在逐年减少。渔家的减少主要是第二类兼营（不以渔业收入为主的兼营渔家）最多，然后是第一类兼营（以渔业收入为主的渔家）次之，而专营渔家的数量保持稳定。经营者处于核心年龄层（40 到 59 岁）的渔家反而有所增加。很有可能是经济萧条，失去了其他兼职的工作。就职到其他行业变得困难，近年来渔业的新加入就业人数在触底后，转向了轻微的上升趋势[1]。

从宏观上来看，由于每年有长期零散从事渔业和养殖业的渔业从业者大量关停，剩下的渔业从业者人均可用渔场在逐渐扩大。确实，尽管渔业从业者数量在减少，但渔业和水产养殖业的产量并没有减少，或者是即便某些鱼类减少，其他鱼类也会增长。除了沙丁鱼、真鲭和明太鱼等大量生产资源的大幅波动外，日本的总产量没有太大变化。从经济高速增长期来看，渔业从业者人均的生产效率大幅提高。即可以说专营渔业的渔家这样的核心渔业从业者群体已经吸收了那些退出渔业的老年人和兼营渔业从业者的渔场。就在这种结构调整进行得如火如荼之时，东日本大震灾发生了。

我们再来看一下宫城县渔协对组合成员的意识调查结果（第二章，表2）。2011 年 5 月，有继续意愿的占比分别是正式组合成员 71%、预备组合成员 52%。接下来根据 8 到 9 月进行的调查，上述占比则变成了正式组合成员 81%、预备组合成员 39%。虽然正式与预备之间产生了差距，但选择停业的是老年人和兼营渔业从业者，专门从事渔业经营的渔业从业者的继续意愿看起来很强烈。

宫城县渔协的意识调查显示出了正式组合成员和预备组合成员之间的不同。当下，组合成员资格越来越严格，预备组合成员几乎都是兼营渔家，正式组合成员多为专营渔家，其余的组合成员则是以渔业收入为主的兼营渔家。因此，有继续意愿的人多为正式组合成员，预备组合成员人比较少，这一调查结果与日本全国范围内存在的专营渔家持续经营，兼营渔家逐渐停业的趋势一致。

可以说东日本大震灾是一场加速了当今结构重组的灾害，这一点从上述意识调查的结果中也可看出。关于停业的渔业从业者是怎样的群体，虽然还没有详细的调查，但其中也有因前景不明朗而停业的年轻一代的渔业从业者。许多是由于经营不善而无法为重启进行再投资的、或计划停业的、或即将退休的渔业从业者，那些既有意愿也有能力的渔业从业者停业的情况非常少。即使那些已非青壮年，年龄在 60 岁以上的渔业从业者，有重开的意愿并长久以来靠渔业维持生计的群体都坚定地重新开始了渔业。工藤贵史开展的关于宫城县气仙沼附近的唐桑地区和大岛地区的水产养殖渔家数量和收获量趋势的调查[2]恰好证实了这一趋势。

不仅是沿海渔业，近海和远洋渔业也呈现出与沿海渔业相同的趋势。2000 年之后，近海和远洋渔业的经营财务状况没有得到改善，渔船的船龄老化，并且已经制定了应对渔船老化的措施。从 2007 年开始，政府继续实施"渔船渔业结构改革综合对策项目"，以进行大刀阔斧的改革。在八户渔港、气仙沼渔港、石卷渔港、小名浜渔港等港口，受海啸影响，鱿鱼钓渔船、秋刀鱼舷提网渔船、金枪鱼延绳渔船、围网渔船等近海和远洋渔船有的冲上了码头和渔港用地，有的触礁，有的翻船。

拥有这些渔船的经营者中，有人已经将船只报废，也有人通过"共同使用渔船等恢复支援对策项目"进行代船建造。当然选择报废船只的经营者有可能是不得不放弃业绩表现不佳的渔船，或者认为即使重新建造渔船未来也没有什么希望可言。作为背景事实，确实有很多经营者因直面融资的三重苦而在艰难维持。

近海和远洋渔业一直是利用先进技术竞争渔获有限的资源，现在这种竞争得到缓解，平均船龄也下降了，这意味着由于东日本大震灾，结构改革取得了进展。

在水产加工业中，震灾后放弃事业重启的主要是小本经营者和大公司。

希望重新开始的水产加工业从业者中，也有一些项目人员尽管已经确定了财政支持的交付，但还是没有决定下来。这是因为未能从金融机构获得重启资金。据说信用审查与往常一样，对于新的贷款重视债权区分。震灾前已出现经营不善的业者则被金融机构排除了，经营重建的前景不明确，从而放弃了事业的重启。

与此同时，大公司决定立即撤掉那些震灾前就已经开始不盈利的事业部门。这些业务被撤掉后，相关的员工及其职能转移到了受灾地以外地区的工厂。

震灾后，也有公司通过扩大规模、增加工厂、开发新业务和新产品等举措，取得突破。这些公司得到金融机构的充分信任，很早就设立了重建事业的目标。这些企业在受灾地区以外也拥有工厂，并立即恢复了受灾地的工厂重新开始了业务。应该是还有余力吧，甚至有企业进入了补贴资金雄厚的岩手县发展。

创建了使用复兴交付金的支援项目，推动新设备的引入。这项支援项目虽然是基础自治体在进行，但因为它可以用来招商引资，所以可以吸引到该地区外的有实力的企业。实际上，在各个县都有自治体将这一项目用于招商引资。

2 渔协的停滞与重建

协同组合是组合成员基于互助精神为开展项目而成立的法人单位，运营协同组合法人原本要实现的功能不仅仅是开展项目，还有利用项目盈利获得的资金资助组合成员的发展。渔协（JF集团）和农协（JA集团）一样，开展销售和采购等经济项目以及互助和信贷等金融项目，并将从上述项目中获得的利润反哺给非营利性部门的项目，即管理渔业权、指导组合成员、代理行政和回馈地区活动。而最大的收入来源，相对于农协的金融项目，渔协则是销售项目。至少在泡沫经济期之前，销售项目发展稳健，尽管组合成员人数减少，渔协却在增加职员人数，通过利用沿海渔业结构改善项目等积极推进设施整顿。

然而，进入通货紧缩经济衰退期之后，鱼价长期持续低迷，作为最大收入来源的销售项目开始下滑，渔业经营陷入长期困境。鉴于这种情况，为了使经营合理化，从 20 世纪 90 年代中期开始，渔协大力推进广域合并，并将信贷项目转移至信用渔业协同组合联合会。进入 2000 年之后，在大分县、秋田县、山口县、岛根县、石川县和宫城县都出现了一县一渔协的景象。

在村落单位或原本旧渔协的渔业从业者的"结合体"零散分部的情况下，作为"事业体"的渔协已经扩大了范围。因此变成分部的旧渔协，其职员减少，对组合成员的服务能力也开始下降。这导致了组合成员与作为事业体的渔协之间的距离被拉大。渔业经营极其严峻的情况下，作为组合成员急切渴望渔协想出对策来提高鱼价。但对于陷于人力和人才短缺的渔协来说，很难进行大规模的项目改革来改善渔业经营。

在鱼价对策方面，销售项目（包括渔联进行的系统销售项目）非常重要。但是，渔协进行的销售项目是进入生产者和流通业者（买家）之间的位置，通过拍卖和招标形成市场价格，履行信用管理和支付结算的功能。虽说渔协是一个生产者团体，但它必须位于生产者和流通业者中间发挥中立的作用。如果不正当地抬高价格，交易体系就会崩溃。

作为提高鱼价的对策，各县的渔联或渔协建立了销售子公司或自营工厂，通过将县产品品牌化和提高附加值等各自进行着直接销售的实践。然而这些努力都还未能达到提高渔业经营水平的目的，几乎都处于起步阶段。要扩大直接销售体制，价格和供给量必须稳定。例如，如果鱼贝藻类因渔获量不足而出现短缺时，组合会员以拍卖和投标的方式进行销售则更有利。此外，如果对组合成员生产的产品全部购买并全部进行直接销售的话，就必须在消费区域设立销售办事处以确保供应链，而渔协和渔联就连构建这样的销售和物流网络所需的再投资能力和技术都不具备。相较而言，发展好与现有的流通业者的交易关系更能保证供给的安全稳定。因此，一旦开始了直接销售，不管是组合成员还是渔协都会面临风险，也为了规避这种风险，直接销售必须控制在一个可以稳定处理的数量。

在日本全国范围内，渔协正通过合并实现大型化和广域化，并将信贷项目转移至上级团体，同时推出了销售项目等的流通对策。就在这时东日本大震灾发生了。每个渔协都蒙受了从数亿日元到十几亿日元不等的特别损失，还背负了上亿日元的结转亏损。今后，改善财务状况是十分必要的，但当前基本上只能继续支援组合成员的事业重启和重建，恢复事业使用。为了改善渔协的项目利润（相当于项目总利润减去项目管理费剩下的销售总利润），必须减少非必要的成本，并增加销售项目、采购项目、自营渔业项目和加工项目等收益型项目的经营额度。因此，构筑一个能够提高渔协管辖下的渔场的生产力以及渔业从业者的作业热情的项目体制是至关重要的。

在岩手县，要尽早重建裙带菜、牡蛎和扇贝等水产养殖业和大型定置网渔业，恢复销售额，确保营业利润，这一系列动作进行得很急速。特别是重茂渔协，在组合会长的领导下，渔协利用内部留存的资金购买了渔船，组建了协作集团，快速恢复了渔业和养殖业。这是渔协的职员和组合成员团结一心，共同应对的结果。

在大多数渔协，考虑到组合成员收入贫乏的现状，对渔协职员采取了减薪措施。另一方面，如果渔协职员和组合成员住在邻近的临时住房中，能尽可能地与组合成员保持接触，有些渔协不仅不给职员减薪甚至还提供津贴。例如田老町渔协就是如此。为了复兴，渔协的职员不得不全天候工作，那就必须支付对等价位的工资，应该是出于这一想法。当然这也只有那些资产雄厚的渔协，即那些以往看重从组合成员的打捞量中获取的投资并做好积累的渔协，能够做到。

由渔业从业者组成的法人组织

不依附于渔协的扶持，旨在独立发展的渔业从业者集团成立的法人组织也出现了几个。在本书第七章也提到过这种现象，特别是在宫城县。像这样的渔业从业者集团，许多最初是作为利用"共同使用渔船等恢复职员对策项目"的承担者而被组织化和法人化的，但在地区内外的流通相关者和市民集团的支援下，最终也开始了自行销售牡蛎、裙带菜、扇贝和银鲑鱼等产品。

这种独立路线并不是在震灾后才开始的，地震前已经有了苗头。然而由于地震灾害，作为一县一渔协的宫城县渔协的事业体制因财务状况恶化而处于混乱之中，各分部的事业重启延迟，再加上没有自主财源无法灵活应对等等，这些现实让越来越多的渔业从业者认为等待渔协功能的恢复也是无济于事的，要复兴只能自力更生。

以销售和采购项目为盈利基础运作的渔协现在面临的质疑是，今后与试图创立自己的销售体制的渔业从业者集团要建立怎样的关系？其实不仅是在宫城县，在岩手县也同样面临这一问题[3]。

渔协是要作为一个综合事业体，不断强化销售体制以维持对组合成员的服务，以销售和采购事业为主要收入来源去运营？还是从综合事业体转型为较轻快的团体，即渔业权管理团体？又或者转换为其他的体制？不管是哪一种，各个渔协都必须要考虑作为协同组合发展下去的方案。

3 从震灾前开始的本地改革

"由于震灾前没有进行改革，所以水产业的再生从现在开始，我们应该借此机会进行改革，进行资源管理"等，像这样鼓吹这些盖章定论般言论的人不少。同时媒体也煽动这种论调。对于这种论调，大多数相关人士都很失望，只能静观。在这里，笔者想要介绍几个在受灾地区从震灾前就已经开始被推进的渔业振兴的改革。

曾经冲突频发的仙台湾[4]

仙台湾是一个具有丰富鱼类的宝库，拥有从鲽鱼类、比目鱼等底栖鱼类到鲑鱼、鲭鱼类等洄游鱼等等，也是一个优良渔场。因此，固定刺网、底拖网和旋网等渔船聚集，渔场十分拥挤。特别是在仙台湾渔场竞争的固定刺网渔业从业者和小型拖网渔业从业者在渔场的争夺方面一直冲突不断。固定刺网渔法是在海底设置渔具的渔法，底拖网渔法是拖拉渔具捕鱼的渔法，所以后者钩住前者的渔具致使其破损，或是前者占据渔场不让后者进入的情况频繁发生，双方经常在海上互相怒吼。尽管双方之间存在这种敌对和竞争关系，但他们相互妥协，一起找寻纠正渔场利用现状的出路。

在仙台湾，进入 21 世纪后，钝吻黄盖鲽的渔获量每年都在减少。由于钝吻黄盖鲽对于上述两个渔业行业来说都是重要的鱼类，所以渔民逐渐有了危机感，向宫城县水产综合技术中心（以下简称技术中心）提出了要求，技术中心实施了资源的同期群分析（根据年鱼群的分布进行预测）和产卵场的调查。刺网渔业从业者在技术中心的支持下，2005 年自行制定了产卵亲鱼保护区的位置。那之后，他们又给海区渔业调整委员会施加压力，使其成为附带行政指示的保护区。

但是如果没有标记，在海上根本分不清保护区是从哪里到哪里。因此，为了让游渔者和其他渔业从业者也能分清哪里是保护区，保护区的四角被立了海上标示（作为标记的浮标）。就这样，保护区在视觉上开始被识别，产卵亲鱼的渔场也可以安全休整了。那之后，渔获量实现了出色的 V 字形恢复，2009 年的渔获量恢复到谷底的 2005 年的两倍以上。渔业从业者是借助科学的力量恢复了资源。

这个案例是一个非常好的例子，在短时间内带来了资源恢复，但过程确实是一个漫长的痛苦轨迹。仙台湾是一个优质的渔场，有许多昂贵的底栖鱼类，如比目鱼和鲽鱼类，小型拖网渔业从业者是该渔场的首批使用者。但是，随着远洋渔船的离职人员返回沿岸开始刺网渔船渔业，刺网渔船的数量增加，其中有能力的刺网渔船将渔场移至近海。此后，与小型拖网渔船的冲突开始，渔具损坏频繁发生。再加上其他县的刺网渔船也驶入海域，仙台湾变成了纷争之海。这是 20 世纪 70 年代的事情。

两个渔业虽然关系险恶，但隔着当时的宫城县渔联和宫城县县厅两者在一点点靠近。然后 2003 年，建立了一个渔场轮值体制，即把广阔的仙台湾渔场划分为六个部分，每个部分由刺网渔船和小型拖网渔船每两个月交替作业。他们都是横跨广阔且多个不同区域，并且从事不同业种的渔业从业者。做到相互理解是非常困难的，但双方坐到同一个桌子前多次进行了沟通。据说始终是敲桌子、叉着腰吵架式的交涉。尽管如此，对谈并没有停止。这份努力取得了成果，由此构建了渔场轮值体制。此外，从 2007 年开始实践对无价值的钝吻黄盖鲽的产卵后亲鱼进行标记放流。这是为了证明如果不出货进行放流的话，数月后鱼就会变得昂贵，并在渔业从业者之间推广。

曾经是水火不容的两者，现在通过互相尊重谋求秩序的形成，形成了共存关系。可以毫不夸张地说，这种关系的建立加强了与研究机构和行政机关的合作，助力了共同的渔获资源——钝吻黄盖鲽的资源恢复的实践。

东日本大地震发生后不到一年，海区渔业调整委员会重新设立了保护区。2012年9月，刺网渔业从业者们要求技术中心开展调查，探讨设立新的保护区。

茨城县日立地区川尻渔协的"川尻矾物部队"[5]

茨城县日立市内的川尻渔协是一个组合成员70人左右的小规模渔协。组合成员经营着各种各样的渔业，但以沙丁鱼和玉筋鱼为渔获对象的船拖网渔业较为繁盛，有近30名组合成员从事这一渔业。除此之外，还有以鲈鱼和比目鱼等为渔获对象的延绳渔业和钓渔业，以及在岩石海岸进行的鲍鱼渔业等。

从事船拖网渔业的组合成员是该地区中坚力量的渔业从业者。船拖网渔业是用船拖拽袋状网来捕获小鱼的捕鱼方法。这种渔业在过去是一种十分稳定的存在，但是近年来，随着浮鱼类的沙丁鱼和玉筋鱼等资源来游量的年份变动加剧，当地做沙丁鱼和玉筋鱼加工的加工业者衰弱，停业增多。因此，即便渔业丰收，也会因为很快超出当地的加工能力而价格暴跌。虽说是中坚阶层经营的渔业种类，但很明显如果这样下去只会走向衰弱。

为了摆脱这种危机，该地区采取的措施是开始兼营鲍鱼渔业，一种素潜捕鱼渔业。船拖网渔业在夏季是渔闲期，而鲍鱼渔业则在夏季盛行。因为鲍鱼是高级商品所以收入很高，如果能兼营的话渔业经营就稳定了。

但是，由于该地区围绕着渔业权分配存在着"传统规矩"，所以无法立即实现这些措施。而且当地有一个规矩，即从事鲍鱼渔业的人不能从事船拖网渔业，反之那些从事船拖网渔业的人也不能从事鲍鱼渔业。在资源管理方面，就不得不抑制鲍鱼渔业的参与者吧。

这不是限制进入鲍鱼渔业的唯一规则。例如还有鲍鱼渔业的渔业权只允许渔业权行使者的长子继承。"素潜渔业"技术上的难度很高，按理应该放开接受外部的积极参与者，但由于这一入口并未被开放，因此在1960年有15人的鲍鱼渔夫逐渐减少，到了96年仅有3人了。年度卸货量下降至仅1吨左右。这是连高峰期十分之一都不到的卸货量。

经营鲍鱼渔业的渔业从业者们，守护着代代相传的渔场持续着渔业。即便只有三个人，新的参与者还是不会轻易被纳入。即便如此，也不能对船拖网渔业从业者见死不救。因此，经过反复讨论，船拖网渔业从业者的强烈要求被接受了，从 1997 年开始，经营船拖网渔业的 26 个渔业从业者被认可兼营鲍鱼渔业。虽说是不熟悉的素潜渔业，但行使渔业权的人会激增，因此船拖网渔业从业者们决定结成"川尻矶物部队"，致力于推进资源管理型渔业。作为一种资源管理方法，设定了每人每天 8 公斤鲍鱼的渔获限制，而销售额则采用储备池制度。

通过这种方式，鲍鱼渔业实现了扩大再生，卸货量恢复到 6—8 吨，成为县内最大的鲍鱼产区。此外，继续借助茨城县的力量，从业者全员一起实施新的渔场建造，如向近海未利用的渔场放流种苗，自我进行成长调查等。即所谓的建造鲍鱼农场。

船拖网渔业从业者们在夏季有了得到稳定收入的机会（150 万日元左右），同时通过培养鲍鱼资源、监视非法捕鱼、建造渔场、实践资源管理型渔业等，掌握了地域渔业再生的线索。这正是现场进行的改革。

因震灾川尻渔港受灾，但矶物部队的成员平安无事。受核电站灾害影响，虽然船拖网渔业必须自行停止作业，但矶物部队重新开始了活动。

渔民在调查适合生产鲍鱼的基地。照片提供：茨城县

青森县八户地区鲛浦渔协的渔法开发[6]

青森县八户地区鲛浦渔协的小型船小组由从事刺网渔业的渔业从业者构成，以鲽鱼和比目鱼类为主要渔获对象。比目鱼是一种昂贵的鱼类，对他们来说尤其重要。青森县将比目鱼认定为县鱼，从在进行的孵化放流项目中也可看出这一点。

但随着韩国产养殖比目鱼大量上市，价格开始出现波动。只要不寻求差异化，比目鱼将不再被视为高级鱼。

由于刺网渔业是将鱼缠在网中，所以它会使鱼体被划伤或是让鱼在网中苦苦挣扎而死，因此和钓鱼的捕捞方法相比，虽然它能大量捕捞但渔获物的品质比较差。并且，比目鱼的捕捞规定要求鱼身长35厘米以上，但刺网渔业中即使将捕捞到的不符合规定尺寸的比目鱼放流，大多数情况下鱼已经死掉了。刺网渔业在比目鱼的资源管理方面也存在弱点。

为了克服这个问题，鲛浦渔协的小型船小组的成员11人团结一致，开发了利用拟饵针的"比目鱼的曳绳钓"（用渔船拖曳装有拟饵针的钓线）的捕捞方法。这种捕鱼方法可以在近海的深水处捕鱼，可以捕获大只的比目鱼，并且即便有大型水母也可以无障碍作业。同时，当捕获到小于35厘米的比目鱼时，也可以保证其活着的状态下再次放流。充分利用上述捕鱼方法的这一特性，小型船小组攻克了批发市场，实现了活鱼销售。并且是逐个称重后销售。这种活鱼销售体制取得了成功，销售价格翻了一番多。小型船小组建立了一个不仅对资源友好而且能提高收益能力的作业体制。

在技能竞争激烈的钓渔业，很少有人向竞争对手展示渔具的做法。然而，在这一捕鱼法中，小组成员毫无保留地互相观摩日常尝试的捕鱼方法，促进联合开发。此外，他们还将这种作业方法传播给附近其他渔协的渔业从业者，也在努力结交朋友。这是因为如果出货批次不齐，就不能形成需求。不仅仅在组合内部，他们把地域的同行业者都拉进来共同致力于比目鱼渔业的再生。

因东日本大震灾八户渔港受灾，但渔船却因冲上岸而幸免于难。随着八户市水产品批发市场的重开，鲛浦渔协的小型船小组的渔业从业者们重新开始了渔业。

岩手县陆前高田的蝦夷石蒏贝养殖

岩手县陆前高田位于唐桑半岛和广田半岛之间的广田湾深处，因在东日本大震灾中遭受巨大海啸破坏而被众人熟知。在广田湾，裙带菜、牡蛎、扇贝、海鞘等的养殖一直盛行。2003 年以后，因养殖扇贝大量死亡等原因养殖经营处于停滞状态，在这种情况下，蝦夷石蒏贝这种和蛤蜊很像的贝类的养殖业的试验开发取得进展，并成功地实现了产业化。

蝦夷石蒏贝的味道像蛤蜊，交易价格高。在渔业从业者之间都知道在广田湾发现了蝦夷石蒏贝的幼体。而陆前高田米崎地区的青年部于 2004 年成立了蝦夷石蒏贝研究会，进行市场调研和开发采苗技术，正式启动了蝦夷石蒏贝的养殖试验。使用的原本用于扇贝养殖的设施。由于养殖周期为 3 年，所以收获和出货是从 2006 年开始的。从事这一养殖的有四个经营体，第一年仅有少量的出货，但 2007 年就超过了 1 吨，2008 年 4 吨多，到 2009 年已经超出 10 吨。产值超出 2.25 亿日元。但 2010 年由于智利海上地震引发的海啸导致水产养殖设施受损，产量下降至 6 吨，产值跌落至 1200 万日元。如果没有这场灾难的话，产量和产值应该还会进一步增长。

就这样，在现有水产养殖业停滞不前的情况下，岩手县陆前高田地区发展了新的养殖业。在努力从智利海上地震引发的海啸中恢复过来时，东日本大震灾又摧毁了这一切。但震灾后，蝦夷石蒏贝养殖又通过协同作业体制重新开始了。虽然出货要从 2013 年才开始，但几年后极有可能发展成超过震灾前的产业规模。

如上所述，在受灾地区，人们从震灾前就已经开始筹划渔业的再生，自我审视并实践资源管理和渔场利用的方式，努力改善渔业经营，开发新的养殖业。不用别人说什么，现场的改革不断在推进。

4 与不同行业的合作

渔业从业者不仅从事生产还进行加工和销售，这种渔业从业者与不同行业的合作的措施被称为第六产业化。在东日本大地震震灾复兴构想会议上宣布的"复兴提议——悲痛中的希望"和宫城县的复兴方针中也都倡导推进第六产业化。其实在受灾地区，从震灾前开始，就已经进行了几个渔业和不同行业的合作。

广田湾渔协的裙带菜合同栽培

在岩手县，在渔协的主持下，某家大公司的集团子公司（最大的裙带菜生产厂）和渔业从业者之间签署了养殖裙带菜的栽培合同，并将这种合作模式推广扩大。在广田湾渔协，2000 年左右与该企业签订栽培合同的有 8 户渔家，现在则有 22 户渔家[7]。

裙带菜养殖是从每年的 7 月开始到次年的 4 月结束。到了 3 月份的出货期，渔业从业者就会收割在近海培育的裙带菜并卸货上岸，然后在岸上焯水并盐渍后腌制，裙带菜的叶体和芯要分离（除去芯）后产品化。出货地是岩手县渔联的共同销售场，约在一个半月期间，按一定的间隔分成几次进行投标。由于裙带菜必须在短时间内收割并加工后出货，规模大的渔家在加工作业阶段会出现人手不足，必须雇用大量工人。特别是去芯作业，要一根根地用手把芯从叶体中撕下来非常费工夫，所以需要人力。

但是签订了栽培合同的渔家，可以有偿从渔协租借冷库，把焯水盐渍后的裙带菜暂时储存起来，不雇佣工人而是利用 3 到 4 个月的时间，仅靠家人慢慢进行去芯作业。这样不仅不产生雇用费，而且交易价格是市场行情＋α（保管费、电费等），对生产者来说有很大的收益优势。这种类型的交易无需扩大雇用工人就可以增加产品数量，因此它也成为渔家扩大规模的动机。

生产者对进行直接销售的公司负有责任，因此必须制造可靠标准的产品。渔协也在挑选生产者和保证企业品质方面负有责任。而企业方面因为可以享受稳定购买优质的盐渍裙带菜产品的优势，所以企业愿意购买这些高于市场行情的裙带菜。据说，在震灾后，该企业对受灾的生产者进行了支援。

过去在三陆，曾经进行过银鲑鱼养殖的合同栽培。但合作方式是企业不仅负责购销还给生产者提供饵料，最终因银鲑价格的低迷，企业退出合作，留给渔协的是生产者的经营破产导致的负债，这样一个悲剧收场。

裙带菜的合同栽培方式则与那个时候是完全不同的系统，它是督促渔业从业者生产高品质产品的机制，通过渔协的介入给生产者和企业都带来好处，是三方受益的机制。

日立市的自产自销"日立地鱼俱乐部"

茨城县日立市的"日立地域资源活用有限责任事业组合[8]"（以下，简称日立 LLP）是由日立市的久慈町渔业协同组合和商工会议所所属饮食店从业者们出资设立的组织。长久以来，市场价值较低的合鳃鳗、长背鱼、田中长孔绵鳚、日本腔吻鳕、虫纹红杜父鱼等，这些大众没怎么听说过比较陌生的鱼作为"隐藏起来的地方鱼"在当地餐饮店流通销售。餐饮店从业者们自称"日立地方鱼俱乐部"，利用这些鱼开发新菜肴，并将开发出的菜肴推广到伙伴餐厅。加盟店有 36 家。随着季节变化，代表性的地方鱼也不同，餐厅经营的种类也开始增多。地区渔业和商业街的振兴同时发展，原本没有什么市场价值的田中长孔绵鳚这种被丢弃的鱼也有了每千克 150 日元左右的标价。

过去，当地捕获的许多鱼贝类都出售给首都圈等外地区域，不在当地流通。渔业从业者把渔获物卖给未曾谋面过的终端流通业者，另一方面当地饮食街的餐馆购买不到当地新鲜的水产品。长期以来，渔业从业者给要丢弃的那些非使用鱼标价后出售，如果在当地的消费扩大的话，其他的地方鱼也就易于流通了。虽然尚未达到在当地的渔业经营中有所反映的程度，但日立 LLP 着眼于"隐藏起来的地方鱼"，追求有自我特色的自产自销风格。

在日立 LLP，人们进行高难度的幼沙丁鱼商品的开发时也致力于高新鲜度流通。属于久慈浜丸小渔协和久慈町渔协的幼沙丁鱼拖网渔业从业者，利用茨城县水产实验所开发的船上保鲜技术卸货上岸新鲜的幼沙丁鱼，然后由日立 LLP 经营。

震灾虽然没让日立市的渔港、渔船以及渔业从业者遭到三陆和福岛那样巨大的破坏，但核事故却导致茨城县产的农作物和鱼贝类的消费者流失显著，日立 LLP 来之不易的努力触礁了。

但是，日立 LLP 毫无畏惧，加强了面向复兴的活动。首先，从茨城县厅收取在定期进行的地方鱼类检查的结果数据，向消费者宣传自身在通过这种检查体制经营地方鱼类。

日立 LLP 把制作的海报贴在每家店铺，并指导各个店铺在客户要求时要立即出示检查结果。这些努力终于有了成效，曾经远离的消费者又都回来了。

日立 LLP 还重新开启了震灾前进行的幼沙丁鱼商品的开发。商品的开发是市内的餐饮店和水产加工业者以及大学合作展开的。2011 年 12 月，终于实现了"日立浜腌制生幼沙丁鱼"的商品化。原料是掌握了高新鲜度出货技术的久慈滨丸小渔业协会所属的白鱼拖网渔业从业者们捕获的幼沙丁鱼。该商品是用合作事业中开发的专用酱汁浸渍，并且可以冷冻储存。在首都圈的商品展览会上展出之后，各地都来询价，一下子陷入了原料不足的局面。

渔业的再生仅靠渔业从业者的自助努力是不可能实现的。原本水产业就是一个从生产部门到流通部门、各种各样的同行业者和不同行业者之间互相填补不足的同时发展起来的产业。

在受到风评影响威胁的受灾地区，共有乡土和风土或鱼食文化的消费者和相关业者之间的合作与联合是不可或缺的。这意味着在消费地要增加对渔业和渔村的理解者。这种观点对于接下来渔业的再生是必不可少的。

将想要购买的鱼传达给渔业从业者

产地市场中卸货上岸水产品的价格是由在批发市场登记的买方进行竞争采购而决定的。换句话说，如果买方的购买意愿增强，市场价格就高，如果没有购买意愿，市场价格就低。这种市场行情尤其取决于供需关系，即使价格略为走低也有高价交易的鱼类。那就是当买家想买的鱼类以他们想要购买的样子被出货到市场时出现的现象。只要是买家想要购买的鱼类，即使鱼量并不短缺，流通业从业者也会高价采购。

流通业者努力将这一意图传达给渔业从业者，渔业从业者努力把市场上想要购买的鱼以他们想要购买的样子出货。因为是通过拍卖销售的，所以市场流通本身对于渔业从业者来说，看起来像是以高价出货商为目标在销售的体系。

这样的合作并不表面化，因为流通业者把市场状况和想要采购的鱼（也会指定渔场）传达给在近海作业的渔业从业者，合作正是通过二者之间这样的信赖关系和关系网在被实践着。据笔者所知，在受灾地区，这种合作是在石卷地区的近海拖网渔业和运输批发商以及铫子地区的小型拖网渔业和买家之间进行着。

因为会利用现有的流通机构，所以这是一种不用背负贷款结算和附件风险而确保鱼价的方法。

渔业从业者和流通业者的伙伴关系

即使在受灾地区，不同行业的合作和第六产业化这些努力从震灾前开始就存在，但整体来看比例极低。

从日本全国范围来看，也有因渔业从业者集团和渔家法人化的例子以及第六产业化的努力而引发关注的事例，但实际的经营情况都很严峻。很少听说有致力于水产品的品牌化，继任者接连回归的事例。水产品的品牌化以及第六产业化的讨论本身也有形式化的一面。

通过不同行业的合作和第六产业化，应该期待能逐步消除渔业从业者和流通业者之间的巨大隔阂，构筑信赖关系。目标则应该是把原本利益冲突的关系发展为作为合作伙伴的信赖关系，并实现复兴。

5 水产加工园区

水产加工业者的恢复状况出现了地域差异。其实无论是对地区还是企业来说，尽早恢复就是生命。基于此，在那些不支持利用国家的追加预算、不对工场的恢复和重建加以限制的地区，即使是完全受损的水产加工业者也在致力于重建。大家都认为岩手县尽早普及补助金的做法是正确的。也有业者主动从宫城县搬迁到岩手县，其实受出口对象国的规定，有时候没法从宫城县内的工场出货，也有这一原因。

2011 年末，以气仙沼为对象，大型商社联合计划了园区构想来支援复兴[9]。2012 年 3 月未能成立项目协同组合，计划宣告失败。关于园区构想，它是一个包括购买土地在内的大规模重新开发计划，所以和期盼尽早恢复的业者之间产生了意向的偏差。

但是到了 2012 年 6 月，在气仙沼地区和女川地区的渔港周边区域，水产加工园区的构想落地实现了。在国家、县和市的合作体制下，通过各县级的县长批示变更手续扩大了渔港区域。2012 年 9 月，在釜石地区也认可了渔港区域的扩张申请。即计划利用公共资金来扩大渔港区域、抬高大面积地基下沉的渔港周边用地、修建道路以及整顿土地区划。公共资金是指水产基础整备项目，但因为这一预算只能用于渔港区域，所以又办理了繁杂的扩大渔港区域的手续。

受此影响，以气仙沼渔港背后的用地（南气仙沼地区、22.4 公顷）为对象的园区组合（项目协同组合）成立了。这一园区组合计划利用共同使用设施等的补助金来配备共同排水处理设施等。2012 年 9 月 25 日，在气仙沼母体田地区的临时水产加工园区竣工了。

假设当初气仙沼的水产加工园区构想等被视为有力的活性化策略的话，很可能成为水产基地发展的引爆剂。气仙沼地区的恢复确实需要时间，但有必要再次实施地震前推进的区域品牌和区域 HACCP 等[10]。

在水产加工业中，借着灾后恢复和复兴的契机，企业关系得到加强的情况也是有的。一方面，为了获得集团支援事业和水产业共同使用设施恢复支援事业等的财政支援，企业需要团结起来，另一方面也都在致力于利用各自的销售渠道销售每家公司的产品。

6 村落再生是渔业再生的前提

许多渔业从业者都被迫在临时住房中生活，渔村这一空间则完全没能再生。由于渔村的基础设施和生活方面恢复进展状况不佳，所以在本章中没有展开叙述，甚至有些渔村连村落搬迁地点和方法都尚未确定下来。

渔业的再生只有在实现渔业村落的再生后才算结束。因为渔业是渔民的生计。对于中小企业承担的水产加工业来说也是一样。只要在这些工厂劳作的工人没有恢复正常的生活，就不能说水产加工业再生了。同时这也意味着水产业的再生还遥遥无期。

尽管如此，复兴的号角已经响起。并且按人均数量来看，继续渔业的人分到的羹在扩大。结构重组在肆意进行。震灾前就在进行的现场改革也重新开始了。

虽然水产流通加工业者重新开始了事业，但看起来很难恢复到震灾前的水平。即便想要重新开始，却没有土地；找到了土地，却没有重建工厂的资金；重新建起了工厂又招不到足够的工人；招到了足够的工人又没有销售目的地等等，需要克服重重障碍。对水产加工业界的政策性支援不充分，不管是谁都会这样想吧。

复兴的存在方式是复兴的主体建立起来的，所以充满多样性。对于政策提议，大家需要的是渔业从业者和流通相关者或者行政相关者能够共有和理解的内容。我们必须对水产业相关领域形成深刻认识，包括经由历史形成的渔业制度、水产品流通、渔业技术、协同组合、企业经营以及地域经济等；同时持续关注国内外大趋势和当地即现场的细微动向。

为了真正意义上实现区域渔业的复兴，渔业从业者们就要直面挑战，积极合作钻研创新，恢复在渔协内原本的合作模式。在此基础上，与流通和加工相关业者以及观光业者等建立新的信赖关系，在缩小重组过程中创造出有内驱性并可持续发展的经济。

因此有必要重新思考国土使用的方式。海洋的富饶来自山脉和土地。我们有必要重新审视日本固有国土的使用方法、适合国土的产地与消费地之间的关系、生产者与消费者之间的关系。如果渔村一直被城市的逻辑所左右的话，渔业永远都无法再生。

我们必须首先注意到这一点。

受灾地区的渔业得到了营利性企业、公共企业和 NPO 法人等各种组织的人力和物质支援。这些支援挽救了多少渔业从业者呢？原本，这一方面也有必要认真考察一番。但是，由于笔者此次的调查未能涉及这一点，所以对这些组织做出的侧面支援在这里就省略了。今后将另找机会进行调查探讨。

注释

1 「水産白書　平成二四年度版」跟踪了新从业者的趋势，虽然不是连续性调查，但其调查结果分别被归纳如下：农林水产省「農林水産新規就業者調査結果」（二〇〇三年）、「漁業センサス」（二〇〇八年）、各都道府県（二〇〇九年、二〇一〇年）、大日本水産界による漁協への調査結果(二〇〇五 - 〇七年)。2003 年新增从业者人数为 1514 人，2007 年不少于 1081 人，2008 年为 1784 人，2009 年为 2002 人，2000 年为 1867 人。

2 工藤貴史「ワカメ・カキ・ホタテガイ養殖における復旧の現状と課題―宮城県気仙沼市唐桑地区・大島地区を事例に」『別冊「水産振興」』（東京水産振興会、一五 - 二七頁、二〇一二年八月）。

3 融资的三重困难在于 "①由于长期通缩经济衰退，固定债务增加，资本短缺，比其他产业更突出的债务过剩问题；②作为融资担保的渔业权（营业权）的资产价值跌落；③自金融机构健全改善法颁布以来，金融检查指南下的贷款审查变得更加严格，金融机构的贷款态度极为强硬"（拙著「漁船漁業構造改革の理論と実践を検証する」『海洋水産エンジニアリング』八七号、海洋水産システム協会、三〇 - 三八頁、二〇〇九年九月）。

4 拙著「仙台湾におけるマコガレイの資源回復への展開」『平成二二年度資源回復計画等の作成及び普及の推進事業関連産業者意識調査』（全国漁業協同組合連合会、一 - 五一頁、二〇一一年三月）。

5 拙著「日本農林漁業振興会会長賞・受賞者・川尻磯もの部隊」『平成二二年度（第四九回）農林水産祭受賞者の業績（技術と経営）- 天皇杯・内閣総理大臣賞・日本農林漁業振興会会長賞』（日本農林漁業振興会、二二四 - 二三二、二〇一一年三月）。

6 拙著「日本農林漁業振興会会長賞・受賞者・八戸鮫浦漁業協同組合小型船部会」『平成二二年度（第五〇回）農林水産祭受賞者の業績（技術と経営）- 天皇杯・内閣総理大臣賞・日本農林漁業振興会会長賞』（日本農林漁業振興会、二二八 - 二三八、二〇一二年三月）。

7 清水幸男「広田町漁協におけるワカメ養殖協業化への取組」『平成一四年度日本水産工学会春期シンポジウム―シンポジウム要旨集』（日本水産工学会、一三 - 一六頁、二〇〇二年）。

8 拙著「日本の漁業を再生するためには」『解体新書』（集英社の有料サイト「imidas」二〇一二年六月）。

9 通过 1968 年开始的水产品产地流通加工中心形成事业，各地建成了水产品加工园区，并置备了共同排水处理设施和共同残渣处理设施等。在此过程中，静冈县烧津地区等地根据中小企业等事业协同组合法成立了园区组合。

10 拙著「宮城県気仙沼市における水産加工業の現状と課題」『構造再編下の水産加工業の現状と課題―平成二一年度事業報告』（東京水産振興会、三三 - 四三頁、二〇一〇年六月）。

终章
日本自然之中的渔业

渔业再生的关键在于今后渔民的动向。然而，渔民的数量却只见减不见增。

渔权不允许自由获取而是靠行政审批的发达国家的渔业，渔民的数量都呈现出只减不增的趋势。日本国内也有几个渔村发展得很好，但即使是在这样的渔村，长久以来渔业从业者数量也一直在减少，今后相当一段时间内也不可能增加。原因在于，生产技术的进步会引发生产者之间的竞争，因此经营体的利润率下滑，在这样的循环中，经营不善的从业者就会被淘汰，而这是资本主义经济体制下的正常现象。

此外，日本社会整体步入了少子化、老龄化和人口减少的道路。在这样一个成熟型社会中，渔村与农村和山村同为少子化、老龄化、人口减少、成熟型社会中的突出地区。渔业的再生不仅要在这样一个成熟社会的前提下进行讨论，甚至有必要对当今流行的"脱离成长"路线的存在方式进行探讨。

尽管渔民数量在减少是不言自明的，但问题是这种情况会持续多久，会减少到何种程度？现在甚至无法否定有"跌到谷底"的可能。比起生计型的沿岸渔业，由营利性企业承担的那些资本制渔业属性的近海和远洋渔业更是首当其冲地面临这样的局面。

2009 年，近海和远洋渔业的渔船数量与 200 海里体制实施的第一年相比，已减少到 17%[1]，而剩下来的渔业经营体的经营基础，也说不上坚固。依然有很多经营体基础脆弱，许多渔船无法更新换代，不断在老化。如第一章所述，泡沫经济时代的混乱融资结束之后，对渔船的投资没有了。此外，渔业劳动力依附于外国人劳动力，否则难以为继，完全没有日本人船员接力。现在不仅是渔业经营体已经失去了再投资能力，曾经渔船船员辈出的渔村也失去了塑造渔民和渔船船员的能力。

在这种情况下，作为渔业政策，亟待解决的应该是如何阻断这种状况的持续。解决了这一问题才能谈渔业的再生，而为了加快解决这一问题，必须要复兴渔业从业者辈出的渔村以及再生沿岸渔业。长久以来，渔村和沿岸渔业的发展都立足于当地的大海这一自然生产力，如何利用这一自然生产力是沿岸渔业的再生乃至渔村复兴的关键。然而随着经济全球化的发展，自然与人的"关系"已经岌岌可危了。

因此，在探讨日本渔业的再生时，人们只有能重新意识到一个理所当然的认知，即一个国家的渔业是依靠这个国家中自然与人的关系成立的，渔业的再生才能真正地开始。

1 大海越来越"瘦"了

无论农业还是工业，所有制造财富的产业都合乎各自目的地将自然定律用于其技术中。所谓的工业发展在于如何克服自然，如何建立可靠的生产体系。同时，这也考验着在生产现场的人类的掌控（劳动的掌控）。

然而，在渔业中，生产环境就是自然本身，而作为生产对象的资源也在生态系统中，因此相较其他产业无法克服的部分更多。并且，渔业的特殊性在于它是在比陆地环境变动幅度还大的海洋环境中进行的。因此它与可以在封闭空间中实践生产行为的制造业大不相同。与通过土壤改良和施肥来增强土地生产力等，在一定程度上可以掌控农场环境的农业也不同。当然只要是在海上进行的，比如水产养殖业也是如此。也就是说渔业的实践所面对的是时刻都在变化着的自然，因此很难按计划生产，渔业的经营一定要以巨大变动为前提。无论技术如何进步，都不能用在陆地上进行的产业的逻辑来思考渔业。

现在，日本渔业面临的自然状况如何呢？环视日本沿海地区的海域，由于矶烧现象、海水中贫氧环境的发生以及海水的营养不良等，海洋生物的繁育能力在不断下降。鱼的数量减少，紫菜等海藻类不再生长，连浮游植物都很难看见。如果浮游植物难以形成的话，贝类和浮游动物也无法增加。而浮游动物不增加的话，鱼类就不会增加。即整个海域发生了恶性循环。

关于海洋变"瘦"的原因，虽然有各种各样的解说，但作为人为因素公认的最大原因就是持续至今的国土开发。具体包括，因采伐森林和山林所有者的放置不管造成的山林荒废，为治水和用水而建设河口堰和水库，增加休耕田，因沿岸开垦工程和临海工业地带形成而进行的渠道开垦和填埋，以及由此带来的藻场和海滩的减少，还有整顿污水处理等等。随着国土的不断开发，农林业开始衰退，于是山瘦了、河流瘦了、大地瘦了、大海也瘦了。

滥捕与环境恶化

近年来，渔民经常因海流和海水温度等海洋环境变化而受到困扰。一方面进入夏季以后，海水温度持续上升不会变冷，鲑鱼等北方系的洄游鱼类难以靠岸，而另一方面，原本在东北地区几乎没有渔获量的蓝点马鲛被大量打捞卸货，鰤鱼也连年丰产。此外，越前水母、棕缘海月水母、无斑鹞鲼和拟海鞘等有害生物[2]异常出现。也有一种解说认为，巨大的资源变动和鱼种类的交替是地球环境的体制转变。

分析某种鱼类资源量减少的原因时，有很多言论立刻就把主要原因归结为渔业的过度捕捞。因为渔业无法战胜自然，所以根据其存在方式，有可能把人类改变为对自然无欲无求的样子，也有可能出现自然袭击人类。最突出的例子，就是渔业的过渡捕捞导致资源的枯竭。与此同时，相对应的鱼类生产量下降，造成渔业低迷。

　　但是如果仔细观察就会发现事实并非如此简单。即生产量的下降与渔获工作量（渔船数、作业天数、作业次数等）的减少是有联动关系的。渔获工作量是渔业从业者经济活动的指标。如果成本对效益比没有上升的话，出海捕鱼的次数就会减少，渔业从业者也会被淘汰。产量反映并折射出了综合性产业的实际状况。

　　同样，众所周知，20世纪下半叶的国土开发和环境问题不仅是日本而是全球范围内极大地改变了海洋环境。虽然渔业过度捕捞是使海洋变"瘦"的一个主要原因，但很显然现在绝不是只要做好资源管理（防止过度捕捞）就能恢复海洋环境这样一个简单乐观的状况。

　　其实在东日本大地震发生之前，日本渔业显然已经处于恶劣的环境。通货紧缩、经济萧条和食鱼文化的衰退等，与渔业相关的社会环境也是如此，更不用说海洋本身环境恶化的加剧。

　　震灾发生后的当下，如何面对这种不可抗拒的自然环境风险将是渔民面临的最大挑战。

2　渔获配额的证券化和个别分配制度

　　在对东日本大震灾复兴的提议内容中，今后应该进行严格的资源管理这样的说辞引人注目。这就好像在说震灾前什么措施都没做一样。并且"资源管理"这一表达的背后，看来与北欧发生的案例有关。

　　如上所述，只截取渔获波动的低谷部分，有很多评论就轻而易举地给贴上这是一种过度捕捞状态或者鱼在变小和枯竭之类的标签。此外，简单地把"渔获量的减少"与"资源管理的失败"画等号，认为应该效仿冰岛和挪威的资源管理的言论越来越多。然而这些言论中让人不可思议的是，在那些他们认为应该效仿的国家即便渔获量减少，也从来没有人归责为资源管理的失败。其实即便在这些国家，渔获量的增减也是稀松平常的。也就是说，日本的资源管理是失败的这一言论，其实是选取了日本渔业不顺利的时候和海外渔业顺利的时候在做对比。

在冰岛、新西兰等地，研究机构考虑到资源量的再生产模型，参考了一开始的生物容许捕获量（ABC: Allowable Biological Catch），确定了按鱼种类的容许捕获量[3]（TAC: Total Allowable Catch），然后分配给个别企业（IQ: Individual Quota），并采用可买卖的转让性个别分配（ITQ: Individual Transferable Quota）制度。由于渔获量配额可以证券化，所以是一个通用于市场万能主义的制度。1980年代撒切尔政府诞生后，"新自由主义"路线在英国突飞猛进，正是受到当时的英国影响而引入了这一制度[4]。

根据这一制度，每个人都必须遵守渔获量的配额，但是渔获配额的所有者也可以是与渔业毫不相关的城市地区的人。因为是让渔民在渔获配额内捕捞并获利的一种结构，所以渔获配额的所有者可能对地方的渔村和渔场并不关心。换句话说，所有者的想法是只要能从权利中得到利益就可以了。另一方面，渔业从业者则容易形成一种意识，即只要按照所有者的要求在捕鱼就好了。在这一制度下，渔业从业者不是经营者而是职员，更甚者说是打工人这样一个定位。

这一制度的背后，其实是比起内部发展渔村的地域经济更要推动外部开发这样的一种想法。换句话说，不在渔村的配额持有者（渔获配额的所有者）因为不需要作为渔场使用者的主体性，所以也不需要主动地进行渔场的保护活动。更不需要和其他的渔场使用者产生交集。这一体制，是把纸上的理论与现场实践结合起来的案例。

渔民成了国家经济体制换舵为"新自由主义"的牺牲品。如此，那些对渔场没有依存感情的人可以使用渔场并在使用后弃之不管。此外配额可以作为资金借入的抵押品，又由于其转让性可以流通，所以甚至有配额流向了海外。由于雷曼危机的发生，冰岛的金融崩溃至今令人记忆犹新，据说留给投资者的只有ITQ的债权。

另一方面，在日本近海，如果有未知的渔船突然出现在渔场并任意进行作业，马上就会引发冲突。因为在日本近海，存在利益冲突的渔业从业者们始终坚持面对面的沟通，并签订了协议等，花费了很多时间来制定渔场使用的规则。这种努力直到今天还在继续着。渔业从业者之间虽然是竞争与对立的关系，但因为在海上共同遵守同一个秩序，所以他们不会任意使用渔场，努力避免冲突。

在日本，一旦引入 ITQ 制度，那迄今为止建立起来的渔场使用史就会被推翻。每一次新加入者获得配额就必须进行渔业调整，既有的渔业从业者和新加入的渔业从业者之间的调整并不容易。因此，即使是引入了制度，至多也就是既有的渔业从业者之间进行配额的交易。如果是这样的话，ITQ 制度的真正优势，即经营主体能够高效替换的优势并不能发挥，因此没有必要特意将其制度化。

IVQ 制度仅是选择之一

此外，挪威还引入了按船分配（IVQ：Individual Vessel Quota）制度，即给每一个渔船分配额度，这是在给渔业的不同行业团体分配后进行的再分配。给渔船的 IVQ 一旦确定下来就会进行十分严格的渔获管理，同时加入渔业是有限制的，这样既保护了现有的渔业从业者，也使竞争环境被排除在外。并且，TAC 和 IVQ 是政府在与渔业从业者达成真正的共识后决定的。此外，由于减船事业（由政府和剩下来的渔业从业者向退出的渔业从业者支付赔偿金的项目）等而停业的渔船配额通过再分配给予了剩下来的渔业从业者，所以剩下来的渔业从业者可以借此扩大规模。

也就是说，在挪威虽然渔业从业者和渔船一直在减少，但通过 IVQ 的再分配，推进了渔业经营的集约化和高效化，官民一体致力于出口振兴。而在业界，因为统一了交易窗口，调整打捞，采取了最低购买价格制度等的价格对策 [5]，所以保持了高利润率 [6]。也许正是因为政府和行业步调一致共同推进，所以在缩小重组的时代洪流中，挪威也还能形成具有竞争力的渔业经营。

说到 IVQ 制度，日本政府也将其引入了三种鱼类（日本海红帝王蟹、南方蓝鳍金枪鱼、大西洋蓝鳍金枪鱼）的经营。每一种都实施了严格的管理。并且环顾日本各地，渔民集团遵循 IVQ 制度自主决定渔获上限致力于资源管理的案例也随处可见。这些案例几乎全部是渔民协调渔场使用的结果。其实这需要花费大量的时间和精力，那么为什么渔民能够投入如此多的努力呢？

原因就在于大多数情况下，资源与地域的关系非常强。日本以外的国家也是如此，并不是所有的资源都能被如此对待。

经常听到这样一种言论，即如果引入 IVQ，渔获竞争就被消除，所以投资会受到抑制，小型的鱼不再被打捞，渔民更愿意去打捞单价更高的大型鱼，渔业就成了赚钱的产业。按照这一言论进一步思考的话，如果渔民整体采取了这样的行动，那么为了最快最早渔获到比小型鱼数量还要少的大型鱼，渔民就会引入先进的鱼群探测器，同时为了提升渔船的速度还努力加大设备的马力，如此一来难道不会出现大型鱼的过度捕捞，反而导致价格暴跌吗？像这样未经过任何实证检验、毫无意义的言论不胜枚举。其实 IVQ 制度是需要对整体渔获进行控制时，作为调整手段的一个选项而已。

从渔业制度整体来看，渔获配额的讨论仅是一些细枝末节的内容，却好像要一下子规定渔业构造的言论太多了。仅看到其他国家发展良好的部分，认为只要引入 IVQ 制度或 ITQ 制度，渔业就会盈利的言论，终究是过分小瞧了资源管理的讨论。

3 日本渔业和资源管理

在日本，从近代开始就一直有守护水产资源的悠久历史。例如：守护鱼林，保护产卵场，限制捕捞逆流而上的鲑鱼等资源，指定受保护的河川等一系列的举措。

明治时期之后，随着渔具发展和渔船动力化等技术的创新，近海资源的渔获压力加大，经常面临资源枯竭的危机，每一次危机都警示了保护资源的必要性。

二战后，在粮食短缺的背景下，日本政府也曾大力引导致使渔船急剧增加，日本附近海域进入了过度捕捞的状态，然后为了解决这一问题，政府开始实施减船政策和将渔船引向海外的政策。但在进入 200 海里体制的海洋分裂时代后，在世界范围内发展的日本渔船接连被沿海国家拒之门外，水产品供给减少的危机感越来越强烈。

从 20 世纪 80 年代开始，日本国内整体形成了一种共识，即保护日本近海资源更为重要，并作为国家政策树立了实践资源管理的目标。这一目标被称为"资源管理型渔业"，之后在不断试错中，构建了行政、渔协或渔业团体的指导体制并得到了推广。

传统渔业独有的渔获限制

长期以来，人们一直在采取措施限制渔获对资源产生的压力，如禁渔期、渔具限制、禁渔区、捕捞限制和作业时间限制等。

特别是礁石区的渔业有非常严格的限制。例如，在三陆礁石区进行的鲍鱼捕捞和海胆捕捞等传统渔业，一个渔师登上一艘名为红船的小型渔船，并戴上被称为"镜子"的海中眼镜，用脚踩浆操控船，从水深约 5 米的海底，用称为"钩"的传统渔具钩捞。除了舱外机以外没有任何现代化的装备，渔民们比的是各自的本领和技能。在限定时期和限定的时间内同时作业。在鲍鱼渔业中，渔期内实际作业的天数只有十几天，但既有渔获金额为 30 万日元左右的渔民，也有以 300 万日元左右的渔获金额而成为名人的渔民。这种差距正是渔民间本领和技能水平的差异产生的。

鲍鱼和海胆的渔获金额的一部分（一定的比例）作为合作金用于种苗生产和放流费用。因此，越是渔获金额多的人支付的合作金额也越多。

虽然会出现上述支付差距，但渔民们会平等地进行造林和岩石清理活动，以保护渔场环境，并监测偷猎渔业。资源的捕捞仅限于传统的捕捞方法，限定作业时间，在这样的条件下渔民们展开竞争，但同时渔民们合力守护渔场，并且为了维护资源的再生，认真坚守渔民自治。据说已有 300 年的历史。

另一方面，禁渔期等捕捞限制措施主要是经历了渔业从业者间的渔场对立和纠纷后开始实施的，此后也被各县作为渔业调整规则采纳。新的资源管理型渔业正是在各县的渔业调整规则基础之上，参考试验研究机构的科学数据等，建立了一个更适合资源状况的作业体制。资源管理型渔业其实就是在促进渔业经营发展的同时，考虑到了资源的再生产和渔业经营的再生产。

为避免渔场中的过度竞争做了很多尝试，如筹划渔船的合作，确立渔船轮班制即把渔场划分开并标注顺序使用，引入渔获金额池制度即平均分配渔获金额等等。例如在受灾地，在福岛县沿海地区进行的北极贝渔业非常有名，即通过合作和限制渔获尺寸谋求资源与经营的再生，这一方式现在扩展到了青森县和北海道的北极贝渔业。

事实上，这些措施也是在渔业从业者之间的不断冲突中花费大量时间调整和实践而来的。情绪冲突是无法回避的。通过合作化和资金池等来抑制竞争的对策，可能会导致渔业从业者之间即使工作态度不同却能获得相同的收入，即个人的技能与渔获成果失去了关联，所以这一对策在带来渔获压力的同时，也极可能降低渔业从业者的从业意愿。

日本渔业的调整能力

综上，在日本沿海地区长期以来实践的是以渔村这一地域利益为中心、超越个人利害关系的渔业。现代以来，渔村当地的渔场是该渔村的"总有"，并且，由于总有渔场的近海一侧是共同使用的渔场，所以形成了一种"思想"：即邻近渔村的渔场使用者必须共同致力于建立秩序和守护渔场。

这一"思想"是通过在自然中生活的人类的经验和渔村这个小社会的积累而形成的，并通过蓄积在渔民身体中的传统技能和渔民群体的习性而代代传承，而渔业法和水产业协同组合法为这样的渔村地区的固有制度提供了保证。

换句话说，在日本，遵循固有自然环境的渔村社会的模式被世代沿袭，而这一模式的经验法又决定了渔场利用的方式。由于现代技术的引入，渔场中出现了混乱，但面对每次混乱人们都努力进行了调整。

虽然日本的渔村和渔业经倚靠现代技术和科学支撑着，但它与以技术和科学为前提大幅转换渔业体制的西欧各国截然不同。在日本，应该说是先例主义，尊重长期积累起来的渔场利用的习惯和智慧，偶尔作为执着调整的结果而实践了资源管理。

在联合国海洋法公约通过后，根据日本政府制定的 TAC 有些种类的鱼（太平洋褶柔鱼、鲭鱼类、竹荚鱼、沙丁鱼、明太鱼、秋刀鱼、雪蟹）有了渔获限制，有 3 种鱼引入了 IVQ 制度。日本的资源管理是以渔业从业者之间的对话为基础，根据渔业调整努力实现渔船间渔获所得的平衡化的成果。

4　渔业与科学家

欧美的激进环保非政府组织（NGO）持有的是以自然为中心的深层生态理念，作为渔业的监视者展开各种活动。最为知名的是反捕鲸运动。众所周知，近年来对日本研究捕鲸的抨击不断加剧。在和歌山县太地町进行的海豚驱猎渔业，曾被制成电影 *The Cove* 上映，遭到全世界范围的抨击。虽然不是自己国家的传统或文化，但对 NGO 来说，违反动物保护精神的事情是坚决不能允许的。

日本的渔业中受到批判的不单是捕鲸和海豚驱猎渔业。金枪鱼延绳渔业和北太平洋公海鱿鱼流网渔业等也是被指责的对象。关于金枪鱼延绳渔业，在各种各样的媒体中被大肆报道：有时被批评捕捞混乱甚至捕捉海鸟类；有时被批评蓝鳍金枪鱼捕捞过度；有时被批评有丢弃鲨鱼类鳍部以外的部分并不做渔获报告的情况。而对北太平洋公海鱿鱼刺网渔业，则被批判有混捕海狗等海兽类和海鸟类，1992 年甚至被逼迫到延期开渔。

如上，环境 NGO 的活动多是谴责对哺乳类动物的捕获和混捕，或是对稀有鱼类的捕捞。但是近年来，从资源管理和环境保护双重意义上对渔业管理体制的谴责也在增多。此外，NGO 还呼吁消费者关注资源的恶化情况，主张应该从经营可持续发展渔业的渔业从业者手中购买水产品。同时，还推广了旨在差异化的环保标签（认证渔业对环境是否友好的制度）。乍一看，他们的观点似乎非常合理，但其肤浅的认知引发的问题无法忽视。

这里所说的问题是指"可持续发展的渔业"这一思考方式。根据 NGO 的观点，可持续发展即在渔业经营中是否听从科学家的劝告。

近年来，在西欧各个国家基于 TAC 的渔获管理成为资源管理的主流，从这一现状来看，这里所说的科学家应该指的是对水产资源动态进行评估的研究人员（或者由这样的研究者组成的科学委员会）。诚然，只有这些在分析水产资源动态的研究人员能为那些只顾眼前利益一味追求渔获的渔业从业者敲响警钟。

然而，无论研究人员发出多少警告，未必能完全被渔业从业者接受。即使运用了 TAC 管理，资源评估也仅被视为一个参考。即便发出紧急的减少渔获量的要求，但渔民为了生活不可能轻易地妥协。特别是在日本，研究人员的警告无法被轻易接受的理由更是复杂多样。

在日本，一种鱼就有数种渔业行业在进行捕捞，此外还有近海作业的大型渔船和沿海小型渔船之间的跨层竞争。也就是说，在渔场中，围绕一种资源的竞争与冲突一直存在。在利益关系如此错综复杂的环境中，无论研究人员如何警告，谁来管控这个问题立刻跳出来，往往没有任何进展。

扩展的深层生态学思想

那么，在资源管理的良好案例中是如何推进体制建设的呢？整理 20 世纪 80 年代开始的资源管理型渔业的实践案例，大多数情况下，存在利益关系的渔民们会就渔场使用秩序的问题坚定不移地进行对话，同时研究人员、行政关系者、渔协以及渔民之间会共享资源问题。由于每一个渔民都必须既要考虑自己的利益又要考虑整体利益，基于这种微妙的平衡感，渔业作业才得以成立。这种水产资源的资源管理，正是伴随着不断的利益调整，通过各方相关人员的努力而实现的，它既不是个体的渔民能够实现的，也不是行政的强制能够实现的，更不可能是光靠研究人员的劝告就能推进的。

另外，资源评估不准确的情况经常出现，并且根据鱼种类常常存在不确定性和缺乏可信度，所以在渔业现场，科学的见解不一定就被信任。并且，站在研究人员的立场上，因为他们倾向于通过抑制渔获的方针来增加资源，所以与渔民的意愿基本上处于一种对立关系。因此，大多数情况下，研究人员的提议能否被接受就要看渔业从业者和研究者之间是否有信赖关系。而这种关系的存在方式，又决定了渔业与科学的关系。

据笔者所知，在渔业现场，那些没有实际进行资源调查仅靠数据计算得出结论的研究人员的意见往往不被接受，而与渔业从业者一体不断进行研究的研究人员（水产试验场的研究人员等）的意见则比较会被接纳。也就是说在后者的情形下，双方关系中第一次培养出了信任，实现了渔业与科学的共存。

因此，环境 NGO 的主张，即认为能否实现可持续渔业取决于是否接受科学家的劝告这一主张尽管把对事实毫不了解的消费者也席卷进来，但对渔民来说，这单纯是一种压力性话语。他们未能理解到渔业与科学的关系应该建立在信赖关系之中，他们的行动貌似只关心如何使渔民屈服于科学。

如果渔民接受了环境 NGO 的观点，环境 NGO 就会插入近海渔业从业者和沿海渔业从业者的对立关系中，站到小规模经营的沿海渔业从业者一侧，去谴责大量渔获的近海渔业从业者。并且，接受环境 NGO 观点的渔民只会是对立关系中的一方。

另一方面，为了免于环境 NGO 的攻击，北欧的渔业发达国家做出了明智的选择。例如，在挪威，即便是大量渔获的渔业，也会严格参考科学委员会计算的 ABC（生物学渔获容许量）来设定 TAC，并且把 IVQ 分配给渔船，认真执行渔获管理。像这样基于科学依据进行管理，就能够防止过度捕捞并保护生态系统。此外，政府会邀请环保组织作为观察员参加 TAC 分配的调整会议。在这种情况下，将资源管理与环境保护结合起来的努力催生了环境商业。

源自西方的深度生态理念已在世界范围内产生影响，即将自然与人类剥离并要守护自然的主张。这也可以看作是某种全球标准化的现象。这一理念可能会从人们内部破坏不同国家的文化和环境。因此，一旦渔民屈从于这一理念，那么人与自然的关系、该地区中人与人之间的社会关系，以及自然本身都可能会崩溃。这种情况相较于公共灾害等造成的污染，某种意义上来说对自然环境的影响是破坏性的。

5 卖鱼商贩的复权

水产品的流通大致可分为市场流通和市场外流通。市场流通是指水产品从生产者手中到达消费者手中的过程中存在的产地市场批发和中介批发、消费地市场批发和中介批发、零售（或者外卖和外出就餐）这些水产品特有的流通。

关于市场流通，大众的评价是：由于存在数个环节，所以生产者的销售价格便宜而消费者的购买价格高昂，以及因为批发市场夹在中间价格不稳定。

受上述评判影响，从 20 世纪 70 年代开始，市场外流通得以形成并扩大。即所说的产地直发或直接交易（没有中间商）的流通。

特别是在 90 年代之后，市场外流通扩大了。由于通货紧缩的衰退和零售业的重组，如今水产品销售的 70% 都被超市占据。由此，产地市场的鱼价大幅下跌，又进一步促进了市场外流通的扩大。

但是，价格是一个相对性的存在。正因为是市场流通形成了市场行情，所以市场外流通才能够成立，但市场外流通还不能取代市场流通。甚至有零售商在采购时会进行市场流通和市场外流通的仔细对比。即便是现在，一半以上的水产品流通仍是市场流通。

换句话说，在鱼价低迷的现状下，根本问题在于市场流通体制已经无法发挥其原本的功能。如果没有从事市场流通相关业务的流通业者的职能和对他们工作的自豪感以及充分的沟通的话，高品质的水产品和渔村的食鱼文化是不会传递到消费者处的。

众所周知，在美国的压力下，1991 年日本进行了《大店法修正》，之后零售业界的开店调整功能丧失，大型店铺陆续开业。长期以来因擅长与消费者面对面进行销售而对所有种类的鲜鱼消费做出贡献的鲜鱼店的顾客被抢走，顾客数量还不及鼎盛时期的一半。

与此同时，大型连锁系资本加快了在各地的店铺扩张的脚步，连锁店的卖场面积在 20 年内扩大了近一倍。

结果，这种以价格号召力为杠杆的揽客竞争的消耗战不断上演，并且为了缩减成本，超市鲜鱼卖场中的专业匠人和整鱼消失了，以简便的加工产品为主，鱼价的低价化不断发展。

自从不再进行面对面的销售，畅销品和固定的水产加工产品占据了卖场中商品货架的一大半，并且这些产品的原料多为海外生产，日本国产鲜鱼几乎没有上架机会。鲜鱼卖场徒有虚名。

就这样，水产品供应链的主导权偏向零售业，甚至连市场流通的体制也被零售业控制了。在批发市场，无法实现拍卖和竞标中的竞争性价格，几乎都是不看实物仅以价格和规格进行事前直接交涉的交易占主导地位，认为批发市场已经变成了连锁店配送中心的观点越发强烈。就连在批发市场，经营鱼的职能即所谓的视物功能开始被"疏远"。

换句话说，随着垂直整合性流通的形成，从产地到消费地、从批发到零售之间展开的双向沟通正在消失。

如何有效利用流通业者的网络

水产品的市场流通被称作多阶段流通，是为了应对水产资源的原材料尺寸偏差大、数量的年变化和日变化都大的供给特征，把自然的丰富馈赠提供给消费者而形成的。源于批发业者的作用，即把出货的水产品全部卖掉的功能，成立了这样一个市场流通。并且，市场流通机构通过关联多个不同功能的流通业者来分散风险，如价格结算风险、库存风险、附加风险、销售损耗等诸风险。

流通业者的网络才是社会关系资本（这里指社会性生产关系资本），是市场流通机构的价值所在。这一价值包含在水产品价格的中间差额中。如果否定这一中间差额，也就是否定了作为卖鱼商贩的流通业者。

当今水产品流通的最大悲剧在于，用廉价销售来揽客的竞争变得生死攸关，零售业界越发强化了流通支配力，所以处于水产品流通中各个环节的卖鱼商贩无法再发挥其原本的职能，即传播他们长久继承下来的食鱼文化，从事流通的业者之间的关系也在不断恶化。

产地市场的批发商受作为中间批发商的中间买主购买意愿减弱的影响，指责消费地市场缺乏价格形成力，中间买主因为在市场上买不到自己想要的鱼指责渔业从业者；同时指责消费地的批发商屈从于追求大量批发和低价格的零售业界；消费地市场的批发商则指责产地市场和渔业从业者无法满足消费地的需求，压价购买水产品，还指责要求支付物流中心费用（通过配送中心运送到店铺的物流费用）和合作费用的连锁店。

由于各个流通业者在价格上存在利益冲突，因此上述这些指责潜在于流通机构之中。

然而，近年来流通业界的摩擦与冲突加剧，前所未有地被激化了。货主、收货人、中间批发商等进行频繁交流的批发市场中的人际网络也开始解体了。

长此以往，水产品流通的网络就会破坏，将无法为消费者提供品质良好的水产品。如果与市场流通机构相关的流通业者不发挥作用的话，市场外流通也无法建立。

当前支撑着食鱼文化的卖鱼商贩并不能发挥其职能，如果不能摆脱这样的状况，渔业的再生就无法实现。因此，我们必须首先让各流通环节的卖鱼商贩找回他们的职业自豪感，恢复他们被切断的交流。

虽然也有扩大海外出口市场寻求发展的思路，但在日本国内，首当其冲要具体开始的是把已经徒有虚名的零售业界的鲜鱼卖场复活为卖鱼商贩们活跃的鲜鱼卖场。在满足消费者需求的同时，有必要恢复能为消费者提供那些不确定的自然馈赠并且具有高周转率的鲜鱼卖场。水产品流通的二次重组，应该从通过恢复消费者和卖鱼商贩的交流来改变处于最末端的零售业界的体制开始。

6 渔协与 TPP

虽然将大自然的馈赠转化为商品的是渔民，但支撑着渔民工作与生活的却是渔协这一协同组合。

渔协的起源正是受一村专用渔场制度保护的渔村村落这一社会共同体。即使是现在，行政厅许可的渔业权的管理和渔场保护活动也是靠渔民的实质性自治在运营。而渔协是合法保障这些渔民自治的非营利性法人。

与渔村相连接的水面，如前所述被认定为该渔村的"总有"。它是不能被分割和分配的，不仅属于现在的渔民，也属于这个渔村中接下来经营渔业的渔民及其后代。

所以，在渔场即使渔民之间存在利益冲突，但每一个人都要遵守这一制度。没有特殊情况的话，行政厅是不会插手于此的。解决各种各样的问题和实施新举措，完全靠渔民的主体性和自治。

因此，守护着渔场总有说这一立场的渔民是不会有要推翻渔协的意识的。如果没有了渔协，渔民们就会失去有合法保障的自治。

如果失去了这种自治，长久以来维持渔场的经济、环境和文化也将失去。祖祖辈辈创建并守护下来的渔村和渔场也将崩溃。

是守护渔场还是接受开发

其实这一共同体曾面临很多崩溃的危机。例如，在经济高速增长期，城市近郊的沿海区域持续推进的地域开发，如伴随着填埋和疏通淤塞工作的临海工业地带、大规模港湾和发电站等的建设。

在因开发而涉及的这些地区，放弃渔业权和获得补偿金做了交换。渔民放手了守护至今的东西来协助开发。

然而实际上在这些地区，也并非所有人不做反抗就接受了这样一份突如其来的开发案。针对开发案，支持派和反对派也曾展开攻防战。那是一场只能二选一的攻防战，即是要守护当下的渔场还是要为了国家利益接受开发致力于地区的现代化。

最终，虽然也有通过渔协组合成员大会的决议制止了开发的事例，但大多数情况下，开发被接受了，如电源开发和核电选址即是如此。接受了开发就等同于选择了区域经济的被动发展。

因为渔村的劳动力都被城市地区吸收，已经走上衰退之路，所以接受开发被认为是渔村找不到再生突破口的迫不得已的选择。因环太平洋地带开发以及日本全国综合开发计划，很多渔村成了基地开发的牺牲品。此外，众所周知，由于建于沿海地区的工厂排放的废水造成了海洋污染，所以在开发后渔民又开始苦恼于环境污染等公害问题。

综上，在与城市地区的关系中，渔村的衰退无法阻止，这也被认为是日本在战后将经济核心转移到第二产业，之后又转移到第三产业的过程中无法避免的。

当然，政府对渔村也采取了一些对策。如沿海渔业结构改善项目[7]和渔业现代化资金[8]等的制度资金，又或者创建了渔业灾害补偿制度[9]等，渔业经营的现代化、养殖业的开发、沿海渔业渔村的振兴对策等等，在财政和金融两方面施展了对策。此外，丰富了致力于渔村现代化的公共事业，如整顿渔港和渔场等。

许多与沿海渔业有关的振兴举措都是以渔协为中心推进的。行政厅将渔协的角色定位于向渔民进行解释说明以及协调渔民之间的利益关系。

随着这些振兴举措的推进，渔协的行政代理职能逐渐充实，在硬件方面也实现了现代化，并建立了由行政组织领导的事业推进体制。然而具有讽刺意味的是，渔协作为协同组合的一面却毋庸置疑地渐渐消失了。

也就是说，尽管渔协是渔民的自治组织、渔民结合体的运动组织，但曾在战后复兴期发挥作用的协同组合运动已逐渐残骸化，渔民的自主性发展方向已经淡化。

上述问题其实在 20 世纪 70 年代就已经存在了，只不过在泡沫经济崩溃后鱼价低迷的情况下，作为渔协事业最大收入来源的销售业务成交额的减少，开始显现出来。

进入 20 世纪 90 年代，随着渔协销售业务的衰退趋势日益显著，长期以来不断上涨的一般管理费用的负担一下子加剧了渔协经营的恶化。作为应对举措，在政府主导下，根据"渔协合并促进法"，推进了渔协的广域合并以及信贷业务整合。

然而这一系列的对策滋生了新的问题。合理化地削减职员，使渔民无法享受到一些细小的非营利性的服务。连接渔民与渔协的工作被推后，渔民的意识开始远离渔协。

换句话说，渔协职员和渔民之间的关系长久以来是因两者频繁的面对面而维持着的，但现在他们接触的机会减少了。由此，渔民对渔协的不满不断累积，丧失了参与渔协运营的意愿。如此下去，渔民的自治力量被削弱，渔协陷入功能缺失，渔民社会就瓦解了。渔民社会一旦瓦解，就可能再次引发无谓的对立和纷争。因此，如果不努力摆脱这种状况，渔业再生将无从谈起。

一度林业衰退，山林荒芜

此外，随着组织的弱化日益显著，等待渔协的是更大的挑战，即 TPP。

过去，由于木材进口自由化和关税的取消，林业一度经历了甚于现在渔业的持续衰退，失去了生产的社会关系资本（即所谓的共同体社会），山林越发荒芜。

与此相对，在渔业方面，就有一种观点认为，即使完全取消水产品的关税也不会有太大影响，因为现在水产品的关税已经很低了。但在 TPP 看来，比起取消关税，强烈打出谋求经济制度一体化的方向性是更需要重视的问题。这是因为当一个国家的经济制度阻碍其他国家的企业活动时，这个国家自身的经济制度被 ISD 条款（当外资公司在入驻的国家受到歧视待遇时，可以向该国政府寻求赔偿）破坏的可能性无法否认。当然如果加入 TPP，渔业制度就可能被破坏。一旦渔业权等制度被破坏，作为共同体的渔村的人际关系将会被分割，按照经济理论来说，渔村的社会关系就会陷入物象化关系。那么，就像山林中的社会关系被打破一样，无法否认的是在渔村中，自然与人之间的关系也可能被切断，国土将变得荒芜，周边海域也会荒废。

在日本国内，渔协被认为是最像协同组合的协同组合。正是因为渔协组合成员们通过协同组合，长期坚持面对面交流，调整利害关系，相互扶助解决问题[10]。渔协为守护渔场环境、持续粮食生产的生产共同体性质的社会关系（协会／团队）提供了一个载体。在协同组合相关法律的框架内，像渔协这种生产共同体维持着基于自然的产业的事例极为罕见，甚至有海外团队来拜访考察。

针对渔协，虽然有例如垄断渔业权等各种各样的批判，但其存在性极为重要，它保留着在利用自然的同时保护自然、要与自然共生的日本式传统[11]。

为了对抗外部压力，渔协只有致力于回归协同组合的原点，发挥其原本的存在意义。

7 找回劳动的"人格"

正如"前言"所述，日本的渔业是在渔民的各种活动及其背后的两个分工社会的支撑下发展而来的。两个分工社会具体而言，一个是存在于渔业内部的分工社会，另一个是由与渔业外部的关系中成立的分工社会。前者指渔协和行政组织等，后者指水产相关产业。这种由渔民和两个分工社会构成的社会关系也正是"人与自然的关系"。

在这种社会关系的核心中，存在的是"在与海洋和鱼类相关经验中培养出相关职能的人类"。水产品，特别是鲜鱼，正是那些具备从大自然中捕鱼、保持鱼的新鲜、判断其新鲜度并将这些传达给消费者的职能的人类的商品。与这一商品相关的职能，不单单包括技能，还具备丰富的表达力，即通过鱼这一自然的恩惠向消费者传递着四季实时的"自然的气息"。由此可见，日本的食鱼文化是由捕鱼的人、批发鱼的人、卖鱼的人等从事着渔业的人们构筑起来的。

然而在进入了大量生产、大量流通、大量消费的时代之后，人们只关注商品价格和特定规格，高度依赖自然的食鱼文化开始衰落，能够弥补不可抗力的自然的波动和不确定性的人的职能开始遭到轻视和冷遇。在与自然为伍的同时具备丰富多面性的这一"职能"，在发达的商品经济中被单纯的生产和销售商品的"功能"所取代。商品经济的深化将长久以来支撑日本渔业的"人与自然的关系"逼入危机。

要摆脱这一危机，在围绕着鱼的社会关系中，如何恢复那些"具备从经验中培养出职能的人"的权利是至关重要的。换句话说，我们有必要去思考如何在商品经济体制下找回"人的尊严"的存在，更具体地说是"具备不同个性的人的尊严"。

因此，最后让我们在这里将"具备不同个性的人"定义为"人格"并展开探讨。

所谓的"人格"通常被解释为"作为人的存在方式"，但在本书中指的是人由于通过"生活和工作（经济活动）"培养的"文化"和熟悉的"环境"不同而具有不同的个性，人格作为这样具备不同个性的存在而成立。换句话说，"人格"是指由不同地区不同人各自所具有的"经济·文化·环境"而形成的。

并且这种"人格"内在的"经济·文化·环境"，尤其是在经济不发达的阶段，三者不是各自分裂而是一体化的关系。这是因为生活和工作的成立不仅取决于经济方面，与"文化"和"环境"原本也是密不可分的关系。

但随着经济的发展，"经济·文化·环境"在我们的认知中已经分离了。如果不将三者分离，我们就有可能无法做出高效的决策，从而带来经济增长。其实不仅是人们的意识，从社会现实来看，"文化"和"环境"已经成为经济增长的牺牲品。最终，社会关系被物象化，社会关系中的"人格"遭遇崩溃。

而东日本大地震灾害的复兴方针中出现的"渔港集约化"和"水产业复兴特区构想"等正是无视当地"人格"的内容。这些内容单纯从经济利益角度衡量社会关系，丝毫没有考虑到地区的自然环境与文化。

可以说，这些想法虽然是作为创造性复兴决策被提议的，极有可能震灾前就已经准备好了，只不过是在重大灾难复兴这一场景下赤裸裸地表达了出来。其实把"经济"与"文化"和"自然"严格区分开来的全球化标准思考方式，在震灾前就已经渗透到日本，只不过在震灾后的复兴政策中表现出来。

然而，这不仅忽视了地域的"人格"，而且疏远了渔村这一地域。源自西方的深层生态学的设想也是如此，它将"自然"与"文化"和"经济"切割开，将人与自然的关系切断。

当前，日本早已进入人口减少和少子老龄化社会，亟须思考一个高度成熟社会的存在方式。换言之，即去工业化社会的设计。这时，最重要的是摆脱以往的分裂"经济·文化·环境"一体化关系的思路，例如"以牺牲环境和文化为代价来优先考虑经济"或"以牺牲经济和文化为代价来优先考虑环境"等。

即"经济·文化·环境"的重新整合。只有这一重新整合，能够复兴在不断失去的"人格"[12]。如果没有"人格"的复兴，就不可能实现区域的再生，作为一个高度成熟社会是不稳定的。

　　大地震灾害后的水产复兴和渔业再生所需要的正是基于这种认识的对策和政策，要摆脱全球化标准的社会认知。绝不能再继续陷于打着自由高效的幌子破坏社会关系中的人格、打造差别化社会的"新自由主义"的陷阱。

　　实现这些不能仅限于经济方面的思考，更需要作为消费者的我们每一个人思考：我们想要维护什么样的自然和国土环境？我们如何生活？是否想要传承食鱼的饮食文化？

注释

1 以近海和远洋渔船中占多数的排水量吨数在 20 吨以上的渔船为对象。数据参考了水产厅的「漁船統計」。

2 大量捕食水产资源，妨碍渔业作业的生物。

3 但是甚至连没有明确科学依据的鱼类都建立了 TAC，资源管理是通过这种不确定的科学程序进行的。认为冰岛和新西兰的资源管理取得了科学性的成功这一评价具有极不科学的一面。

4 中山智香子「レントで暮らすバイキング？アイスランドの破産が示すもの」『現代思想』（一三四 - 一四五頁、二〇一一年三月）中，讲述了冰岛的金融崩溃与 ITQ 的关系。

5 「水産復興の視点　先進地ノルウェーに学ぶ」『河北新報』（二〇一二年十月二十四日）。

6 根本孝「ノルウェーにおける IQ 制度の概要と霞ヶ浦海区への IQ 制度導入の展望」『茨城県内水面水産試験場研究報告』（四三号、一七 - 二二頁、二〇一〇年）。

7 这是一项在渔业政策中发挥核心作用的举措，而渔业政策是基于 1963 年开始施行的沿岸渔业等振兴基本法制定的。这项举措是为了促进沿岸渔业的近代化，强化渔船和产地功能的事业。

8 这是向借款进行渔船建造等设备的现代化更新的渔业从业者提供利息补助的制度资金。

9 这是针对自然灾害造成的产量波动和渔具受损进行的补偿制度。采用保险机制，具体包括渔获互助，水产养殖互助和渔业设施互助等。

10 协同组合社会由管理者、职员和组成成员构成。在这种关系中对每一种角色要求不同，管理人员要发挥领导作用，职员要有作为协同组合职员的自豪感，组合成员要团结一心并参与协同组合运营。

11 利用和保护一体化的生产社区的活动将保护国民的饮食文化并最终实现国土的守护。

12 岩手县的思考也与此接近。从该县的复兴口号中可以看出：以渔协为核心复兴渔业和养殖业，以市场为核心复兴水产流通加工业。

渔法说明

旋网：用一张网把洄游鱼群围住来捕获鱼的渔法。渔船在鱼群周围一边回旋一边操控渔网。一般由网船、探索船、搬运船等船只组团共同操作。例如：大中型旋网渔业

刺网：在鱼的游动线路上设置平面网来捕获鱼的渔法。使鱼刺入网目或被网衣缠络后加以捕捞。用锚把网固定设置的叫作"定置刺网"。不固定设置的称为流刺网。例如：鲑鳟流刺网渔业、大目流刺网渔业、北洋刺网渔业、定置底刺网渔业

船拖网：在海面下方拖拽袋状的渔网，打捞沙丁鱼、玉筋鱼等小鱼的渔法。例如：船拖网渔业

底拖网：把袋状的渔网下沉到深水域的水底，然后拖拽，来打捞海底附近的鱼类的渔法。例如：小型底托网渔业、近海底托网渔业、远洋底托网渔业

船敷网：利用光等把鱼诱集到事先敷设到海中的网的上方，然后提升网具渔获。例如：秋刀鱼舷提网渔业

延绳：也被称为延绳钓的一种钓鱼法。在一根称为干线的长线上系结很多等距离的支线。钓钩被系在支线末端。在金枪鱼延绳渔业中，干线在 100km 以上，干线的间隔为 50m。例如：金枪鱼延绳渔业、鲑鱼延绳渔业、北洋延绳渔业

一本钓：有竿钓、手钓、机械钓等。例如：鲣鱼一本钓渔业、鱿钓渔业

定置网：将沿岸水域中游动的鱼类诱导到固定好的箱状网中捕捞渔获。主要由诱导鱼类的垣网、鱼类来回游动的运动场网、捕捞鱼类的箱网等构成

后记

我现在从事的虽然是和渔业相关的研究、学习、思考和交流的工作，可我与渔业之间并不是什么冥冥之中注定的关系。

我在大阪出生和长大，当时的家庭与渔业和海洋没有任何关联。我的祖父曾在大阪市的中央批发市场从事鱼类运输业务，但他在我出生前就去世了，也没有家庭成员继承他的工作，所以我与鱼也没有任何关系。而关于渔业、海洋、鱼和船的一切，是在我上了大学以后才真正开始了解。也正是从这个时候开始，我与渔业结缘。

从考上大学到进入现在的职场之前，我一直住在北海道。我想是远离都市的心愿引导自己走进了北海道。我最初住在札幌，后来搬到函馆。在函馆的住所，大海就在眼前，附近海岸线上有许多渔村。当地人的语言与沿海渔村语言很接近。现在想来，这里真是一个学习渔业的好地方。

在大学实习期间，我曾在北洋渔场（准确地说是在北太平洋公海）做过捕鱼实习（流网捕鱼），但在我因研究需要访问了邻近渔村后，我才真正了解了渔业。除了北海道渡岛半岛的渔村外，我还经常穿过津轻海峡到青森县的下北半岛的渔村。在那里，展现在眼前的是一个只有在海上工作的人才能理解的世界。同时我注意到，虽然大海无限宽广，渔场却出奇地拥挤。所到之处挂满了各式渔网，水产养殖设施蔓延至离岸五公里的地方。

在严寒的冬季，我也曾数次登船。在一个零下15度的极寒天气的日子，我曾登上一艘在日本海作业的狭鳕延绳钓船。当时海流非常湍急，所以很难将渔具投入海中，我在海上漂（等待）了很久，最终因为晕船倒下了。这是我唯一一次被彻底打倒，根本没有机会做调查，至今我仍然无法忘记。对于原本就不适应乘坐摇摇晃晃的车辆的我来说，登上渔船本身就是一种可怕的经历，所以登船于我而言也是一场与恐惧的斗争。

登船总是充满了危险。即使是那些在岸上看起来非常友好的渔民到了海上可能也会换上一副凶险的表情。有许多令人紧张的时刻，甚至想过船可能会翻。因为晕船太痛苦了，我也经常懊悔自己为什么要选择这种研究课题。但现在我明白了，应该是想征服自己不擅长的事情的心愿占据了上风。

在实际作业中我体验了捕鱼。既然上船了就必须和渔民们一起工作，这也是我当时导师的指导方针。我曾经因为不能正确系绳索多次被师傅呵斥。绳索作业是捕鱼工作的基本。通过实际作业我切身体会到，如果绳索作业动作不够快是无法进行捕鱼工作的。

在恶劣天气海面不平静的日子作业时，我总是头晕目眩。不光是船只摇晃的问题，发动机的振动、爆炸的噪音，有时还有废气的排放，都让我很难受。尽管这种捕鱼环境对渔民来说很平常，但对我们这些每天生活在宁静安稳的大学实验室环境中的人来说，这是一种极端恶劣的环境。

但是，看到我们的这种窘态，渔民们似乎觉得很有趣。这是因为，不管一个研究人员如何对渔业高谈阔论，只要到了海上他就不敢忤逆渔民，就像个小孩子一样。因为在海上，每一个人的生命都被交付到了渔民的手中，不管是否情愿都没有其他选择。

在这次洗礼中，我对这种在海上恶劣的自然环境中工作产生了敬意。现在，虽然没有充足的时间让我去重温学生时代那样的经历，但当时的海上经历造就了现在的我，也促使我开始执笔书写渔业的有关内容。后来，我的实地研究范围扩展到流通过程，包括零售业在内。在那里，我又感受到了经营鱼类的各种职业的魅力，这一点也深深影响到了本书写作时的问题意识。

　　而对在本次大地震灾害中受灾地区的调查和访问，我是从 20 世纪 90 年代末开始的。我多次走访岩手县和宫城县的渔协，调查面临转型期的水产养殖业；也曾多次走访位于八户、气仙沼、石卷、铫子等地的基地渔港，调查缩减重组显著的各种渔船渔业、产区之间竞争加剧的市场以及在出口带动下蓬勃发展的水产流通加工业等。而常磐（福岛和茨城）地区，不仅接受了我的调研，还给我提供了学生实习基地（我作为领队）。所以对于此次震灾中受灾的许多地区，我都很熟悉。

　　2011 年 2 月，就在地震发生前不久，我访问了宫城县的石卷和亘理地区，如本书第十章所述，是去调查仙台湾发生的渔场争端。正当我在大学研究室里撰写这份调查报告之时，东日本大地震发生了。因为当时感受到了长时间的剧烈摇晃，所以我想震源地应该离东京都中心很近。可后来我才知道震源在东北地区，发生了大规模的海啸，通过电视画面看到那些我所熟悉的地区被海啸摧毁了。由于不知道那些所熟悉的地区现状如何，在东京的我每天如坐针毡，可又不知道该从何处开始着手，就这样茫然地过了好多天。

　　直到震灾发生一个半月后，我才开始对受灾地区进行调查。紧接着，我又联系上了震灾前就有交往的岩手县釜石市，决定协助他们的复兴重建工作。说要协助，可我帮不上什么大忙，反而担心自己可能会碍手碍脚。但我想我可以充当一个"纽带"，向当地传递一些有助于复兴的信息，或把受灾地现场的问题反馈给中央。当然，就我自身而言，我也想持续关注受灾地的变化。釜石市市政厅欣然接受了我的提议，万分感激。在灾后复兴取得了一定进展后，我有了写下釜石市水产复兴故事的想法。

　　到目前为止，我所访问的受灾地区涵盖了从青森县到千叶县的整个太平洋北部沿岸，但主要以三个受灾县为中心。在访问受灾地时，我一直比较在意的是该如何面对那些失去家人和失去对自己重要的人的受灾者，毕竟遇难者人数众多；以及该如何面对那些因地震和随后的动荡而背负了情感创伤尚未痊愈的人。我虽然一直秉持着对于那些说话偶尔情绪化的人绝不感情用事的原则，但事实上我也不敢说自己做到了何种程度。

访问中最令人感到沉重的是在福岛县。在岩手县和宫城县，我们还能够相对积极地谈论复兴的希望，而在福岛县，我是无法提出这样乐观的讨论的。但是当我访问福岛县的相马原釜时，他们为重启所做的努力让人震惊。震灾发生后还不到三个月的时间里，这里的渔船修复工作已取得了一定进展。之后虽然他们又用了一年时间来修复渔船，但正是当时的这种意志让他们实现了试验作业。

就这样，我每个月都会到灾区走访两三次，一边感知着受灾地区的细微变化，一边不断思考该如何推进灾后重建工作。让人遗憾的是，政府提出了一个让受灾地分裂的构想。今后我们又该如何去调适回荡在受灾地的这种不和谐音符呢？我们能做的也只有持续关注这一问题以及各地区的重建情况。

大约在 2012 年 3 月中旬，大地震灾难发生一年后，我收到了出版这本书的邀请。找到我的人是 Misuzi 书房编辑部的川崎万里女士。她偶然间看到了我参加的 2012 年 3 月 8 日播出的 NHK 的节目《视点·论点》（我对"渔港集约化"和"水产业特区的特区构想"两个问题做了解说），并读过拙作《日本传统船的经济——对支持地方渔业的"技术"和"商业"的历史研究》（农林统计出版社），于是向我发出了邀请。我非常感谢她的提议，因为在此之前我很少有机会以一般大众为对象进行写作。然而，川崎麻里女士希望我写的并不是震灾后发生的各种事态的纪录，而是对震灾后浮现出来的日本渔业的现状及其再生问题的探讨。这是一项艰巨的任务，我深刻认识到读者是绝对不会容忍没有明确思想和理念的讨论的，将这一点铭记于心，我决定接受这份挑战，开始撰写本书。

时至今日已经快过去一年了，在此期间，我一边想着这本书的撰写，一边继续着调研。本书内容的 40% 是震灾前的材料积累，40% 是灾难发生后第一年的材料，剩下的 20% 是从第二年开始的调研内容。特别是对已经开始从核灾难中走出着手于复兴的福岛县和茨城县的动态，我进行了深入的采访。

本书无法书尽受灾地区所有的情况。一方面受灾地域范围非常广泛，相较而言我个人的信息收集能力非常有限，所以借助了其他前往受灾地区进行调查的研究人员提供的信息，对个人调研不足的部分进行了补充。在文中我也有记述这一点，我主要借助了 2011 年 9 月设置于东京水产振兴会的"地震信息研究小组"的成员们所发表的内容。因为只有像他们一样深入渔业现场进行过理智考察的人提出的观点才富有借鉴性。

在写这本书时，我最想表达的是在日本渔业中看到的生活在自然中的人与渔业社会之间的关系。我之所以想强调这一点，是因为原本由渔业社会的祖先们在与自然的共处中创造出来的捕鱼文化和食鱼文化如今正面临着危机。而东日本大震灾的发生让这一危机更为显著。

不知道本书能够将这一点传递给读者多少。

最后，我想感谢那些我在灾区进行采访时给予我极大帮助的人们，在此真诚地感谢他们。然后，是 Misuzu 书房的川崎万里女士鞭策我坚持不懈地写完了此书，由衷地感谢她。此外，我还想在这里第一次向我的父亲——滨田精造表达我的感恩之情，他在本书写作期间永远地离开了我们。

滨田武士

2013 年 2 月